Ronald Stöferle | Rahim Taghizadegan | Gregor Hochreiter

DIE NULLZINSFALLE

Wie die Wirtschaft zombifiziert und die Gesellschaft gespalten wird

W0052841

Ronald Stöferle | Rahim Taghizadegan | Gregor Hochreiter

DIE NULLZINS FALLE

Wie die Wirtschaft
zombifiziert und
die Gesellschaft
gespalten wird

FBV

Bibliografische Information der Deutschen Nationalbibliothek
Die Deutsche Nationalbibliothek verzeichnet diese Publikation in der
Deutschen Nationalbibliografie. Detaillierte bibliografische Daten sind
im Internet über http://dnb.d-nb.de abrufbar.

Für Fragen und Anregungen:
info@finanzbuchverlag.de

1. Auflage 2019
© 2019 by Finanzbuch Verlag, ein Imprint der Münchner Verlagsgruppe GmbH
Nymphenburger Straße 86
D-80636 München
Tel.: 089 651285-0
Fax: 089 652096

Die im Buch veröffentlichten Ratschläge wurden von Verfasser und Verlag sorgfältig
erarbeitet und geprüft. Eine Garantie kann dennoch nicht übernommen werden.
Ebenso ist die Haftung des Verfassers beziehungsweise des Verlages und seiner Be-
auftragten für Personen-, Sach- und Vermögensschäden ausgeschlossen.

Redaktion: Matthias Michel
Korrektorat: Maike Specht
Umschlaggestaltung: Marc-Torben Fischer, München
Umschlagabbildung: Skyline: shutterstock.com/LaMiaFotografia,
Zombies: shutterstock.com/solar22
Satz: inpunkt[w]o, Haiger (www.inpunktwo.de)
Druck: CPI books GmbH, Leck
Printed in Germany

ISBN Print 978-3-95972-019-9
ISBN E-Book (PDF) 978-3-96092-020-5
ISBN E-Book (EPUB, Mobi) 978-3-96092-021-2

Weitere Informationen zum Verlag finden Sie unter
www.finanzbuchverlag.de
Beachten Sie auch unsere weiteren Verlage unter www.m-vg.de

Inhalt

Vorwort

Das Endspiel beginnt

Am Freitag, den 6. März 2009 erreichte die Finanzkrise ihren Höhepunkt. Der breite amerikanische Aktienindex S&P 500, der schon in den Monaten zuvor dramatisch an Wert verloren hatte, fiel auf den niedrigen Stand von 666 Punkten. Ein Verlust von über 50 Prozent in weniger als 18 Monaten. Ökonomen und Börsianer sahen die Welt auf dem Weg in eine neue Weltwirtschaftskrise. Nicht unbegründet, brachen doch alle wichtigen Indikatoren der Wirtschaftstätigkeit stärker ein als 1930. Rückblickend war es der ideale Kaufzeitpunkt. Wer damals Aktien kaufte, freut sich heute über Gewinne von gut 400 Prozent.

Einmal mehr waren es 2009 die Notenbanken, die die Finanzmärkte und auch die Realwirtschaft gerettet haben. Mit einer wahren Flut an Liquidität gelang es, das völlig überschuldete Finanzsystem zu stabilisieren und den Märkten das Vertrauen zurückzugeben. Steigende Vermögenspreise waren die zwingende Voraussetzung, da nur so die Abwärtsspirale gestoppt werden konnte. Sonst wäre es zu einer weiteren Welle an Zwangsliquidationen, verfallenden Vermögenspreisen und Konkursen gekommen. Der gefürchtete Margin Call hätte zur Kernschmelze geführt.

Doch die Notenbanken, als Retter gefeiert, tragen in Wahrheit erhebliche Mitschuld an der Krise. Immer, wenn es an den Finanzmärkten oder in der Wirtschaft zu Turbulenzen kam, haben die Notenbanken der westlichen Welt schnell gehandelt. Zinsen wurden gesenkt und mehr Liquidität in die Märkte gepumpt. Anschließend wurden die Zinsen jedoch nie wieder auf das vorherige Niveau erhöht. So sanken die Zinsen über die Jahrzehnte immer tiefer. In Europa wurde dies durch die Einführung des Euro noch verstärkt, weil die EZB die

Zinsen – aus Rücksicht auf das damals kränkelnde Deutschland – jahrelang zu tief hielt und somit erst den Schulden- und Immobilienboom in den heutigen Krisenländern ermöglichte.

Damit wurde es immer attraktiver, auf Kredit zu spekulieren. Denn je höher das System verschuldet ist, desto größer ist die Krisenanfälligkeit und umso bedrohlicher auch jede neue Krise. Deshalb mussten die Notenbanken immer heftiger intervenieren, was wiederum einen Anreiz gab, noch mehr Schulden zu machen, weil Kredite nochmals deutlich billiger wurden. Das Medikament, das die Notenbanken verordnen, verstärkt also die Krankheit.

Nach 2009 wurde die Dosis auf ein zuvor undenkbares Niveau gesteigert. Für über 11.000 Milliarden US-Dollar kauften die Notenbanken der USA, der Eurozone und Japans vorhandene Wertpapiere – überwiegend Staats- und Unternehmensanleihen. Mit der bekannten Nebenwirkung: Statt ein Sinken der Schuldenlast zu bewirken, haben die Notenbanken den Schuldenberg weiter aufgebläht. Die Welt ist mit über 325 Prozent des Bruttoinlandsprodukts verschuldet, 75 Prozentpunkte mehr als 2007. Waren es vor 2009 vor allem die privaten Haushalte, stieg in den letzten Jahren vor allem die Unternehmensverschuldung deutlich. In den USA trieben die Unternehmen den schuldenfinanzierten Rückkauf eigener Aktien so weit, dass sogar der IWF hier einen möglichen Auslöser für eine erneute Finanzkrise sieht.

Diese steigende Schuldenlast ist dabei kein Zufall, sondern zwingende Voraussetzung, um die Illusion der Bedienung der bestehenden Schulden aufrechtzuerhalten. Die Nebenwirkung gehört also dazu, wenn man unser Schuldgeldsystem eine Runde weiter bekommen möchte. Genauso wie die Nebenwirkung immer höherer Assetpreise verursacht, da Geld, das zunehmend weniger kostet, zwangsläufig die Besitzer von Vermögenswerten begünstigt. Nichts anderes steht hinter der von Piketty und Co. kritisierten Abkopplung der Vermögen von den Einkommen. Ohne zunehmenden Leverage (also Verschuldungsgrad) gibt es keine weiter steigenden Vermögenspreise.

Blasen sind so gesehen keine zufälligen Ereignisse, sondern gehören zwangsläufig dazu.

Eine weitere Nebenwirkung ist die zunehmende Zombifizierung der Wirtschaft. Immer mehr Unternehmen und Banken existieren nur noch, weil Geld (fast) nichts kostet. Diese Unternehmen sind zwar nicht offiziell insolvent, sie tragen jedoch nicht zum Wachstum der Wirtschaft bei, sondern belasten die gesunden Unternehmen zusätzlich. In der Folge sinken die Produktivitätsfortschritte und damit das Wirtschaftswachstum. Zugleich wächst der deflationäre Druck. Überkapazitäten, Fehlinvestitionen und der wachsende Anteil neuer Schulden der nur dazu dient, die Zinsen auf den Altschulden zu bedienen, erdrücken die Realwirtschaft immer mehr.

Die immer höhere Verschuldung ist nur mit tieferen Zinsen tragbar. Schon vor Jahren warnte deshalb die Bank für Internationalen Zahlungsausgleich, dass wir Gefangene der Verschuldung sind. Tiefe Zinsen heute regen die Verschuldung weiter an, weshalb wir morgen noch tiefere Zinsen brauchen, um die Last überhaupt tragen zu können. Präziser: um weiterhin die Illusion aufrechtzuerhalten, die Schulden zu bedienen.

Wir stecken in der *Nullzinsfalle*. Die ökonomischen, gesellschaftlichen und sozialen Nebenwirkungen werden immer erdrückender, wie Ronald Stöferle, Rahim Taghizadegan und Gregor Hochreiter in ihrem lesenswerten Buch schreiben. Allerdings ist es undenkbar, dieser Falle ohne erhebliche Verluste zu entgehen. Wir stehen vor turbulenten Zeiten.

Dr. Daniel Stelter

Prolog

Personen

Zweifacher FAMILIENVATER, Mitte dreißig, arbeitet in der Marketingabteilung eines mittelständischen Unternehmens, würde mit seiner Familie am liebsten in ein Reihenhaus ziehen.

Unbekümmerter BABYBOOMER, erlebte die Glanzzeiten der sozialen Marktwirtschaft und des sich vereinigenden Europas, geht in wenigen Jahren in den Ruhestand, vertraut auf die Politik, das Wirtschaftssystem und die Zukunftsfähigkeit der Sozialsysteme Deutschlands, verbringt den Urlaub gerne in der Toskana und auf Mallorca, spielt – mehr schlecht als recht – Golf.

Erfolgreicher BANKER, Mitglied des Vorstands seiner Bank, Weinliebhaber und stolzer Besitzer des Senator-Status, in seiner spärlichen Freizeit Besucher des bankeigenen Fitnessstudios.

Eifriger ZENTRALBANKER, Studium an den besten Universitäten, SlimFit-Anzüge sind seine bevorzugte Wahl.

Engagierter, motivierter LOKALPOLITIKER, durchaus mit größeren Ambitionen, aber kein Karrierist, pragmatischer Weltverbesserer, der sich über den Tellerrand des Status quo hinauszublicken traut.

SCHWANGERE FRAU, die sich um die Zukunft ihres Babys sorgt.

GLÜCKSRITTER, surft auf jeder Welle mit – »no risk, no fun«-Haltung, keine Sorge vor dem Totalverlust, schließlich hat er keine Versorgungspflichten, als Digital Native mit dem Finanzdenglisch und allen Trends auf Du und Du, hat mit FinTechs ein kleines Vermögen gemacht, urlaubt gerne in Indien.

Szene: Cocktailparty in einer Bank

FAMILIENVATER sieht BABYBOOMER, einen älteren Herrn in einem eher schlecht sitzenden Anzug, der nonchalant nach einem Freigetränk nach dem anderen greift.

FAMILIENVATER: Sie sind wohl auch eher als Kunde eingeladen, nicht wahr?

BABYBOOMER: Sehr wohl! Kunde dieser Bank bin ich schon mein ganzes Leben lang. Das ist also nicht meine erste Einladung zu der jährlichen Cocktailparty in diesem bezaubernden Ambiente. *(Flüsternd)* Ich hoffe, Sie haben noch nicht gegessen. Das Buffet – leider erst nach dem Vortrag – ist ein ganz besonderer Gaumenschmaus. Prost!

FAMILIENVATER: Ach, so ist das. Na, ich bin gerade erst Kunde dieser Bank geworden. Habe mich nach etwas Neuem umschauen müssen. Sie wissen ja, die derzeitige Situation macht es einem nicht leicht, da gilt es, Augen und Ohren offen zu halten.

BABYBOOMER: Meinen Sie die niedrigen Zinsen?

FAMILIENVATER: Ja, die Niedrigzinsen sind das eine. Wenn aber die Bankgebühren derart hoch sind, dass sie die Zinserträge wegfressen, ist man de facto einem Negativzins ausgesetzt. Dann ist eigentlich Schluss mit lustig! Ich habe schließlich eine Familie zu ernähren. *(Die SCHWANGERE FRAU nickt zustimmend.)* Deshalb habe ich die Bank gewechselt und bin somit heute hier, gewissermaßen als Willkommensgeschenk meiner neuen Bank.

BABYBOOMER: Ja, die Bank hier macht ihren Job ganz gut. Deswegen hat sie auch noch die Möglichkeit, solch mondäne Feiern zu veranstalten.

FAMILIENVATER: Na ja, das ist ja alles schön und gut hier. Ich will nur hoffen, die Drinks werden mir morgen nicht noch über eine Gebührenerhöhung in Rechnung gestellt. *(schmunzelt)*

BABYBOOMER: Nein, ausgeschlossen bei dieser Bank! Die schreibt Jahr für Jahr satte Gewinne. Das Management versteht noch etwas vom Bankgeschäft und weiß, wie man die eigenen Kunden bei der Stange hält! Oh, da kommt ja eine der Herrschaften ...

BANKER: Meine Herren! Herzlich willkommen! Ich nehme an, Sie amüsieren sich prächtig?

FAMILIENVATER: Ja, so gut es geht. Eben haben wir uns jedoch über die niedrigen Zinsen und die doch nicht unbeträchtlichen Gebühren unterhalten. Es gibt durchaus amüsantere Gesprächsstoffe.

BANKER: Meine Herren, meine Herren ... ja, die Zinsen ... damit haben nicht nur Sie zu kämpfen, auch wir sehen uns zunehmendem Druck ausgesetzt. Die hohen Gebühren sind ja eine zwingende Folge davon, dass mittlerweile wir selber der Zentralbank etwas bezahlen müssen, wenn wir unser überschüssiges Geld bei der Zentralbank anlegen wollen. Die Zentralbanken sind diejenigen, die ...

ZENTRALBANKER: Zentralbanken? Habe ich gerade »Zentralbanken« gehört? Sie können sich gar nicht vorstellen, wie oft ich mich heute schon angesprochen gefühlt habe.

BANKER: Ihr Zentralbanken seid ja nun einmal diejenigen Player, die heute weitgehend die Märkte bestimmen und deshalb so bedeutend sind! Wann immer ihr tagt, warten die Märkte gespannt darauf, welche neuen Pfeile ihr aus euren Köchern zieht. Na ja, eigentlich habt ihr zur Bekämpfung dieser Krise nicht Pfeile, sondern deutlich schwereres Geschütz aufgefahren.

ZENTRALBANKER: Damit haben wir die Welt im vergangenen Jahrzehnt vor ihrem Untergang bewahrt! Das Schlimmste konnten wir abwenden, die Realwirtschaft will aber noch immer nicht so recht anspringen. Ihr Banken seid dazu angehalten, den Unternehmen Kredite zu vergeben, anstatt eure Kundengelder bei uns in der Zentralbank zu parken! Ein Auto ist ja auch dazu da, gefahren zu werden! Damit ihr – endlich – Kredite an die Realwirtschaft vergebt, haben wir uns für den Negativzins entschlossen!

BANKER: Piano, piano! Leichter gesagt als getan. Für einen großen Teil der Unternehmen scheint die Krise eben noch nicht ausgestanden zu sein. Viele reagieren nach wie vor zögerlich und wollen schlichtweg keine neuen Kredite aufnehmen. Sie versuchen vor allem, ihre Verschuldung zu minimieren.

Zudem ist auch das Sättigungslevel bei Unternehmen mit guter Bonität längst erreicht. Die wollen keine Kredite mehr. Und einfach so Kredite an den hinterletzten Quasi-Unternehmer zu vergeben ist uns als Bank eben auch zu riskant, zumal die Regulierungsbehörden selbst immer strengere Vorgaben für die Kreditvergabe machen. Was sollen wir denn tun?

BABYBOOMER: Irgendwie kann ich dieser Debatte nicht ganz folgen. Sie von der Zentralbank klagen, die Geschäftsbanken würden keine Kredite an Unternehmen vergeben, und Sie aus dem Bankvorstand erklären, dass niemand mehr Kredite will oder allenfalls jene, bei denen das Risiko zu hoch wäre. Einig sind Sie sich jedoch darin, dass die Volkswirtschaft die Krise nach wie vor nicht überwunden hat.

ZENTRALBANKER: Ja, unter anderem ist die Inflationsrate immer noch zu niedrig. Aber worauf genau wollen Sie hinaus?

BABYBOOMER: Nun, ich für meinen Teil merke nichts von einer Krise. Die Regale sind voll, neue Geschäfte und Einkaufszentren entstehen. Meine Häuser und Aktien haben seit der Krise 2009 enorme Preis- und Kursanstiege erlebt. Sogar mein alter BMW Z3 wird nun als Oldtimer gehandelt und hat sich im Wert vervielfacht. Blühende Landschaften, wohin man schaut oder zumindest wohin ich schaue.

GLÜCKSRITTER (*die qualmende Zigarre in der einen, den Gin Tonic in der anderen Hand*): Aktien, Kursanstiege, Rekorde über Rekorde! Die letzten Jahre war es einfach herrlich, an den Börsen zu spekulieren. Ein einziger Rausch!

ZENTRALBANKER: Die Kapitalmärkte und deren Höhenflüge verdanken Sie unserem Geld, das, wenn es den Weg schon nicht in die Produktivwirtschaft findet, wenigstens in die Aktienmärkte und Immobilienmärkte fließt. Ich habe es ja bereits gesagt: Hätten wir Zentralbanken in der Finanzkrise nicht so beherzt und mutig eingegriffen, wäre das System kollabiert.

GLÜCKSRITTER: Yeah, nach dem Greenspan-Put kam der Bernanke-Put, und jetzt herrscht der globale Zentralbanken-Put. Verlieren ist so unmöglich! Central banks *(den Hit von INNA auf den Lippen)*, Take me higher / Hi-hi-higher, hi-hi-higher / Take me higher / they take me higher, higher, higher!

FAMILIENVATER: So ungerecht ist die Welt! Ich spüre die sich zuspitzende Lage schon! Es stimmt, dass die Geschäfte voll sind mit Produkten. Unmittelbar auf den ersten Blick mögen die Dinge noch in Ordnung sein, auf den zweiten Blick sehen diese allerdings oft nicht mehr so rosig aus, es ist bekanntlich nicht alles Gold, was glänzt!

BABYBOOMER. Wie meinen Sie das konkret?

FAMILIENVATER: Nun, zurzeit wohne ich mit meiner Frau und meinen zwei Kindern noch in einer Mietwohnung. Die Miete ist eine große finanzielle Belastung für uns. Allzu gerne würden wir uns bald ein Eigenheim zulegen. Doch »wollen« und »können« sind ja bekanntlich zwei unterschiedliche Paar Schuhe. Da die Immobilienpreise derart gestiegen sind, werden mittlerweile in halbwegs akzeptablen Gegenden horrende Summen verlangt. Ewig pendeln mag ich nicht, dann würde ich von meinen beiden Kindern nicht mehr viel haben. Geerbt haben meine Frau und ich nichts. Und ohne Zinsen, wie soll man da Ersparnisse aufbauen, für die Kinder, für das Alter, für das Eigenheim?

BABYBOOMER: Diese Frage habe ich mir noch nie gestellt. Aber ich habe zwei Häuser und 300.000 Euro in Aktien investiert. Also, ich persönlich bin finanziell eh aus dem Schneider.

FAMILIENVATER: Vom Haus alleine haben Sie aber noch nicht gegessen. Nicht allein der Wert des Vermögens ist entscheidend, sondern die Möglichkeit, diesen auch tatsächlich zu realisieren.

ZENTRALBANKER: Genau! Liquidität – an dieser mangelte es auch den Banken nach der Finanzkrise und deswegen sind wir auf den Plan gekommen, den Banken mit Rekordmengen an Liquidität unter die Arme zu greifen.

GLÜCKSRITTER *(unterbrechend)*: Und mir, und mir!

BANKER: Lieber Kollege, hierfür waren wir ja auch dankbar. Unsere Anleihen mit schlechter Bonität liegen jetzt bei euch. Ob ihr sie je liquidieren könnt, wage ich zu bezweifeln.

FAMILIENVATER: Ja, ich auch. In gewisser Weise ist es so, dass die Zentralbanken heute das letzte Auffangnetz darstellen und Schulden bei sich anhäufen. Als Bank der Banken sind sie der Krückstock für die Lahmen. Ich glaube aber, wir sind so weit überschuldet, dass die Lage nicht mehr zu retten ist. Der Krückstock wird irgendwann die Last nicht mehr tragen können.

GLÜCKSRITTER: Ja mei, dann macht's halt bumm.

SCHWANGERE FRAU und FAMILIENVATER *(im Chor)*: Ja mei, dann macht's halt bumm?

GLÜCKSRITTER: No risk, no fun – so lautet die Devise!

BABYBOOMER: Sind wir denn wirklich so hoch verschuldet? Und wer ist überhaupt »wir«?

FAMILIENVATER: Leider ja. Sehen Sie sich nur mal die Verschuldung der Staaten an.

ZENTRALBANKER: Um der Wahrheit die Ehre zu geben: Die Verschuldung der Haushalte und die der Unternehmen ist ebenso beständig im Steigen begriffen.

FAMILIENVATER: Das stimmt, das will ich auch nicht leugnen. Die Verschuldung ist doch aber beim Staat sowie bei den Privaten eine Folge der niedrigen Zinsen, welche wir ganz zu Beginn angesprochen haben. Wie ich gehört habe, ist es in meiner Verwandtschaft nicht unüblich, mit billigen Konsumkrediten einen Ultra-HD-Fernseher zu kaufen oder sich Ferien auf den Seychellen zu gönnen. Die Niedrigzinsen machen es möglich. Für den Staat sieht die Lage nicht anders aus. Auch er agiert auf Pump. Was ich immer schon wissen wollte, mich aber nie zu fragen wagte: Was passiert eigentlich, wenn die Zinsen einmal steigen sollten? Irgendwie habe ich den Eindruck, dass wir in einer Falle sitzen, in der Nullzinsfalle genau genommen. Auch der ehemalige Chefökonom der EZB, Jürgen Stark, sieht dies so.

BANKER: Letzten Endes schieben wir die Schulden nicht nur an die Zentralbank ab, sondern eben auch in eine ungewisse Zukunft. »Nach uns die Sintflut« kommt einem da in den Sinn ...

SCHWANGERE FRAU: Entschuldigen Sie, meine Herren! Ich habe Ihr Gespräch ein wenig mitverfolgt. Jetzt fühle ich mich jedoch gezwungen, Partei zu ergreifen, und zwar für die Ungeborenen. Wie Sie mir ansehen, erwarte ich ein Kind. Mir stehen die Haare zu Berge! Wenn ich Sie richtig verstehe, bedeutet unser Lebensstil, durch den wir immer mehr Schulden anhäufen, dass wir auf Kosten künftiger Generationen leben. Das Perfide ist, dass mein Kind davon betroffen ist, es hat die Lasten zu stemmen, die wir ihm aufbürden! So um die 35.000 Euro soll der Schuldenberg pro Kopf sein, habe ich einmal in der Zeitung gelesen. Auf Kosten einer zukünftigen Generation, die sich nicht wehren kann, dafür zu sorgen, dass unser System noch ein paar Jahre weiter vor sich hinsiechen kann, das nenne ich nicht wirklich ehrenhaft! Wo bleibt denn da die Nachhaltigkeit, die sonst so oft bemüht wird?

FAMILIENVATER: Meine Dame, meine Herren! Der Vortrag zu all diesen spannenden Themen beginnt in Kürze. Den möchte ich auf gar keinen Fall verpassen. Wir können danach unser Gespräch weiterführen. Hier entlang!

Kapitel 1: 2007/2008 –
Das Nullzinsniveau wird Realität

Es war ein denkwürdiger Tag, jener Donnerstag, der 9. August 2007. Es war der Tag, an dem alles begann. Dieser 9. August 2007 markiert den Beginn der Finanzkrise, die mehr als ein Jahr später mit der Pleite der Investmentbank Lehman Brothers ihren – zwischenzeitlichen – Höhepunkt erreichen sollte. Und es war letztlich auch dieser Tag, der den damaligen Zinserhöhungszyklus jenseits des Atlantiks abrupt beendete und die Talfahrt bis zu Null- und sogar Negativzinsen einläutete.

Heute, mehr als zehn Jahre später, ist die jüngste Finanzkrise bei Weitem noch nicht ausgestanden. Die Folgen sind immer noch zu spüren; in manchen Staaten wie den USA, Deutschland, der Schweiz oder Österreich weniger, in manchen wie Spanien, Griechenland und Italien mehr. Der damals amtierende EZB-Präsident Jean-Claude Trichet erachtet das Finanzsystem heute – allen Reformen und verschärften Regulierungen zum Trotz – sogar für »so verwundbar wie 2008 – wenn nicht noch mehr«.[1]

Einmalig an der gegenwärtigen Situation ist nicht, dass wir aktuell negative Realzinsen verzeichnen. Immer wieder gab es in der Geschichte Perioden mit negativen Realzinsen, also Zeiten, in denen die Teuerungsrate höher war als die Nominalzinsen. Dies war beispielsweise den Großteil der 1970er-Jahre über der Fall.

Einmalig an der gegenwärtigen Situation ist, dass trotz historisch niedriger Inflationsraten die Realzinsen derzeit negativ sind; die Nominalzinsen sind auf null und mitunter sogar ins Negative gesunken.

Trotz niedriger Inflationsraten verliert der Sparer Kaufkraft, wenn er sein Geld aufs Sparbuch legt, wie folgendes Diagramm (Abbildung 1-1) zeigt.

Abbildung 1-1: Realzinssatz, USA, Deutschland, in Prozent, 1965–2018
Quelle: Federal Reserve St. Louis

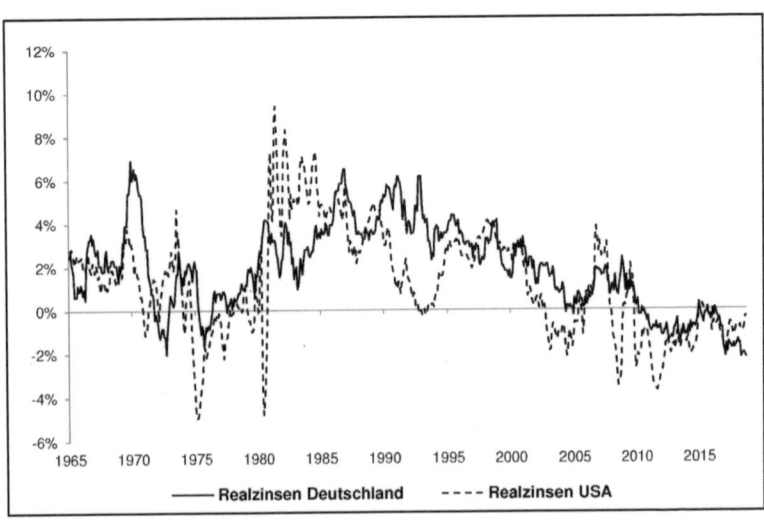

Dieses Buch ist aber kein Buch über negative Realzinsen und wie diese finanzielle Vermögenswerte vernichten. Es geht um ein weitaus größeres Problem, mit dem wir konfrontiert sind. Dieses Buch handelt davon, dass sich die Zentralbanken in einer ausweglosen Situation befinden, in die sie sich selbst hineinmanövriert haben. Sie sind in eine Falle – die Nullzinsfalle – getappt, eine geldpolitische Falle, die sie letztlich selbst aufgestellt haben. Sie tappten in diese Falle, weil sie kurzfristige wirtschaftliche Probleme nicht lösen wollten, sondern wie die vom Käse angelockte Maus dem kurzfristigen – und kurzsichtigen – Verlangen nachgegeben haben, die oberflächlichen Symptome zu lindern, anstatt die strukturellen und institutionellen Probleme zu lösen.

Zu Beginn wollen wir nachzeichnen, wie die Zentralbanken Schritt für Schritt in diese Falle getappt sind. Es ist eine Falle, weil es aus dieser Situation kein Entrinnen gibt, ohne dass gröbere wirtschaftliche Verwerfungen ausgelöst werden. Daran anschließend, beleuchten wir die Besonderheiten der Nullzinsfalle näher. Diese Analyse widmet sich nicht nur den ökonomischen Besonderheiten und Dynamiken, sondern auch den sozioökonomischen Konsequenzen des Nullzinsumfelds. Wie trotzdem ein nachhaltiger Vermögensaufbau gelingen kann, behandelt Kapitel 4. Zum Abschluss skizzieren wir einige der stürmischen Szenarien, die bei dem Versuch, aus dieser Falle auszubrechen, ebenso drohen wie beim Verharren auf dem Nullzinsniveau.

Der Infarkt des Interbankenmarktes oder: Wie unser Geldsystem zu funktionieren aufhörte

Unser Geldsystem zeichnet sich durch seine Zweistufigkeit aus. Geldproduzent im engen und eigentlichen Sinne ist die Zentralbank. Den weitaus größten Anteil der in Umlauf befindlichen Geldmenge im weiteren Sinn schöpfen die Geschäftsbanken, indem sie an die Haushalte und Unternehmen Kredite vergeben. Diesen Vorgang nennt man »Giralgeldschöpfung«. Je nach Währungsgebiet sind die Geschäftsbanken für deutlich über 80 Prozent der umlaufenden Geldmenge verantwortlich. Für die Einlagen der Kunden müssen die Geschäftsbanken bei der Zentralbank eine sogenannte Mindestreserve hinterlegen. Im gewöhnlichen Marktumfeld läuft der Ausgleich zwischen Geschäftsbanken, die zu viele beziehungsweise zu wenige Mindestreserven ausweisen, über den sogenannten Interbankenmarkt ab. Dieser ist das Herz des Finanzkreislaufs. Auf diesem werden die Überschüsse beziehungsweise Defizite jeden Tag ausgeglichen. Der von der leihenden Bank zu begleichende Zinssatz wird »Libor«[2] beziehungsweise »Euribor«[3] genannt. Normalerweise weicht dieser kaum vom Leitzins ab, den die Zentralbanken zur Steuerung des Preisniveaus und der Wirtschaft festlegen.

Diese Erfordernisse einer Mindestreserve müssen die Geschäftsbanken jeden Tag erfüllen. Hat eine Geschäftsbank kurzfristige Überschüsse, verleiht sie die Überschussliquidität, um von den Zinseinnahmen zu profitieren. Defizitbanken bedürfen dieser kurzfristigen Liquidität, um nicht Strafzahlungen an die Zentralbank leisten zu müssen. Denn die gewöhnliche Form der Refinanzierung der Geschäftsbanken über die geldpolitischen Instrumente der Zentralbank ist nur an jenen Tagen möglich, an denen die Zentralbank die Liquidität den Geschäftsbanken im Zuge eines Auktionsverfahrens zur Verfügung stellt. Diese werden in der Regel nur einmal in der Woche mit einer Regellaufzeit von einer Woche abgewickelt.[4]

Was passierte nun an jenem 9. August 2007? Die von den US-amerikanischen Instituten ausgehende Subprime-Krise beschädigte das Vertrauen der Geschäftsbanken zueinander. Vertrauen ist für jede – längerfristige – Beziehung das A und O, nicht nur im Geschäftsverkehr. Ohne das Vertrauen, vom anderen das zurückzuerhalten, was (vertraglich) vereinbart ist, geht jede Beziehung in die Brüche. Eine Kreditbeziehung im engeren Sinn wird nur eingegangen, wenn der Kreditgeber darauf vertrauen kann, dass der Kreditnehmer rückzahlungsfähig und rückzahlungswillig ist.

Im Sommer 2007 jedoch wusste innerhalb des Bankensystems niemand mehr so recht, wie viele faule Kredite in den Büchern der jeweiligen Geschäftsbank zu finden und wertzuberichtigen waren. Diese Unsicherheit bezog sich allerdings nicht nur auf eine Bank, sondern auf viele Banken, was die Situation so außergewöhnlich machte. Zudem begannen die Geschäftsbanken, Liquidität für etwaige Wertberichtigungen im eigenen Haus einzubehalten. Die Geschäftsbanken waren sich selbst darüber nicht im Klaren, wie sich ihre eigenen Aktiva entwickeln würden. Dies führte dazu, dass am Interbankenmarkt die Aufschläge auf den Leitzins abrupt in die Höhe schnellten, wie im nächsten Diagramm (Abbildung 1-2) deutlich zu erkennen ist. Der Abstand des Euribor vom Leitzins der EZB nimmt binnen weniger Wochen um über 13 Prozent deutlich und sprunghaft zu.

Abbildung 1-2: Leitzins versus Euribor, in Prozent, 1. Juli 2007–31. August 2007
Quelle: Europäische Zentralbank

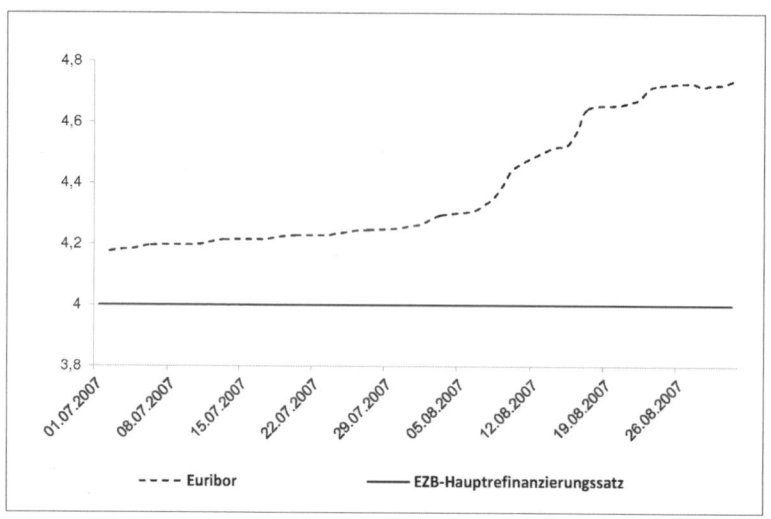

Lange Zeit verharrte der Euribor auf hohem Niveau, obwohl die Zentralbanken sofort mit Milliardenspritzen zur Stelle waren, um den Interbankenmarkt wieder in Gang zu bringen. Als ein Jahr später am 15. September 2008 Lehman Brothers Insolvenz anmelden musste, brach der Interbankenmarkt weltweit und damit ein wesentlicher Baustein des Geldsystems endgültig zusammen. Der Euribor erreichte mit 5,39 Prozent Anfang Oktober 2018 – den Leitzins hatte die EZB in der Zwischenzeit auf 4,25 Prozent erhöht – seinen Höchstwert.

Die Geschäftsbanken begannen, die aufgrund der Vertrauenskrise innerhalb des Bankensektors überschüssigen Reserven lieber bei der Zentralbank zu hinterlegen, als anderen Geschäftsbanken zur Verfügung zu stellen. Das Ausfallrisiko wurde als zu hoch angesehen.

Im nächsten Diagramm (Abbildung 1-3) wird diese Entwicklung eindrucksvoll sichtbar. Über Jahrzehnte gab es so gut wie keine Überschussreserven. Schließlich ist es im finanziellen Interesse der Bank,
so viele Kredite wie regulatorisch möglich zu vergeben. Die Kredit-
zinsen sind ja wesentlich höher als die Zinsen, die die Zentralbanken
den Geschäftsbanken für ihre Einlagen bei der Zentralbank bezahlen.[5] Im September 2008 begannen die Überschussreserven allerdings sprunghaft anzuschwellen und verharren – trotz mittlerweile
negativer Verzinsung – auf hohem Niveau:

**Abbildung 1-3: Überschussreserven,[6] Federal Reserve, Europäische Zentral-
bank, in Millionen US-Dollar/Euro, 2006–2018
Quellen: Federal Reserve St. Louis, Europäische Zentralbank**

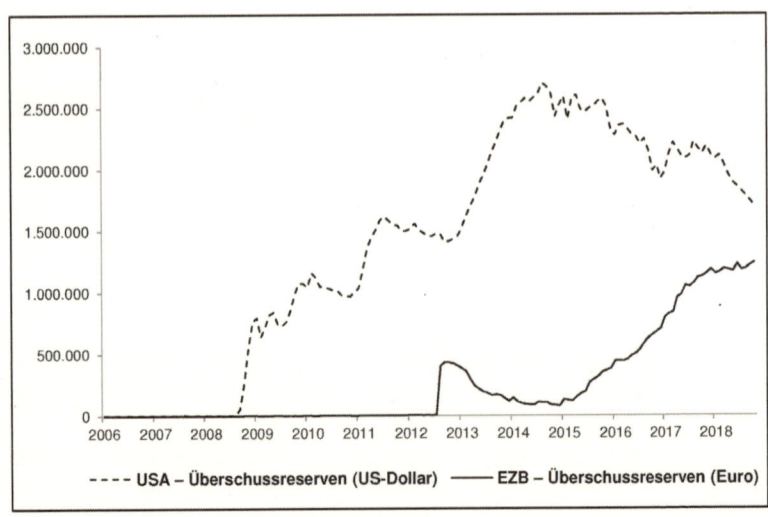

Das Phänomen eines »Herzstillstandes« des bisherigen Geldsystems
beziehungsweise der gewöhnlichen Geldpolitik zeigt sich nicht minder eindrucksvoll im sogenannten Geldmengenmultiplikator. Dieser
drückt aus, wie viele Einheiten von den Geschäftsbanken geschöpf-

tes Giralgeld auf eine Einheit Zentralbankgeld kommen. Je höher dieser Indikator, desto stärker hebeln die Geschäftsbanken das Zentralbankgeld. Der deutliche Einbruch im September 2008 besagt im Umkehrschluss nichts anderes, als dass die Geschäftsbanken in ihrer Kreditvergabe an Unternehmen und private Haushalte deutliche Zurückhaltung zu üben begannen.

Abbildung 1-4: Geldmengenmultiplikator, US-Dollar – Geldmenge M1, 2006–2018
Quelle: Federal Reserve St. Louis

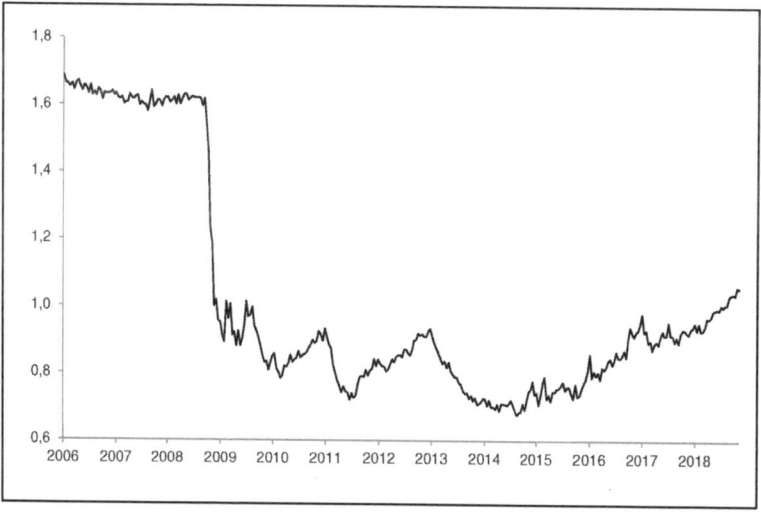

Die meisten Zentralbanken verfolgen mit ihrer Geldpolitik ein Inflationsziel. Die Geldmenge wird bewusst elastisch gehalten und diese je nach Bedarf gesteuert, um das Inflationsziel von meist um die 2 Prozent zu erreichen. Inwiefern ein Inflationsziel von 2 Prozent Geldentwertung pro Jahr als stabil zu bezeichnen ist und die Notenbanker dem selbst gezeichneten Bild als Währungshüter gerecht werden, steht auf einem anderen Blatt. Im Zuge der Finanzkrise ist allerdings die heute übliche Form der zweistufigen Geldproduktion erheblich ins Stottern geraten. Ohne die wie überdimensionierte Defibrillatoren wirkenden außergewöhnlichen Maßnahmen der Notenbanken wäre die Geldversorgung und damit der Blutkreislauf jeder Geldwirtschaft ins Stocken geraten – mit dramatischen Folgen für die Wirtschaft.

Für die Erreichung des Inflationsziels nicht minder bedeutsam ist, ob das Geld tatsächlich für die Güter des täglichen Bedarfs, deren Preise für die Berechnung der Inflationsrate herangezogen werden, ausgegeben wird. Sitzt das Geld locker, oder halten es die Verbraucher zurück? Aufschluss hierüber gibt die sogenannte »Umlaufgeschwindigkeit des Geldes«. Diese misst die Häufigkeit, mit der die vorhandene Geldmenge innerhalb eines Jahres durchschnittlich umgesetzt wird, und diese geht, wie Abbildung 1-5 für den US-Dollar exemplarisch zeigt, seit der Finanzkrise ebenfalls stark zurück.

Abbildung 1-5: Umlaufgeschwindigkeit, US-Dollar – Geldmenge M1, 1971–2018 Quelle: Federal Reserve St. Louis

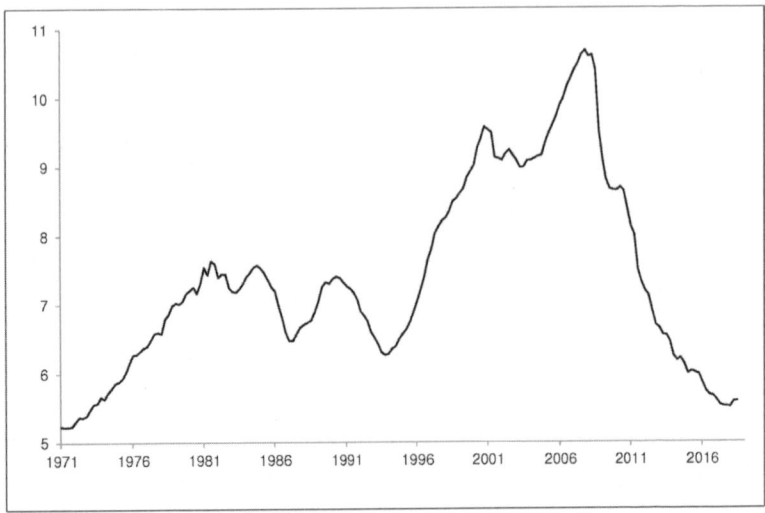

Nicht zu unterschätzen ist der Einfluss der Erwartungshaltung auf die Umlaufgeschwindigkeit des Geldes und die Entwicklung der Inflationsrate. Die Zentralbanken sind sich dieser psychologischen Komponente bewusst. Dies zeigt sich in der behutsamen Kommunikation der Zentralbanken, die jedwede Überreaktion zu vermeiden sucht. Erwartet die Bevölkerung ein deutliches Anziehen der Preise, kann das zu einer sich selbst erfüllenden Prophezeiung werden. In Erwartung steigender Preise geben die Konsumenten ihr Geld schneller aus, was zu steigenden Preisen und wiederum zu höheren Ausgaben führt – und so weiter und so fort. Im Extremfall des vollständigen Vertrauensverlustes in die Wertstabilität des Geldes stoßen die Menschen das Geld panikhaft ab. Es kommt zu einer Hyperinflation mit all ihren verheerenden Wirkungen. Die deutsche Hyperinflation von 1923 hat sich tief in die politische, kulturelle und gesellschaftliche DNA Deutschlands eingebrannt.

Diese Dynamik kann auch in die andere Richtung wirken. Erwarten die Menschen stark sinkende Preise, halten sie sich mit ihren Ausgaben zurück, um von den in Zukunft noch niedrigeren Preisen noch stärker zu profitieren. Eine derartige Deflationsspirale fürchten die Zentralbanker und Ökonomen nicht weniger als eine Inflationsspirale.

Eine Hyperinflation kann also genauso gut wie eine Hyperdeflation Resultat einer ausgeprägten Panik sein. Und genau diese Unsicherheit machte sich ab dem Sommer 2007 unter institutionellen Marktteilnehmern breit, insbesondere unter den Geschäftsbanken, aber auch den Unternehmern und Konsumenten. Weil man nicht mehr wusste, wie es weitergehen würde, begannen die Marktteilnehmer, die Geldhaltung zu erhöhen.

Dieses – durch und durch rationale – Verhalten der Marktteilnehmer hätte ohne Gegensteuern der Zentralbanken zu einem deutlichen Rückgang der Geldmenge geführt. Dieser von den meisten Ökonomen und Politikern gefürchtete Effekt trat allerdings nicht ein, weil die Zentralbanken die direkt von ihnen kontrollierte Geldmenge, die sogenannte Geldmenge M0, deutlich ausweiteten. Das folgende Diagramm (Abbildung 1-6) zeigt, dass der Anteil der Zentralbankgeldmenge an der weiteren Geldmenge M2 signifikant zugenommen hat.

Abbildung 1-6: M0/M2, US-Dollar, Euro, in Prozent, 2006–2018
Quellen: Europäische Zentralbank, Federal Reserve St. Louis

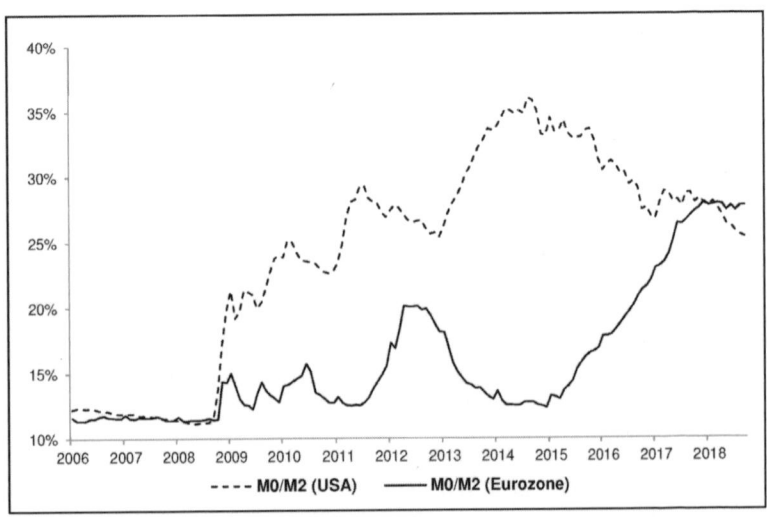

Der Anteil der Zentralbankgeldmenge M0 an dem weiteren Geldmengenaggregat M2 stieg sowohl in den USA als auch im Euroraum signifikant von 12 Prozent auf über 25 Prozent (Euroraum) beziehungsweise über 35 Prozent (USA) an. In absoluten Zahlen erhöhte sich die monetäre Basis in den USA von rund 870 Milliarden US-Dollar am Vorabend der ersten Lockerungsmaßnahmen auf ein zwischenzeitliches Hoch von über 4 Billionen US-Dollar im August 2014 auf nunmehr rund 3,5 Billionen US-Dollar, im Euroraum von 900 Milliarden Euro auf weiterhin über 3,1 Billionen Euro.

Der damalige Vorsitzende der Bundesanstalt für Finanzdienstleistungsaufsicht (BaFin), Jochen Sanio, sprach von der größten Bankenkrise seit 1931. Doch im Gegensatz zu damals, als die Zentralbanken tatenlos zugesehen hatten, wie Banken in den Konkurs schlitterten und die Wirtschaft kontrahierte, griffen die Währungshüter dieses Mal vehement ein. Die EZB stellte dem Markt reichlich Liquidität zur Verfügung, wofür sie von Mervyn King, dem Gouverneur der Bank of England, heftig kritisiert wurde. King war der Ansicht, bei einer solchen Geldpolitik bestehe – ähnlich wie bei der Politik Alan Greenspans – die moralische Gefahr, dass Spekulanten die mit den hohen Risiken einhergehenden Gewinne abschöpften. Für ihre Verluste hätten jedoch die Steuerzahler geradezustehen. Doch ausgerechnet Mervyn King war es, der während der Finanzkrise den ersten richtig großen Bail-out umsetzte – also die Rettung einer Bank durch Steuergelder –, indem er der in äußerst windige Geschäfte verwickelten Hypothekenbank Northern Rock unter die Arme griff. Mitte Oktober waren britische Banken akut gefährdet, worauf Premierminister Gordon Brown die acht größten Banken mit umgerechnet etwa 100 Milliarden Britischen Pfund Steuergeld rekapitalisierte. Zugespitzt formuliert: Die Banken und damit die Einlagen der Kunden wurden mit ihrem eigenen Steuergeld gerettet.

Ein Rettungsplan wie der britische oder das US-amerikanische Troubled Asset Relief Program (TARP) ließ im Euroraum lange Zeit auf sich warten. Angela Merkel und Peer Steinbrück blockierten die Initiativen von Nicolas Sarkozy und anderen Politikern. Anfang Oktober 2008 machte sich an den Märkten Panik breit. Man zweifelte an der Handlungsfähigkeit der politischen Klasse in Europa, auch stellte man die Effektivität des TARP infrage. Am 6. Oktober 2008 kam es an den Börsen rund um den Globus synchron zu Kursstürzen – und zwar so heftig, dass dieser Börsencrash die großen Crashs der Jahre 1987 und 1929 in absoluten Zahlen übertraf.

Abbildung 1-7: Dow Jones Industrial, Euro Stoxx 50, DAX, FTSE 100, 3. Januar 2008 = 100, 2008
Quelle: Oesterreichische Nationalbank

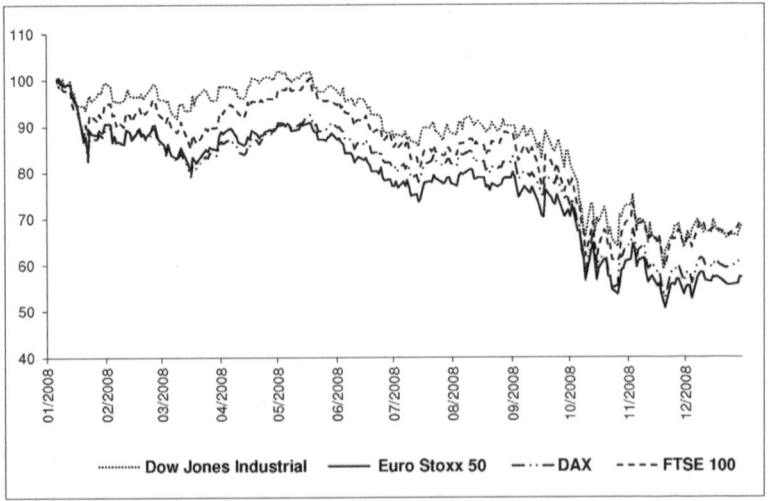

In derselben Woche unternahmen die Notenbanken einen rigorosen Schritt. In einer weltweit koordinierten Aktion senkten sie die Leitzinsen. Die Fed setzte die Federal Funds Rate, den Leitzins in den USA, bis zum Jahresende sogar radikal auf 0 Prozent herab. Die EZB hatte hingegen in Sachen Zinspolitik den Hauptrefinanzierungssatz, den Leitzins in der Eurozone, lange Zeit bei 4 Prozent belassen. Im Zuge steigender Inflationsraten im Sommer 2008 wurde er zeitweilig sogar auf 4,25 Prozent erhöht. Erst bei ihrer Sitzung am 15. Oktober 2008 begann die EZB mit teils scharfen und schnell aufeinanderfolgenden Zinsschritten, die den Leitzins schließlich im Mai 2009 auf den damaligen historischen Tiefststand von 1 Prozent drückten.

Doch der Geldmarkt blieb ausgetrocknet. Die Geschäftsbanken vertrauten einander weiterhin nicht, folglich zeigte der Euribor – und damit auch der Zinssatz für kurzfristige Kredite – zunächst so gut wie keine Reaktion. Die EZB entschied daraufhin, Geld in unbegrenztem Umfang zum jeweiligen Leitzins bereitzustellen, wodurch sich die Geschäftsbanken jederzeit und in unbeschränkter Menge refinanzieren konnten. Die Zentralbank übernahm dadurch die Funktion des – zusammengebrochenen – Geldmarktes.

Diese Maßnahmen, so drastisch sie auch gewesen sind, waren allesamt noch »gewöhnliche Maßnahmen«, also übliche geldpolitische Operationen. Weil diese Instrumente aber nicht den gewünschten Erfolg brachten, wurden zur dauerhaften Entlastung der Bilanzen der Geschäftsbanken – und der Staaten – Programme der »Quantitativen Lockerung« (engl. »Quantitative Easing«, QE) aufgelegt. Im Zuge dieser unkonventionellen Maßnahme der Geldpolitik kauft die Zentralbank Anleihen an, anstatt sie nur zeitlich befristet als Pfand für einen Kredit an eine Geschäftsbank in die Bilanzen aufzunehmen. Diese Anleihen verbleiben somit bis zum Ablauf ihrer Laufzeit im Eigentum der Zentralbank. Das Kursrisiko geht dadurch auf die Zentralbank über. Eine weitere unkonventionelle Maßnahme war die »Qualitative Lockerung« (engl. »Qualitative Easing«). Dabei nimmt die Zentralbank Anleihen in ihre Bilanz auf, die die Anforderungen an das Rating nicht erfüllen. Selbst notleidende oder toxische Anleihen können angekauft werden. Die Vorteile für jene Staaten, die in den Genuss der Qualitativen Lockerung kommen, liegen klar auf der Hand: Der Markt für die Staatsanleihen bleibt bestehen, und die Zinsen für neue Anleihen sind niedriger. Die Zentralbankbilanz wird dadurch nicht nur verlängert, sondern auch hinsichtlich der Qualität der auf der Aktivseite der Bilanz verbuchten Forderungen noch verschlechtert:

Abbildung 1-8: Konsolidierte Bilanz des Eurosystems – Zusammensetzung der Aktivseite, in Millionen Euro, 1999–2017[7]
Quelle: Europäische Zentralbank

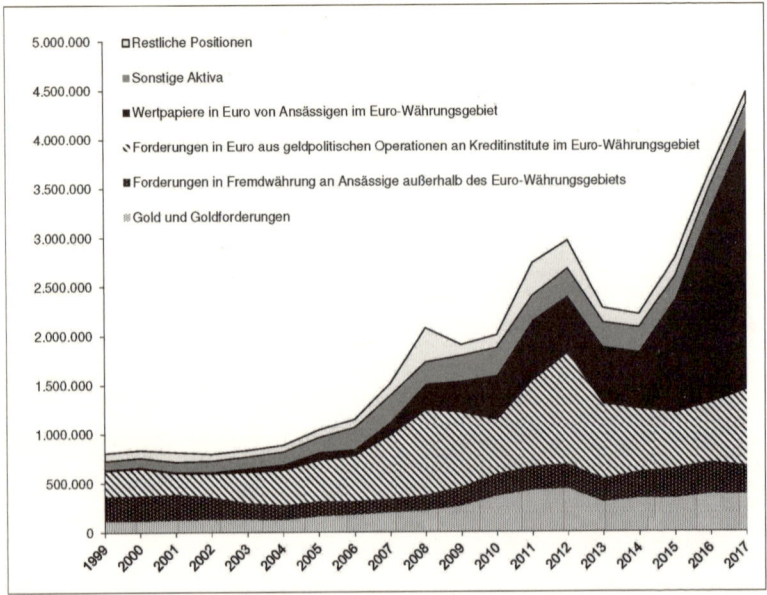

Sollten diese Anleihen schlussendlich nicht zum vollen Nennwert getilgt werden, könnte die Zentralbank sogar Gefahr laufen, ein negatives Eigenkapital auszuweisen. Angesichts einer Eigenkapitalquote der EZB von 2,3 Prozent[8] ein nicht undenkbares Szenario. Selbst unter Hinzurechnung des »Ausgleichspostens für Neubewertung«, in den die nicht realisierten Aufwertungsgewinne einfließen, beträgt die Eigenkapitalquote lediglich 10,4 Prozent. So werden die Goldreserven zum Kurs am Bilanzstichtag bewertet. Liegt dieser Kurs über dem Einkaufspreis, wird die Differenz in diesem Ausgleichsposten verbucht.

Dies hat für die Zentralbank jedoch keine unmittelbare Konsequenz, weil die Zentralbanken nicht den gewöhnlichen Insolvenzgesetzen unterliegen. Allerdings könnte dadurch mittelbar das Vertrauen in den Euro – und aufgrund der engen Verknüpfung auch in die Europäische Union (EU) – erheblich leiden. Für die Besitzer von Staatsanleihen haben die Quantitative wie auch die Qualitative Lockerung in der Zwischenzeit allerdings einen lukrativen Nebeneffekt: Das Ausfallrisiko geht an die Zentralbank und wird dadurch gleichsam sozialisiert. Denn etwaige Verluste reduzieren den Gewinn der Zentralbank und damit die Dividendenleistung an die nationalen Zentralbanken und in weiterer Folge dann an die Staaten.

Dass Zentralbanken jahrelang technisch insolvent sind und dennoch problemlos handlungsfähig bleiben können, zeigt das Beispiel der Tschechischen Nationalbank (CNB). Zwölf Jahre lang zwischen 2002 und 2014 wies sie ein negatives Eigenkapital aus, das am negativen Höhepunkt rund 10 Milliarden Euro betrug. Seit Juni 2017 ist das Eigenkapital neuerlich negativ. Hauptgrund für diese Entwicklung sind die hohen Währungsreserven, die bei einer Aufwertung der Tschechischen Krone zu Buchverlusten führen.[9]

In einem viel zitierten Aufsatz hat der damalige Vizepräsident und aktuelle Präsident der Schweizerischen Nationalbank (SNB), Thomas Jordan, die Eigentümlichkeit des Eigenkapitals einer Zentralbank im Vergleich zu gewöhnlichen Unternehmen herausgearbeitet: »Zum einen können Zentralbanken nämlich nicht illiquid werden. Dies hat zur Folge, dass eine Zentralbank nicht in ihrer Handlungsfähigkeit eingeschränkt ist, wenn ihr Eigenkapital vorübergehend negativ wird. Sie wird auch nicht wie andere Unternehmen dazu gezwungen, Sanierungsmaßnahmen einzuleiten oder ihre Bilanz zu deponieren [das heißt eine Überschuldungsanzeige bei Gericht, Anm.].«[10] Unmittelbar geht also von einem negativen Eigenkapital keine Gefahr aus; mittelbar, wenn etwa das negative Eigenkapital einen Vertrauensverlust bei der Bevölkerung oder den ausländischen Investoren hervorruft, kann dies allerdings schon der Fall sein.

Des Weiteren haben die großen Zentralbanken der Welt – die Federal Reserve, die Europäische Zentralbank, die Bank of Canada, die Bank of England, die Bank of Japan und die Schweizerische Nationalbank – zunächst befristete, ab Oktober 2013 dann unbefristete Swap-Abkommen geschlossen.[11] Diese sehen vor, dass die genannten Zentralbanken den jeweils fünf anderen eigene Währung leihen, wann immer die involvierten Zentralbanken dies für notwendig erachten. Dadurch sollen Liquiditätsengpässe bei den Geschäftsbanken vermieden werden, die Kredite in der jeweiligen Fremdwährung vergeben.

Wo stehen wir jetzt?

Während die amerikanische Volkswirtschaft den Anschein machte, aus dem Gröbsten heraus zu sein, und das Wachstum sowie die Arbeitsmarktdaten es der Fed erlaubt haben, die Leitzinsen bereits neunmal auf nunmehr 2,25–2,5 Prozent (12/2018) anzuheben,[12] steckt die Eurozone noch im geldpolitischen Krisenabwehrmodus. Zwar konnten auch in Europa die Finanzmärkte durch die lockere Geldpolitik stabilisiert werden und die Aktienmärkte haben neue Rekordhöhen erklommen. Doch insbesondere in den südlichen Mitgliedsstaaten der EU lassen die Wachstums- und Arbeitsmarktdaten durchaus zu wünschen übrig. Auch wenn das Bild in den USA ein etwas besseres ist, haben sich Investition und Wachstum dort bei Weitem nicht so entwickelt wie erwartet. Die Investitionsquote – gemessen als Anteil der Investitionen am BIP – betrug in den Jahren von 2002 bis 2007 durchschnittlich 22,5 Prozent, zwischen 2012 und 2016 hingegen nur noch 19,8 Prozent. Dies entspricht einem Rückgang um mehr als 10 Prozent.

Auch jenseits des Atlantiks läuft die Umsetzung der Geldpolitik weiterhin atypisch. Denn keineswegs schöpfen die Geschäftsbanken in dem Ausmaß Giralgeld, dass auch nur daran zu denken wäre, sie

könnten damit beginnen, die Anleihen von der Federal Reserve zu-
rückzukaufen, die diese im Rahmen ihrer QE-Programme aufgekauft
hatte. Auch sind die Wachstumszahlen weit hinter den Prognosen
der Federal Reserve und des Internationalen Währungsfonds (IWF)
zurückgeblieben. Zwar legt, wie Abbildung 1-9 zeigt, die US-Ökonomie seit 2009 einen der längsten Aufschwünge in ihrer jüngeren Geschichte hin, doch ist dieser Aufschwung schwach und blutleer – allen
Jubelmeldungen zum Trotz.

**Abbildung 1-9: Expansionen der US-Ökonomie, gemessen am Anstieg des
realen Bruttoinlandsprodukts, Ausmaß in Prozent und Dauer in Quartalen,
1950–2018**
Quelle: Federal Reserve St. Louis

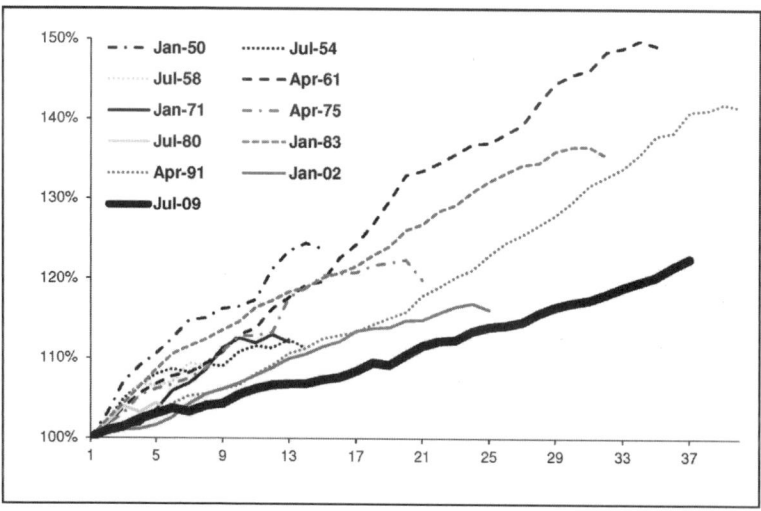

Die lockere Geldpolitik scheint also die in sie gesetzten Erwartungen
nicht zu erfüllen. Doch wieso? Wieso geht die Rechnung nicht auf, dass
billiger Kredit die Investitionstätigkeit beflügelt? Wieso ist das Nullzinsniveau nicht imstande, einen nachhaltigen Aufschwung auszulösen?

Zum einen hatten die Banken in der Krise hohe Abschreibungsverluste zu verbuchen und waren in der Folge unterkapitalisiert, was sie wiederum in ihrer Kreditvergabe hemmte. Hinzu kommen die Regulierungen in Form von Basel III und MiFID II,[13] die das Bankgeschäft krisenresistenter machen sollen, aber durch etliche Auflagen die Vergabe von Krediten erschweren und in vielen Fällen sogar behindern. Die Kosten für die Einhaltung der überbordenden Regulierungsvorschriften, im neudeutschen Jargon »Compliance« genannt, betragen bis zu 23 Prozent der Nettorendite. Aber nicht nur auf der Angebotsseite bestehen Hemmnisse. Auch auf der Nachfrageseite ist weiterhin eine gewisse Investitionszurückhaltung seitens der Kreditnehmer zu beobachten. Unsichere Zeiten lassen die Investitionsneigung der Unternehmer zurückgehen. So sinken aufgrund der wirtschaftlichen oder politischen Unsicherheit die Gewinnerwartungen, entweder aufgrund steigender Kosten oder wegen des erwarteten Rückgangs der Einnahmen. Steigende Unsicherheit führt zudem zu höheren Zinsen, was wiederum gewisse Investitionen unrentabel macht.

Zudem führt der billige Kredit dazu, dass Banken eigentlich insolvente Unternehmen weiterfinanzieren und dadurch nebst deren Insolvenz auch die Abschreibungsverluste in ihren eigenen Büchern, mitunter sogar ihre eigene Insolvenz vermeiden. Ökonomen sprechen im Zusammenhang von wirtschaftlich eigentlich toten, aber durch den Kredittropf künstlich am Leben gehaltenen Organisationen von »Zombieunternehmen« und »Zombiebanken«. Bianco Research versteht darunter Firmen, deren Zinsaufwand über dem Drei-Jahres-Durchschnitt des EBIT liegt. Auch wenn die positiven Wirtschaftsdaten einen anderen Eindruck vermitteln – die USA haben derzeit den höchsten Anteil an Zombies seit mindestens 20 Jahren. Selbst die Bank für Internationalen Zahlungsausgleich (BIZ) erkennt in dieser Zunahme an Zombieunternehmen und in dem Umstand, dass es Zombieunternehmen immer seltener gelingt, wieder vital zu werden, ein Problem.

Dass die Ertragskraft dieser Unternehmen bei steigenden Zinsen sehr leiden wird, liegt auf der Hand.

Die zunehmende Fragilität der Unternehmen bei steigenden Zinsen belegt noch eine weitere Entwicklung. So ist in den USA der Anteil jener Unternehmen, deren Anleihen mit BBB bewertet werden, in den vergangenen zehn Jahren von rund einem Drittel auf knapp 50 Prozent gestiegen. Das Rating BBB ist insofern von Bedeutung, als ein Downgrade um nur eine weitere Stufe auf BB zum Verlust des Status als Investmentgrade führt. In weiterer Konsequenz müssten jene professionellen Investoren, denen das Halten von Anleihen auf Ramschniveau nicht gestattet ist, diese Anleihen abstoßen, was wiederum die Finanzierungskosten der Unternehmen merklich erhöhen würde.[14]

In Deutschland zeigt sich derselbe Trend. Aufgrund historisch niedriger Zinsen für Unternehmenskredite von 1,4 Prozent (2017) ist die Zahl der Firmeninsolvenzen auf dem niedrigsten Wert seit 1994. Wer nun meint, die niedrigen Zinsen würden verhindern, dass Unternehmen, die lediglich kurzfristig wirtschaftliche Probleme haben, bankrottgehen, der irrt. 2016 betrug die Wahrscheinlichkeit, dass ein Zombieunternehmen im darauffolgenden Jahr wiederum den Zombiestatus aufweist, knapp mehr als 85 Prozent. Einmal ein Zombie, immer ein Zombie, der Kapital und Arbeitskräfte bindet, das ist die traurige Wahrheit. Diese wird durch den Umstand verschärft, dass der Anteil der kurzfristigen Schulden am Fremdkapital im Euroraum 39 Prozent beträgt, in Deutschland sogar 45 Prozent.[15]

Ein vermeintlicher Vorteil der lockeren Geldpolitik ist, dass ein Anstieg der Arbeitslosigkeit verhindert wurde, da die Arbeitskräfte weiterhin in die maroden Geschäftsstrukturen eingebunden sind. Allerdings ist das lediglich ein Scheinerfolg, denn eine Freisetzung der Ressourcen wird so verhindert, wodurch die durchschnittliche Produktivität der Wirtschaft langfristig geschmälert wird. Dies zeigt sich auch in den Zahlen. Das deutsche Produktivitätswachstum hat sich in den vergangenen 20 Jahren halbiert.[16] Eine Wirtschaft, die diesen

Pfad einschlägt, nähert sich zusehends einer quasi planwirtschaftlichen Struktur an, weil ineffiziente Unternehmen nicht mehr vom Marktprozess aussortiert werden.

Halten wir fest: Die lockere Geldpolitik der Zentralbanken als Antwort auf die Krise stellt ein riesiges globales Experiment zur Belebung der Wirtschaft dar, dessen Erfolge bislang recht dürftig ausfallen. Selbst unter Hauptstromökonomen gab es, teils mit ökonomischen, teils mit juristischen Argumenten, kritische Stimmen. Die zahlreichen Klagen vor dem Bundesgerichtshof in Karlsruhe und vor dem Europäischen Gerichtshof (EuGH) belegen diesen Widerstand. Auch die Alternative für Deutschland (AfD) wurde 2013 aus Protest gegen die Entwicklung des Euro gegründet. Doch viele Ökonomen, zu denen auch die führenden Zentralbanker gehören, sind der Ansicht, die geldpolitische Lockerung sei unabdingbar, um das Finanzsystem und die Realwirtschaft zu stabilisieren. Die Furcht vor einem deflationären Kollaps der Geldmenge und einer daran anschließenden schweren Depression der Realwirtschaft bestimmt das Denken und Handeln.

Die Alles-Blase

Auch wenn die EZB am 31. Dezember 2018 ihr Anleihekaufprogramm eingestellt hat: Die Flutung mit exzessiver Liquidität ist bereits geschehen. Mit Blick auf die aktuelle Lage könnte man von einer »Alles-Blase« sprechen: Nicht nur Aktien, sondern auch Anleihen, Immobilien, Kunstwerke und Antiquitäten werden auf nie da gewesenen Höchstständen gehandelt. Das Konzept des klassischen Anlegerportfolios, in dem Aktien Rendite und Anleihen Sicherheit bringen sollen, ist gegenwärtig also obsolet.

Das folgende Diagramm (Abbildung 1-10) setzt die Vermögenswerte amerikanischer Haushalte ins Verhältnis zu ihrem verfügbaren Einkommen. Klar ersichtlich sind die Preissteigerungen und anschließenden Preisverfälle der Dotcom- und der Subprime-Blase. Mittlerweile haben die Vermögenspreise die einstigen Höchststände wieder übertroffen. Wohingegen sich aber die früheren Blasen auf einzelne Sektoren konzentrierten – 2000 waren es Aktien der neuen Technologieunternehmen, 2007 Immobilienkredite –, umfasst die neue Blase nun verschiedene Asset-Klassen, insbesondere Anleihen, Immobilien und Aktien. Das ist eine unmittelbare und unausweichliche Folge der geldpolitischen Flutung, die zur Bekämpfung der Finanz- und Bankenkrise vorgenommen wurde.

Abbildung 1-10: Vermögenswerte amerikanischer Haushalte im Verhältnis zum verfügbaren Einkommen, 1952–2018
Quelle: Federal Reserve St. Louis

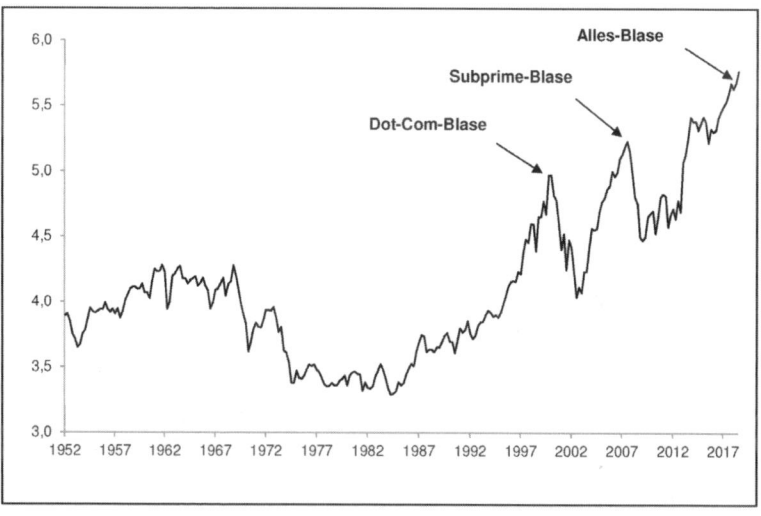

Fallende Zinsen blähen die Preise der Vermögenswerte schon allein aufgrund ihres Einflusses auf die Barwertberechnung auf. Der Barwert einer Aktie diskontiert alle zukünftigen Einkommensströme auf den Gegenwartswert ab, das heißt, ein zukünftig erwarteter

Gewinn von 100 Euro fließt bei der Berechnung des Aktienwertes nicht zum vollen Betrag ein, sondern um den jeweiligen Zinssatz reduziert. Je niedriger die Zinsen sind, desto geringer ist die Diskontierung und desto höher ist der Barwert aller zukünftigen Einkommen in heutigem Geld. Durch eine Zinssenkung wird jedes Unternehmen also automatisch wertvoller, was wiederum die Kurse nach oben treibt.

Beispielhaft sei zunächst auf die Entwicklung der Börsenkurse verwiesen. Die niedrigen Zinsen und die reichhaltig vorhandene Zentralbankliquidität haben die Börsen – trotz einiger Rückschläge – von Rekord zu Rekord getrieben.

Abbildung 1-11: Dow Jones Industrial, Euro Stoxx 50, DAX, FTSE 100, 3. Januar 2008 = 100, 2008–2018
Quelle: Oesterreichische Nationalbank

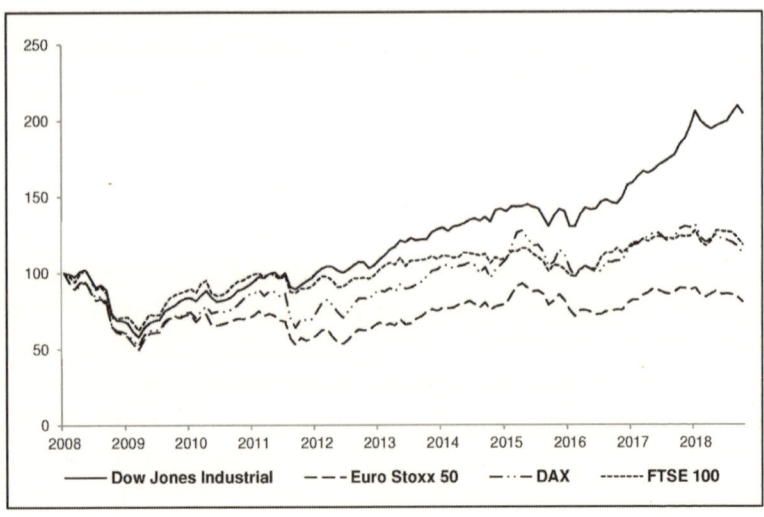

Ohne die öffentlichen Debatten um die QE-Programme sowie die Krise der Staatsfinanzen in Griechenland, Spanien, Portugal und Irland hätte man sich wie in der zweiten Hälfte der 1990er-Jahre gefühlt, als die Devise galt: »The sky is the limit!«

Die Blase auf dem Anleihenmarkt erscheint ebenfalls besorgniserregend. Niedrige Zinsen haben die Preise haussieren lassen, denn wenn die Zinsen fallen, sind die ausstehenden Anleihen mit ihrer vergleichsweise hohen Verzinsung mehr wert. So notierte etwa vor der Krise ein US Treasury Bond mit 10-jähriger Laufzeit bei 5 Prozent, aktuell (01/19) wirft er nach zwischenzeitlich nur 0,9 Prozent (07/16) 2,8 Prozent ab. Eine Rückkehr auf ein Zinsniveau von 5 Prozent würde den Marktpreis jüngst verkaufter Papiere um rund 17,8 Prozent reduzieren.

Hinzu kommt eine Entwicklung, die die direkte Konsequenz der Niedrigzinsen ist: Auf der Suche nach Renditen haben Anleiheinvestoren immer mehr in langfristige Papiere investiert, da allenfalls mit diesen noch Zinserträge erzielt werden konnten, die den Namen verdienten. US-amerikanische Unternehmensanleihen laufen mittlerweile durchschnittlich länger als 16 Jahre, zwischen 1995 und 2005 lag die durchschnittliche Laufzeit noch bei 8,6 Jahren. Bei den Staatsanleihen ist das Bild ein ganz ähnliches. Einige Staaten wie Österreich, Irland, Belgien, aber auch China, Mexiko und sogar das mehrfach pleitegegangene Argentinien haben sogar »Century-Bonds«, das heißt Anleihen mit 100-jähriger Laufzeit, begeben.

Die bislang vom Volumen her größte dieser »Methusalem-Anleihen« hat Österreich erst im Herbst 2017 mit 3,5 Milliarden Euro begeben, der Kupon mit 2,10 Prozent verspricht nicht gerade einen hohen Ertrag. Trotzdem war die Anleihe mehrfach überzeichnet, so wie die mit einem Kupon von 7,125 Prozent und in US-Dollar begebene 100-jährige Anleihe Argentiniens.[17] Berücksichtigt man den Umstand, dass Argentinien erst Ende 2015 die Kapitalverkehrskontrollen aufgehoben hatte, so ist die Platzierung und erst recht die mehrfache Überzeichnung dieser Anleihe – knapp 10 Milliarden US-Dollar wurden nachgefragt, 2,75 Milliarden US-Dollar aufgelegt – ein Anzeichen eines erneuten irrationalen Überschwangs an den Märkten.

Die Bestätigung wiederkehrender Irrationalität kam für die Anleger im Sommer 2018 früher, als ihnen vermutlich lieb war. Im Gefolge der Turbulenzen um den dramatischen Kursverfall der türkischen Lira gerieten auch der argentinische Peso und mit ihm der argentinische Anleihenmarkt in erhebliche Schwierigkeiten. Der Yield der 100-jährigen Anleihen erhöhte sich deutlich auf über 10 Prozent, der Kurs gab bis auf den Tiefststand von 67,45 am 31. August 2018 nach. Nicht einmal ein Jahr nach der Begebung des Century-Bond fragte Argentinien beim IWF um Finanzhilfe an, die es dann auch in Form einer 57 Milliarden US-Dollar schweren Kreditlinie erhielt.

Stark zugenommen hat damit aber auch das Laufzeitrisiko, dem sich die Investoren beim Erwerb von Anleihen aussetzen. Die Kombination aus einem generellen Anstieg der Verschuldung, längerer Laufzeiten und extrem hoher Bewertungen lässt nichts Gutes erahnen. Der Analyst Charles Himmelberg von der Investmentbank Goldman Sachs hat berechnet, dass ein Anstieg der Zinsen um nur 1 Prozent bei US-amerikanischen Anleihen zu Marktwertverlusten in Höhe von 1 bis 2,4 Billionen US-Dollar führen würde.[18]

Gerade auch auf die Immobilienpreise wirken sich Zinsänderungen aufgrund des hohen Kapitalbedarfs und des langfristigen Investitions- und Anlagezeitraums stark aus, selbstverständlich in beide Richtungen. Sinkende Zinsen erhöhen den Wert einer Immobilie, steigende Zinsen mindern ihn. Hinzu kommt, dass Wertveränderungen sich träge auf die Miethöhe auswirken aufgrund der zahlreichen gesetzlichen Bestimmungen. Daher fluktuiert bei einer fixierten Mietrendite der Wert der Immobilie besonders stark.

Angenommen, der Wert der Immobilie beträgt vor der Zinssenkung 1 Million Euro und liefert Bruttomieteinnahmen von 30.000 Euro pro Jahr. Bei einem Zinssatz von 1 Prozent werden daher Nettomieteinnahmen von 20.000 Euro lukriert, denn 10.000 Euro hätte der Unternehmer schlicht dadurch verdient, dass er das Geld auf seinem Konto liegen lässt. Die Nettomietrendite beträgt also 2 Prozent. Für eine niedrigere

Nettomietrendite würde der Investor das Objekt nicht verwerten. Sinkt nun der risikolose Zins durch eine Leitzinssenkung der Zentralbank um einen Prozentpunkt auf 0 Prozent, erhöhen sich bei konstanten Bruttomieteinnahmen die Nettomieteinnahmen auf 30.000 Euro. Unter Annahme einer konstanten Nettomietrendite ist der Investor nunmehr bereit, bis zu 1,5 Millionen Euro für die Immobilie zu bieten. Da die Zinssenkung über eine Ausweitung des Kreditangebots verwirklicht wird, mangelt es den Investoren nicht an den nötigen Finanzmitteln. Somit übt eine Zinssenkung unmittelbar Druck auf die Immobilienpreise aus.

Fassen wir zusammen: Blasen in der Vergangenheit beschränkten sich auf einzelne Sektoren der Wirtschaft. So schmerzhaft ihr Platzen war und sosehr sie auf andere Sektoren der Wirtschaft übergriffen, diese anderen Sektoren waren relativ gesund und konnten die Schockwellen der Implosion einer Blase auffangen. Bei der gegenwärtigen Alles-Blase kann dieser Ausgleichseffekt nicht wirken.

Die vergebene Chance: Steigende Verschuldung trotz des »Fensters des Glücks«

Was dem Sparer zum Schaden gereicht, gereicht den Schuldnern, und unter ihnen insbesondere den Staaten, zum Vorteil. Größter Einzelschuldner ist bei Weitem der Staat, der im Zuge der Finanzkrise enorme Beträge in die Rettung und Sanierung jener Banken steckte, die als systemrelevant (engl. »too big to fail«) eingestuft worden sind. Diese Unterscheidung in systemrelevant und nichtsystemrelevant hat perverse Anreize gesetzt. Eine Studie von Elijah Brewer und Julapa Jagtiani belegt, dass die Geschäftsbanken – betriebswirtschaftlich völlig rational – Geld investierten, um die Schwelle zur Systemrelevanz zu überschreiten.[19] Dieser Drang in die Systemrelevanz verstärkte die Konzentrationstendenzen im Bankensektor. Es steht zu befürchten, dass diese Kurzfristmaßnahme zur Stabilisierung des Bankensektors mittel- und langfristig genau den gegenteiligen Effekt haben wird. So oder so haben diese und weitere Maßnahmen zu einer zum Teil beträchtlichen Erhöhung der Staatsverschuldung geführt.

Abbildung 1-12: Staatsverschuldung, USA, Deutschland, Italien, Frankreich, Großbritannien, in Prozent des Bruttoinlandsprodukts, 2006–2018
Quelle: Federal Reserve St. Louis

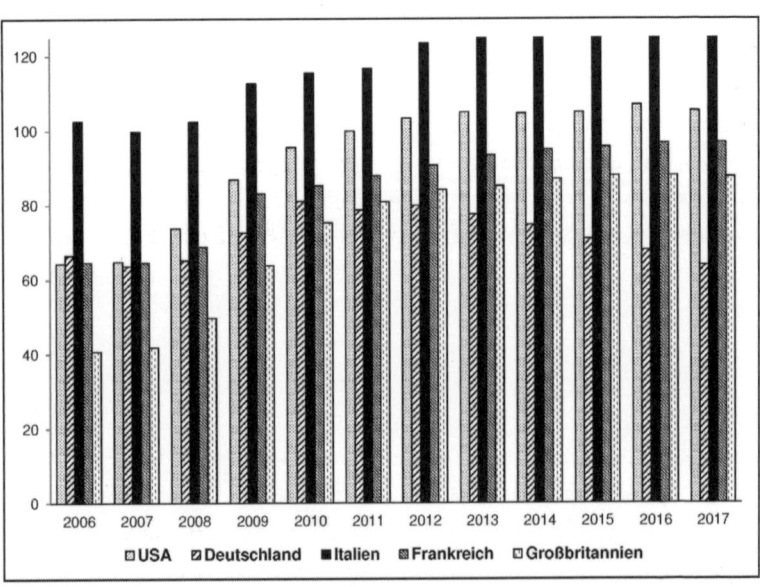

Dieser Anstieg der Staatsschuldenquote vollzog sich allerdings in einem Umfeld, das aufgrund der niedrigen Zinsen die Staaten als Großschuldner erheblich begünstigt. Schließlich können neue Anleihen zu historisch niedrigen Zinsen begeben werden. Mitunter kam es in der jüngeren Vergangenheit sogar vor, dass Anleihen zu einem Negativzinssatz gezeichnet worden sind. Mit anderen Worten: Die Staaten werden dafür bezahlt, sich zu verschulden.

Nun stellt sich natürlich die Frage, warum jemand eine Anleihe zeichnet, deren Nominalverzinsung negativ ist. Rational wäre die Entscheidung dann, wenn der Anleger ebenfalls eine negative Teuerung erwartet, die höher ausfällt als die nominelle Verzinsung. In diesem Fall ist die Realverzinsung positiv und der Erwerb einer solchen Anleihe ein Geschäft. Von einer Preisdeflation geht am Markt aber niemand aus.

Die Erklärung findet sich in den gesetzlichen Vorgaben für Versicherer und Pensionsfonds, die einen Teil des von ihnen verwalteten Vermögens in Staatsanleihen anlegen müssen, weil diese als ausgesprochen sicher gelten.

Die große Illusion einer tragfähigen Verschuldung wird vor allem dadurch aufrechterhalten, dass die alten Schulden permanent mit neu aufgenommenen Schulden getilgt werden. Bei einem fallenden Zinsniveau werden die Refinanzierungen sukzessive günstiger. Eine Zeit lang sinken die Zinslasten noch weiter ab, da alte, höher verzinste Anleihen auslaufen und durch neue, niedrig verzinste ersetzt werden. 2007 betrug die Rendite deutscher Staatsanleihen noch 4,2 Prozent, 2018 waren es nur mehr 1,5 Prozent.

Die Einsparungen für die Staatshaushalte der Eurozone durch die Niedrigzinspolitik belaufen sich laut Berechnungen der Bundesbank seit 2007 zusammengerechnet auf die stolze Summe von 1,42 Billionen Euro. Für Deutschland summieren sich die Einsparungen in den vergangenen zehn Jahren auf 368 Milliarden Euro. Der Rückgang der Schulden des Gesamtstaates nimmt sich mit rund 150 Milliarden Euro (Stand: Q3/2018) dagegen bescheiden aus. Frankreich verzeichnete Einsparungen von 350 Milliarden und das krisengeschüttelte Italien von 261 Milliarden Euro.[20]

Trotz alledem wäre die »schwarze Null« – also der erste ausgeglichene Haushalt, den eine Bundesregierung seit 1969 hat erzielen können – ohne die Hilfe kosmetischer Tricks 2012 nicht zustande gekommen, wie die Analysten von Barkow Consulting vorrechneten. So kann der Bund die Finanzagentur, über welche er sich an den Märkten neue Mittel besorgt, damit beauftragen, neue Anleihen mit Laufzeiten von sechs Monaten bis zu 30 Jahren zu emittieren. Darüber hinaus ist es aber auch möglich, Bundesanleihen, die bereits am Markt platziert sind, aufzustocken. Diese schon früher ausgegebenen Schuldpapiere werfen höhere Zinsen ab als jene, die heutzutage ausgegeben werden, weshalb sie für Anleger attraktiv sind. Doch »there ain't no such thing as a free lunch«:[21] Um solche Anleihen zu erwerben, müssen Anleger einen Aufpreis zahlen – ein sogenanntes Agio –, das den Bund für die höheren Zinszahlungen kompensiert, die er über die Restlaufzeit hinweg leisten muss. So weit, so unproblematisch. Dubios ist allerdings die Methode, mit der das Bundesfinanzministerium das Agio verbucht: nämlich direkt und in voller Höhe für das laufende Jahr. Da mit den Agio-Einnahmen heute aber zukünftig höhere Zinszahlungen verbunden sind, ist diese Vorgehensweise höchst fragwürdig. Korrekterweise müssten derartige Prämien in der Rechnungslegung abgegrenzt und auf die verbleibende Laufzeit verteilt werden. So aber konnten die deutschen Finanzminister die Haushaltsbilanz im Rekordjahr 2016 um 6 Milliarden Euro beschönigen. Die Kosten dafür werden in den kommenden Jahren in Form höherer Zinszahlungen zu Buche schlagen.

Doch was sich die Staaten an Zinszahlungen für ihre Schulden ersparen, entgeht den Sparern, darunter auch den Inhabern von Staatsanleihen. Auf sage und schreibe 436 Milliarden Euro beziffert eine Studie der DZ Bank die Einbußen allein für die deutschen Sparer bis zum Jahr 2017. Nach Abzug der gesunkenen Belastung der Konsumenten durch niedrigere Zinsen beträgt das Minus immer noch 248 Milliarden Euro. Das entspricht zum Beispiel 570 Stück des Airbus A380, circa 12.000 km Autobahn oder 0,7–1,2 Millionen Einfamilienhäusern. Auf jeden Deutschen umgelegt, bedeutet dies einen Verlust von 3.024 Euro.[22]

Zugegeben, Deutschland ist eines der Länder, das entgegen dem allgemeinen Trend seit 2014 eine sinkende Staatsschuldenquote und seit 2015 sogar eine sinkende Gesamtverschuldung aufweist, wobei Letztere 2017 die 2-Billionen-Euro-Schallmauer nach unten durchbrach. Ein solides Wirtschaftswachstum, sprudelnde Steuereinnahmen, die Erwartungen deutlich übertreffende Einnahmen aus den Abwicklungen der Auffanggesellschaften, der Bad Banks, und ein deutlich gesunkener Zinsendienst lassen Deutschland zügigen Schrittes auf die 60-Prozent-Schuldenmarke zusteuern. Mit etwas zeitlicher Verzögerung und etwas weniger ausgeprägt, ist die Situation in Österreich ähnlich.

Doch sind die expliziten Staatsschulden nur die halbe Wahrheit. Ein noch bedrohlicheres Bild zeichnet sich ab, wenn die impliziten Schulden der Staaten berücksichtigt werden. Die impliziten Schulden umfassen alle zukünftigen Leistungen, die bei geltender Rechtslage allen heute lebenden und zukünftigen Generationen wie Rentenzahlungen, Pflegeleistungen oder Leistungen aus der Krankenversicherung ausgezahlt werden müssen, abzüglich der eingehobenen Abgaben. Diese müssen den gemeinhin erfassten expliziten Schulden noch zugeschlagen werden.

Bereits die expliziten Schulden der EU-Staaten liegen mit 83 Prozent (2018) deutlich über der im Maastricht-Vertrag vereinbarten Höchstgrenze von 60 Prozent des BIP. Rechnet man die impliziten Schulden von 59 Prozent hinzu, erhöht sich die Staatsverschuldung auf 142 Prozent (2017), so die Berechnungen der Stiftung Marktwirtschaft.[23] Dieser Saldo aus expliziten und impliziten Schulden wird, weil meist negativ, »Nachhaltigkeitslücke« genannt. Deutschland liegt mit einer Nachhaltigkeitslücke von 170 Prozent über dem EU-Durchschnittswert, aber noch hinter dem viel gescholtenen Italien mit 122 Prozent, das – noch – ein implizites Guthaben von 9 Prozent aufweist. Noch deswegen, weil die neue Regierungskoalition aus den Cinque Stelle und der Lega Nord unter anderem einige Teile der sehr ambitionierten Rentenreform zurücknehmen will. Schlusslicht in dieser Betrachtung ist Luxemburg mit einer Nachhaltigkeitslücke von 215 Prozent des BIP, Spitzenreiter ist Kroatien mit einem positiven Nachhaltigkeitssaldo von 136 Prozent des BIP.

Aufgrund der demografischen Entwicklung werden in praktisch allen Industrienationen die Ausgaben für Gesundheit, Pensionen und Pflege

in den kommenden Jahrzehnten deutlich ansteigen. Zudem sinkt gleichzeitig der Anteil der Menschen im erwerbsfähigen Alter, welche einen
Großteil der Sozialversicherungsbeiträge und Steuerlast tragen. Ein weiterer Anstieg der Staatsverschuldung ist daher – sollten nicht massivste
Konsolidierungen unternommen werden – praktisch unmöglich zu verhindern. Als Konsequenz droht ein scherenförmiges Auseinanderlaufen
der öffentlichen Ausgaben und Einnahmen. Für die Notenbanken bedeutete dies einen enormen Druck zu weiteren Lockerungsmaßnahmen.

Bislang haben wir lediglich die Entwicklung der Schulden der öffentlichen Haushalte (Bund, Länder, Gemeinden, Sozialversicherungen)
betrachtet. Nun weiten wir die Betrachtung auf sämtliche Wirtschafts-
akteure (Staat, private Haushalte, Unternehmen) und auf den Rest der
Welt aus. Das folgende Diagramm (Abbildung 1-13) bildet die globale Verschuldung der genannten Sektoren in Prozent des BIP ab.

**Abbildung 1-13: Globaler Schuldenstand nach Sektoren, in Prozent des
Bruttoinlandsprodukts, 2007 versus 2017
Quellen: BIS, IIF, IWF**

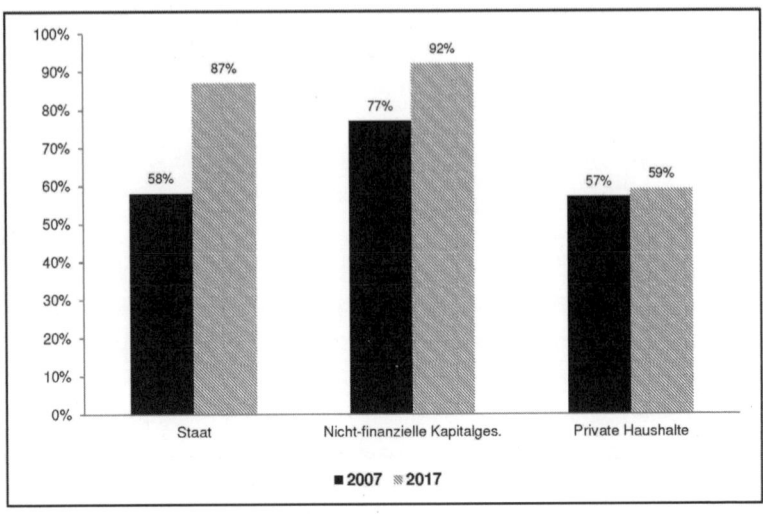

Deutlich ist zu erkennen, dass in einer weltweiten Betrachtung allen voran der Staat und die Unternehmen ihre Verschuldung im vergangenen Jahrzehnt deutlich ausweiteten (Abbildung 1-14). Die privaten Haushalte haben ihre Verschuldung relativ zum BIP nur marginal gesteigert, der Finanzsektor konnte die seinige sogar leicht abbauen.

Abbildung 1-14: Globaler Schuldenstand, in Billionen US-Dollar, 2007, 2012 und 2017
Quellen: BIS, IIF

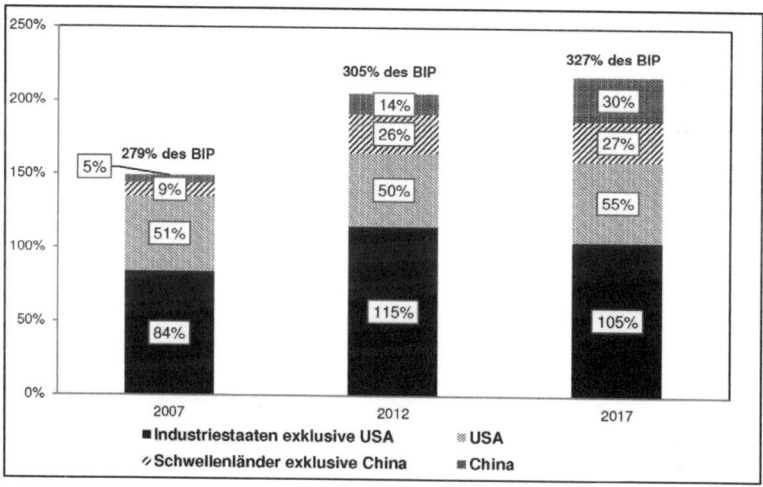

Die Aufschuldung macht auch vor den Schwellenländern nicht halt, wobei insbesondere das Kreditwachstum Chinas heraussticht. Im Zeitraum 2007 bis 2012 verzeichnete China ein Kreditwachstum von 180 Prozent, von 2012 bis 2017 von immer noch 114 Prozent. Dabei sind das nur die offiziellen Zahlen, das chinesische Schattenbankwesen ist darin gar nicht berücksichtigt.

Weil Kredite so günstig wie noch nie sind, sollte es nicht überraschen, dass die Schuldenberge seit dem Anbruch der Krise deutlich angewachsen sind. Für die Stabilität des Geld- und Kreditsystems und der Wirtschaft ist äußerst beunruhigend, dass die Schulden schneller gewachsen sind als das BIP. Das heißt, die Schuldenlast, gemessen an der gesamtwirtschaftlichen Leistungsfähigkeit der Weltwirtschaft, nimmt zu, wodurch – insbesondere für den Fall steigender Zinsen – der höhere Zinsendienst den Ausgabenspielraum für alle sonstigen Ausgaben schmälert.[24] Das birgt enormen sozialen Sprengstoff.

Die Folge der zunehmenden Aufschuldung ist eine immer tiefere Verschränkung von Haushaltspolitik und Geldpolitik. Die Unabhängigkeit der Zentralbanken, die in der institutionellen Ordnung vorgesehen ist, damit diese nicht zur Staatsfinanzierung herangezogen werden, scheint selbst in den führenden Industrienationen immer häufiger infrage gestellt zu werden.

Trotz unzähliger Ankündigungen von führenden Notenbankern, dass die Zentralbanken in Bälde wieder den Weg Richtung »business as usual« einschlagen werden, ist jedenfalls diesseits des Atlantiks noch sehr wenig passiert. Schließlich sind die geld- und wirtschaftspolitischen Ziele der Krisenbekämpfung noch immer nicht zur Gänze erreicht: 1) Verhinderung einer Deflationsspirale beziehungsweise Annäherung der Teuerung an das Inflationsziel; 2) Stabilisierung des Bankensystems; 3) Vermeidung von zu starken Einbrüchen in der Realwirtschaft.

Mit allen zur Verfügung stehenden Mitteln soll eine Wiederholung der Geschehnisse in den 1930er-Jahren verhindert werden. Denn die nach dem Börsenkrach von 1929 um sich greifende Banken- und Wirtschaftskrise in einem deflationären Umfeld mit stark steigender Arbeitslosigkeit gilt unter Ökonomen noch immer als das größte aller Übel. Um dieses zu verhindern, sind alle Mittel recht. Dadurch wurden aber nur neue strukturelle Probleme geschaffen, die durch die Geldpolitik selbst schwerlich gelöst werden können. Eines dieser neuen Probleme sind die Null- beziehungsweise Negativzinsen. Es ist daher unsere Auffassung, dass das Geldsystem in eine Falle getappt ist: in die Nullzinsfalle.

Kapitel 2:
Die Nullzinsfalle schnappt zu

Die Rettung des Euro durch den Nullzins?

Angela Merkels bekanntes Diktum »Scheitert der Euro, dann scheitert Europa« hat das Überleben des Euro auf das Engste mit dem Fortbestand der EU verknüpft. Umso mehr hängt also davon ab, dass sich die monetären Heilsversprechen erfüllen. Die EU ist derzeit tief gespalten und in einer wirtschaftlichen wie politischen Krise.

Seit den ersten Überlegungen zum Euro konkurrieren zwei unterschiedliche Vorstellungen miteinander, wie dieser ausgestaltet sein sollte. Diese Vorstellungen gehen auf die geldpolitischen Kulturen zurück, die in der Zeit vor Einführung des Euro gepflegt wurden, als noch jedes europäische Land seine eigene Währung und damit eine eigenständige Geldpolitik hatte. In den mediterranen Ländern war eine Unabhängigkeit der Notenbanken weitgehend nicht gegeben, die Druckerpresse hielt dort für die Staatsfinanzierung her. Frisch emittierte Staatspapiere wurden an die Banken verkauft, die diese bei der Notenbank verpfändeten, um sich Zentralbankgeld zu beschaffen. Die Folge war, dass immer mehr Lire, Peseten und Drachmen in Umlauf kamen, was letztlich zu hohen Inflationsraten in diesen Ländern führte. Einen weniger laxen Umgang mit der Druckerpresse pflegte man in Nordeuropa: in den Niederlanden, Österreich, den skandinavischen Ländern und vor allem in Deutschland, wo nach den Erfahrungen der Hyperinflation in den 1920er-Jahren eine besondere Sensibilität gegenüber dem Inflationsthema bestand. Die D-Mark galt aufgrund der disziplinierten Politik der Bundesbank als Fels in der Brandung und erreichte dadurch eine Vormachtstellung innerhalb Europas, die die Länder Südeuropas, insbesondere aber Frankreich, mit der Einführung des Euro zu überwinden suchten. Ihnen schwebte eine Rolle der Zentralbank vor, die der Politik gegenüber verpflichtet war. Die Politiker des »D-Mark-Blocks« plädierten hingegen für eine unabhängige Zentralbank, die für die Geldwertstabilität Sorge trug. Kurz: Die Länder Südeuropas wollten elastisches Geld, also Geld, das beliebig vermehrbar ist, und die Länder Nordeuropas unelastisches Geld.

Diese höchst unterschiedliche Haltung strahlt in weitere wirtschaftspolitische Bereiche aus: Die Südländer nutzten das Instrument der Abwertung regelmäßig, um ihre strukturellen Probleme zu lösen. Die abgewertete Währung verbilligte die Exporte und für Ausländer den Urlaub, beispielsweise in Italien. Der Preis dafür waren eine vergleichsweise höhere Inflation, höhere Zinsen und der mangelnde Druck zu tief greifenden Strukturreformen. Gleichzeitig waren die italienischen Gewerkschaften gewohnt, in den Lohnverhandlungen hohe nominelle Lohnforderungen durchzusetzen, um das höhere Niveau der ständigen Geldentwertung auszugleichen. Die Nordländer kompensierten hingegen die Aufwertung ihrer harten Währungen durch Produktivitätssteigerungen und Innovationen bei gleichzeitiger – nomineller – Lohnzurückhaltung der Gewerkschaften. Zugleich wurden die Importe billiger und der Urlaub im Ausland günstiger, wodurch die Reallöhne gerade auch der Arbeiter stiegen. Die deutsche Reiselust wurde durch die hohe Kaufkraft der D-Mark im Ausland zusätzlich befeuert.

Der Euro hat diese miteinander unvereinbaren Positionen in ein Korsett geschnürt, das den Hartwährungsländern zu weich und den Weichwährungsländern zu hart ist. Das geld- und währungspolitische Prokrustesbett versucht also, die Weichwährungsländer härter und die Hartwährungsländer weicher zu machen – ein Unterfangen, das über kurz oder lang zum Scheitern verurteilt ist. Morgan Stanley versuchte 2017, den fairen Euro-Kurs für einzelne Länder zu berechnen. Ausgehend von einem fairen Wechselkurs Euro/US-Dollar von 1,28 für den gesamten Euroraum, ergeben sich für die einzelnen Euro-Mitgliedsländer erhebliche Unterschiede. Für die Club-Med-Weichwährungsländer liegt der faire Wechselkurs bei 1,06 (Griechenland), 1,12 (Italien) beziehungsweise 1,21 (Spanien). Mit einem fairen Wechselkurs von 1,23 gehört Frankreich – wenig überraschend – zu jenen Ländern, für die der Euro zu hart ist. Die deutsche Wirtschaft ist ebenfalls wenig überraschend mit einem geschätzten fairen Wechselkurs von 1,50 deutlich konkurrenzfähiger.[25]

Wenn sich Deutschland gegenwärtig als Exportweltmeister feiern lässt, ist das ebenfalls ein Beleg dafür, dass der Euro für Deutschland zu weich ist. In Vor-Euro-Zeiten hätte die D-Mark aufgewertet und damit die – hochqualitativen – deutschen Produkte im Ausland relativ verteuert und die Exportweltmeisterschaft zumindest geringer ausfallen lassen. Weil sich aber die relativ strukturschwachen Länder im für die Geldpolitik zuständigen EZB-Rat durchzusetzen scheinen, ist der Außenwert des Euro schwächer, als es die D-Mark sonst wäre. Ein zu harter Euro würde die wirtschaftliche Misere der an eine weiche Währung gewöhnten Länder noch weiter vertiefen.

Institutionelle und nationale Gepflogenheiten lassen sich allerdings nicht auf Knopfdruck harmonisieren, wie es die Brüsseler – und im Falle des Euro Frankfurter – Zentralisten scheinbar hofften. Den Überinvestitionen aufseiten der Exportnationen aufgrund der Wechselkursverzerrungen steht Überkonsum aufseiten der Importnationen gegenüber. Das führt zu einer nachhaltigen Aushöhlung der Produktionsmöglichkeiten der Schuldnerländer. Importnationen wie Exportnationen finden sich in der Nullzinsfalle wieder: Erstere mangels eigener Produktionsstruktur und Ersparnissen, Letztere aufgrund der panischen Angst vor anziehenden Arbeitslosenraten, die bei einem Wegfall der Exportmärkte drohen.

Bei der Ausarbeitung des – über die Jahre immer komplexer geworden – Regelwerks für den Euro setzten sich die Nordeuropäer scheinbar durch: Die EZB wurde weitestgehend unabhängig positioniert und auf das Ziel der Preisstabilität verpflichtet; staatliche Budgetdefizite zu finanzieren, war ihr untersagt. Die Mitgliedsstaaten der Europäischen Währungsunion (EWU) dürfen im Rahmen des Stabilitäts- und Wachstumspakts einen Schuldenstand (SWP) von 60 Prozent der Wirtschaftsleistung und eine Neuverschuldung von ursprünglich 3 Prozent nicht überschreiten. Zudem wurde durch die Nichtbeistandsklausel beziehungsweise No-Bail-out-Klausel ausgeschlossen, dass die EU und einzelne Mitgliedsstaaten für die Schulden anderer Mitgliedsstaaten haften. Diese Regelung lag insbesondere im Interesse der Deutschen: »Keine Haftung der Gemeinschaft für Verbindlichkeiten der Mitgliedsstaaten«, hatte weiland Helmut Kohl bei der Einführung des Euro gefordert. Doch umstritten ist, ob die No-Bail-out-Klausel lediglich automatische, verpflichtende Bail-outs ausschließt oder ob auch die freiwillige Schuldenübernahme durch andere Mitgliedsstaaten, wie beispielsweise durch den Europäischen Stabilitätsmechanismus (ESM) vorgesehen, untersagt ist.

Die Einführung des Euro führte an den Geld- und Kapitalmärkten zunächst zu einer Anpassung der Zinsen. Das war zu erwarten, denn das Abwertungsrisiko von Anleihen südeuropäischer Staaten, auf die zuvor hohe Inflationsprämien verlangt worden waren, war durch die Gemeinschaftswährung erheblich reduziert. Jedoch trafen sich die Zinsen nicht irgendwo in der Mitte, sondern konvergierten auf das Niveau deutscher Staatsanleihen. Deren Zinsen befanden sich infolge geldpolitischer Disziplin und geringer Inflationsraten einerseits und einer schwachen realwirtschaftlichen Entwicklung in den 1990er-Jahren andererseits auf einem sehr niedrigen Niveau. Die Anleger ignorierten, dass sich viele Mitgliedsstaaten nur zögerlich um die Erfüllung der EWU-Kriterien bemühten und dass im Fall der Fälle eben die No-Bail-out-Klausel gelten würde. Die Lesart der

Märkte war, dass die EZB die geldpolitische Praxis der Bundesbank übernehmen würde und die Anleihen verschiedener Euro-Mitgliedsstaaten gleichermaßen sicher seien. Gelder flossen im großen Stil in die Peripherie Europas, wo bei scheinbar gleichem Risiko noch etwas mehr Rendite geholt werden konnte. Die Differenz zwischen deutschen und griechischen Staatsanleihen mit 10-jähriger Laufzeit sank, bis sie Anfang 2005 lediglich noch 0,09 Prozentpunkte betrug.

Ein wichtiger Indikator für die Glaubwürdigkeit der Währungsunion sind die Spreads, also der Zinsabstand zwischen den Anleihenrenditen einzelner Länder, insbesondere zu Deutschland. Abbildung 2-1 zeigt den Zinsspread zwischen 10-jährigen italienischen und 10-jährigen deutschen Anleihen seit 2011.

Abbildung 2-1: Spread Italien – Deutschland, 10-jährige Staatsanleihe, 2011–2018 Quelle: investing.com

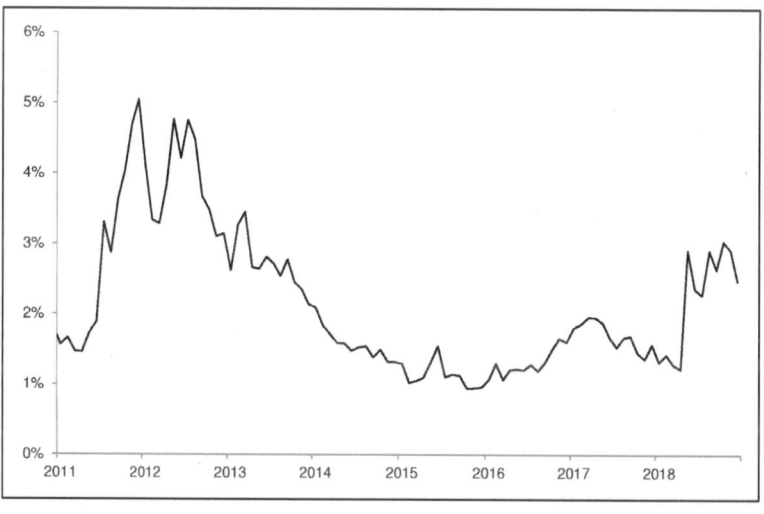

Vergrößert sich der Spread in einer wirtschaftlichen oder politischen Krisensituation, erachten die Marktteilnehmer letztlich ein Auseinanderbrechen der Währungsunion als nicht unwahrscheinlich. Tritt kein oder nur ein geringer Spread in derartigen Situationen auf, würde davon ausgegangen werden, dass sich die Währungsunion schon sehr stark in Richtung Einheitsstaat entwickelt hat. Denn ein Einheitsstaat zeichnet sich dadurch aus, dass die relativ gesunden Gebiete den schwächelnden Gebieten in jedem Fall finanziell aushelfen (müssen).

Genauere Analysen des im Diagramm abgebildeten Spreads deuten darauf hin, dass sich dieser aus zwei Faktoren zusammensetzt. Zum einen besteht er aus dem relativ höheren Risiko eines (partiellen) Staatsbankrotts von Italien im Vergleich zu Deutschland bei gleichzeitigem Verbleib im Euro. Ein Beispiel für dieses Ausfallrisiko ist der Schuldenschnitt Griechenlands im März 2012. Zum anderen fließt das sogenannte Denominationsrisiko mit ein. Darunter versteht man das Risiko, dass ein Staat den Euro verlässt und seine alten, in Euro denominierten Schulden in die neue »alte« Währung umschreibt. In weiterer Folge wird die neue Währung und mit ihr die nunmehr in der Landeswährung denominierten Schulden (kräftig) abgewertet.[26] In diesem Sinne ist der im Vorfeld der italienischen Parlamentswahlen im März 2018 vom nunmehrigen Europaminister Paolo Savona formulierte Vorschlag der Einführung einer Parallelwährung zu verstehen. Wegen dieses Vorschlags hatte sich Präsident Sergio Mattarella gegen die ursprünglich vorgesehene Ernennung von Savona zum Wirtschafts- und Finanzminister quergelegt.

Somit lässt sich sagen: Je höher der Spread zu deutschen Bundesanleihen, desto höher ist die Wahrscheinlichkeit für einen (partiellen) Staatsbankrott oder das Auseinanderbrechen des Euro.

Doch zurück zu den negativen Konsequenzen, die die Prokrusteswährung Euro hervorbrachte: Die südeuropäischen Länder und Irland, die besonders von künstlichen Niedrigzinsen betroffen waren, erlebten eine regelrechte Geldflut. Diese brachte einen enormen Anstieg von privaten Investitionen und Staatsausgaben mit sich, die die Bruttoinlandsprodukte wachsen ließen. Vielerorts florierte vor allem

der Wohnungsbau und die Produktionsstruktur passte sich dem Bauboom an. Zeitgleich sparten die Leute in den Ländern, in denen das
Zinsniveau besonders stark künstlich gedrosselt war, weniger und
konsumierten mehr. Das führte einerseits zu einem massiven Anstieg regionaler Ungleichgewichte. Andererseits wurden die Preise
und Löhne in die Höhe getrieben. Abbildung 2-2 zeigt, dass die nominellen Lohnstückkosten in Südeuropa unmittelbar nach Einführung
des Euro als Buchgeld am 1. Januar 1999 rasant zu steigen begannen,
während sich in Deutschland und Österreich der Anstieg in wesentlich abgeschwächter Form vollzog.

**Abbildung 2-2: Lohnstückkosten, Deutschland, Österreich, Frankreich,
Griechenland, Spanien, Italien, 1999 = 100, 1999–2020
Quelle: Ameco**

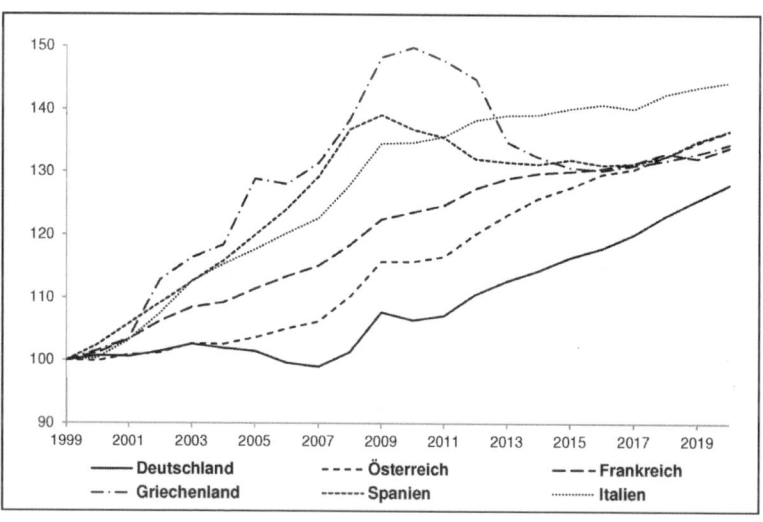

Die Südländer verloren also im Vergleich zu den ehemaligen Hartwährungsländern rasant an Wettbewerbsfähigkeit, denn das Geld bahnte
sich seinen Weg in die Peripherie. Aus Deutschland floss das Geld ab,

was sich in den hohen Leistungsbilanzüberschüssen manifestierte. Einher ging diese Entwicklung mit einer Investitionsschwäche, die sich insbesondere im Westen Deutschlands im zunehmenden Verfall der Infrastruktur zeigt. Für die Staaten Südeuropas waren die niedrigen Zinsen hingegen ein Eldorado: Der Druck, Strukturreformen durchzuführen, schwand und zeitgleich konnten sie in Sachen Bonität bei den Staaten Nordeuropas Trittbrett fahren. Investoren warfen ihnen ihr Geld förmlich hinterher. Diese – der Einführung der Gemeinschaftswährung Euro anzulastende – relative Niedrigzinsphase fachte speziell in Portugal, Spanien, Griechenland und Irland einen nicht nachhaltigen Bauboom an.

Doch dann kam die Krise – und mit ihr die Wiederkehr des Risikobewusstseins. Die Bilanzen der Banken waren plötzlich voll mit faulen Papieren, die sie abschreiben mussten, weshalb sie damit begannen, sich bei der Vergabe von Krediten und beim Ankauf von Wertpapieren zu zügeln. In Irland und Spanien platzten Immobilienblasen und die Regierungen mussten rettend einspringen. Und auch in den anderen Ländern stiegen die Staatsschulden durch die Bankenrettungen sprunghaft an. Die Zinsen von Anleihen der hoch verschuldeten südeuropäischen Länder schossen in die Höhe, denn den Investoren wurde schlagartig bewusst, dass auch Staaten bankrottgehen können. Unklarheit herrschte darüber, ob die anderen Mitgliedsstaaten rettend einspringen würden, um Bail-outs zu finanzieren. Die Geldströme, die den Ländern der Peripherie vor der Finanzkrise so zuverlässig zugeflossen waren, waren nun versiegt, private Investoren zogen sich zurück und auch die Nachfrage der Staaten ließ nach. Die Folge waren schwere Rezessionen mit einem starken Anstieg der Arbeitslosigkeit. Viele Kredite, die im Vorfeld der Krise großzügig vergeben worden waren, wurden notleidend und können von den Kreditnehmern nicht mehr bedient werden. Griechenland drohte 2010 als erstem Staat die Zahlungsunfähigkeit.

Mit der europäischen Staatsschuldenkrise kam die Natur der Gemeinschaftswährung auf den Prüfstand: War sie eher unelastisch oder doch elastisch? Würden sich die Südländer durchsetzen, die zu einer Finanzierung der Staatsschulden über die Druckerpresse neigten? Oder fänden die Stimmen nordeuropäischer Staaten, allen voran Deutschlands, mehr Gehör, die seither für eine harte Währung und eine unabhängige Geldpolitik plädierten?

Das Gewicht verlagerte sich zusehends zugunsten der Südeuropäer. So erwies sich der Stabilitäts- und Wachstumspakt (SWP) als immer weniger durchsetzbar. Die mangelnde Durchsetzbarkeit war aber gerade auch Deutschland und Frankreich geschuldet, die als erste Staaten den SWP zu Beginn des neuen Jahrtausends mit der politisch motivierten Aussetzung des Defizitverfahrens aufweichten. Man trifft sich allerdings immer zweimal im Leben. Und waren die kleinen Länder wie Griechenland zu schwach, diesen Rechtsbruch politisch für sich nutzbar zu machen, so wird dies bei Italien anders sein.

Zudem erwiesen sich die als Straf- und Disziplinierungsmaßnahme vorgesehenen Geldbußen als kontraproduktiv, da sie die angeschlagenen Staatshaushalte nur noch mehr belasteten. Der Rat für Wirtschaft und Finanzen verzichtete daher wiederholt auf die Anwendung der Sanktionen, was wiederum deren Glaubwürdigkeit untergrub und die entsprechenden Gesetze praktisch aufhob. Als Griechenland unter die Räder geriet, wurde bekannt, dass das Land gegenüber der Europäischen Kommission über Jahre falsche Haushaltsdaten angegeben hatte. Doch was hätten Sanktionen hier noch Sinnvolles bewirkt?

Es wurde folglich offenkundig, dass der SWP einer Reform bedurfte. Wollte man den Euro retten, so musste man entweder Rettungspakete schnüren, mit denen Griechenland die Kurve kriegen sollte, oder aber die Gemeinschaft der Mitgliedsstaaten hätte die Schulden übernommen und statt der einzelnen Staatsanleihen hätte man Eurobonds ausgegeben. Eine Vergemeinschaftung der Schulden war mit Angela Merkel, die in der Krise immer mehr die informelle Führungsrolle in Europa für sich beanspruchte, jedoch nicht verhandelbar.

Im April 2010 wurde sodann von den Euro-Mitgliedsstaaten beschlossen, Griechenland Hilfskredite zu gewähren, um das Land finanziell über Wasser zu halten. Auch der Internationale Währungsfonds steuerte einen Teil der Hilfskredite bei. Die südeuropäischen Länder wurden so – zumindest vorübergehend – gerettet. Doch die Situation besserte sich nicht, und bekanntlich brauchte Griechenland noch mehrere weitere Hilfspakete und ist bis heute nicht über den Berg. Im März 2012 wurde in Griechenland ein Schuldenschnitt vorgenommen, bei dem die Gläubiger auf rund die Hälfte ihrer Forderungen verzichteten und der die Voraussetzung für weitere Hilfskredite war. Zu den Gläubigern zählte indirekt auch der deutsche Steuerzahler, weil sich die Bad Bank der im Zuge der Finanzkrise ins Straucheln geratenen Hypo Real Estate im Umfang von 8,2 Milliarden Euro an dem Schuldenschnitt beteiligte.[27] Doch einen Schuldenschnitt vorzunehmen, bedeutet eben notwendigerweise einen Vermögensschnitt in derselben Höhe. In der Folge stieg die Zinsdifferenz zwischen 10-jährigen griechischen Staatsanleihen und Bundesanleihen mit gleicher Laufzeit auf 32,7 Prozentpunkte. Ende September 2012 wurde dann der Europäische Stabilitätsmechanismus (ESM), bei dem sich notleidende Staaten insgesamt bis zu 500 Milliarden Euro ausleihen konnten, als dauerhafter Euro-Rettungsschirm ins Leben gerufen.

Doch die Märkte gaben daraufhin keine Ruhe. Es schien, dass der Euro schwerlich zusammengehalten werden könne. Die Lösung suchte man schließlich in einem Kompromiss: Angela Merkel ließ sich dazu hinreißen, den ESM-Vertrag zu unterzeichnen, doch im Gegenzug zu den Staatshilfen enthielt dieser auch schärfere Richtlinien zur Disziplinierung der Fiskalpolitik und für eine größere Flexibilität in der Wirtschaft. Um Zugang zu den ESM-Hilfen zu erhalten, mussten die Staaten eine Überwachung ihrer Wirtschaftspolitik zulassen. In der Zwischenzeit wird eine Umwandlung des ESM in einen Europäischen Währungsfonds mit deutlich erweiterten Kompetenzen diskutiert. Der Stabilitäts- und Wachstumspakt wurde verschärft und auf EU-Ebene um die Gesetzgebungsmaßnahmen »Six-pack«[28] und »Twopack«[29] erweitert. Zudem wurden auf nationaler Ebene Regelwerke für eine strengere Fiskaldisziplin eingeführt.

Nebst Merkel gab es noch einen weiteren Akteur, der für die Entspannung der Lage damals maßgeblich war: EZB-Chef Mario Draghi versprach in einer Rede am 26. Juli 2012 in London, alles zu tun, was nötig sei (»whatever it takes«), um den Euro zu retten. Merkel willigte in seine Pläne ein. Im Herbst 2012 verabschiedete die EZB das »Outright Monetary Transactions«-Programm (OMT-Programm), das es ihr erlaubte, Staatsanleihen am Sekundärmarkt – also nicht direkt bei der Emission der Papiere – aufzukaufen, um strauchelnde Staaten zu unterstützen. Dieser Geldhahn stand ebenfalls nur denjenigen Ländern offen, die sich dem im ESM-Vertrag festgeschriebenen Fiskalpakt unterwarfen. Die bloße Ankündigung dieser Maßnahme führte schließlich zu einer Beruhigung der Märkte.

Zusammenfassend wurde die akute Krise im Jahr 2012 wie folgt in den Griff bekommen: Draghi stellte das ganze Arsenal monetärer Instrumente als Überlebensmaßnahme für die Südländer zur Verfügung. Die Aufgabe, für Geldwertstabilität zu sorgen, hieß in erster Linie, das Überleben des Euro so lange wie möglich zu sichern. Merkel hielt die nationalen Regierungen zu einer Haushaltsdisziplin an, ohne welche der Euro langfristig nicht überlebensfähig war. Im Klartext bedeutet die Eurorettung durch Hilfspakete und den Euro-Rettungsschirm nichts anderes, als dass die disziplinierten Staaten die Suppe für die undisziplinierten auslöffeln.

Darüber hinaus spielt sich die Eurorettung noch auf einem ganz anderen Schauplatz ab, und zwar auf dem der Target2-Salden. Es ist das große Verdienst von Hans-Werner Sinn, dem ehemaligen Präsidenten des ifo Instituts für Wirtschaftsforschung, auf die Bedeutung der Target2-Salden aufmerksam gemacht zu haben. Target2-Kredite waren die erste Form der Eurorettung und sind für diese nach wie vor essenziell. Doch wie funktionieren sie?

Bilanzen sind immer ausgeglichen. Der Überschuss eines Landes bedingt ein Defizit zumindest eines anderen Landes. Daher wird etwa ein Leistungsbilanzdefizit, also Nettoimportüberschüsse, durch den Nettoimport von Finanzmitteln eines anderen Landes ausgeglichen. Mit anderen Worten: Wenn ein Land mehr Güter und Dienstleistungen importiert als exportiert und deswegen ein Leistungsbilanzdefizit aufweist, deckt es dieses Defizit durch den Import von Kapital aus dem Ausland, das heißt, die Verbindlichkeiten gegenüber dem Ausland nehmen zu.[30] Dieser Tauschhandel lässt sich auch wie folgt charakterisieren: Für den Überschuss an Importen von heutigen Gütern bezahlt das Inland mit dem Versprechen, dem Ausland zukünftige Einkommen zu überlassen. Weil diese Finanzmittel seit dem Ausbruch der Krise den Peripherieländern aus privaten Quellen nicht mehr und aus Hilfskrediten zunächst noch nicht zugeflossen sind, wurde das benötigte Geld von den nationalen Notenbanken geliehen. Schauen wir uns hierzu ein Beispiel an: Ein italienischer Unternehmer kauft einen deutschen Gabelstapler und leiht sich das benötigte Geld von seiner Geschäftsbank. Die Geschäftsbank steht allerdings vor dem Problem, sich Geld bei anderen europäischen Banken, wenn überhaupt, nur zu hohen Zinsaufschlägen leihen zu können. Darum leiht sie es sich einfach direkt von der Banca d'Italia, der italienischen Zentralbank, die es hierfür per Knopfdruck neu schöpft. Die Geldmenge wird dabei aber nur kurzfristig erhöht, denn der italienische Unternehmer überweist das Geld nach Deutschland. Das tut er über das sogenannte Target2-System der EZB, über welches der grenzüberschreitende Zahlungsverkehr zwischen den nationalen Notenbanken abgewickelt wird. In Italien ist die Geldmenge nach Abschluss des Vorgangs wieder auf ihrem Ausgangsniveau. Dafür schöpft die Deutsche Bundesbank neues Geld und überweist dieses an die Geschäftsbank des Gabelstaplerfabrikanten. Die Bundesbank hat in der Folge eine Target2-Forderung gegen die EZB, die EZB gegen die Banca d'Italia, die Banca d'Italia gegen die italienische Geschäftsbank und diese wiederum gegen den italienischen Unternehmer.

Seit Mitte 2007, als der private Kreditfluss versiegte, ist die Finanzierung über das Target2-System gang und gäbe. Hatten die Target2-Schulden von Griechenland, Italien, Portugal und Spanien (die im Zuge der Eurokrise häufig als GIPS-Länder[31] bezeichnet werden) damals noch lediglich 30 Milliarden Euro betragen, stiegen sie bis Ende 2010 auf 340 Milliarden Euro. Das entspricht ungefähr dem Leistungsbilanzdefizit, das diese Länder in den Jahren von 2008 bis 2010 aufgebaut hatten. Damit war der Bail-out durch die anderen Mitgliedsstaaten, den Merkel mit Berufung auf den Lissaboner Vertrag in den Folgejahren verhindern wollte, de facto seit Ausbruch der Krise in vollem Gang. Die EZB hatte quasi ihren eigenen Rettungsschirm aufgestellt. Die Peripherieländer, die anderenfalls die harten Marktrealitäten zu spüren bekommen hätten, kamen so weiter gut über die Runden.

Problematisch ist die Lage hingegen für die Bundesbank, die im Zuge dieses Prozesses einen Kredit erzwungenermaßen nach Italien vergeben hat. Da die Target2-Salden bei der Banca d'Italia wie auch bei den anderen Zentralbanken in der Peripherie der Eurozone höchst zweifelhaft besichert sind, hat die Bundesbank ein enormes Risiko in ihrer Bilanz. Sie kann ihre Forderungen schwerlich fällig stellen, und sollte der Euro auseinanderfallen, dürften diese wohl oder übel abgeschrieben werden müssen. Dass die Target2-Salden nicht bloß Salden eines Zahlungssystems sind, die keine darüber hinausgehende ökonomische Wirkung entfalten, zeigt sich zum einen darin, dass am 23. Juli 2012 die Ratingagentur Moody's den Ausblick auf das deutsche Rating zwischenzeitlich auf negativ herabgesetzt hatte. In der Begründung werden die Target2-Salden ausdrücklich als Eventualverbindlichkeit angeführt.[32] Zudem werden die Target2-Verbindlichkeiten – wie Kredite – verzinst, und zwar mit dem Hauptrefinanzierungssatz, also dem Leitzins der EZB. Dass dieser gegenwärtig bei null liegt, ändert nichts an der Verzinsungspflicht und gereicht den Schuldnerländern zum Vorteil.

Das folgende Diagramm (Abbildung 2-3) verdeutlicht das Ausmaß des Ganzen. Als sich im Sommer des Jahres 2012 die Eurokrise zuspitzte, kletterten die Target2-Schulden der GIPS-Länder auf 811 Milliarden Euro, die Target2-Forderungen der Bundesbank betrugen 751 Milliarden Euro. Nachdem die akute Krise abgewendet wurde, sanken die Target2-Salden, die Forderungen der Bundesbank schrumpften bis zum Sommer 2014 auf 443 Milliarden Euro. Doch in der Folge stiegen sie wieder an und betrugen im November 2018 941 Milliarden Euro.

Abbildung 2-3: Target2-Salden ausgewählter EWU-Länder, in Milliarden Euro, November 2018
Quelle: EZB

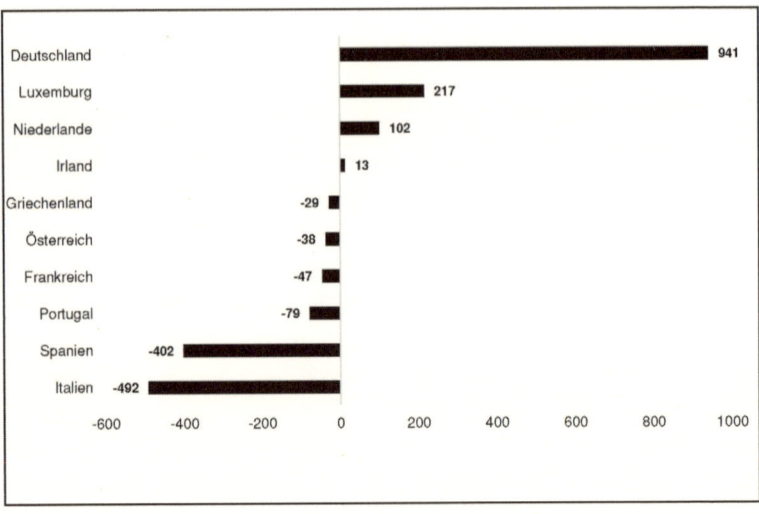

Denn eine weitere Belastung für das Target2-System waren die diversen Anleihekaufprogramme der EZB, nämlich dann, wenn das Europäische System der Zentralbanken (ESZB) ausländischen Institutionen Anleihen abgekauft hat. Kauft beispielsweise die Banca d'Italia einem US-amerikanischen Pensionsfonds italienische Staatsanleihen über dessen Niederlassung in Frankfurt ab – und den Großteil der Anleihenkäufe nehmen die nationalen Zentralbanken und nicht die EZB vor –, dann schwellen die Target2-Forderungen der Deutschen Bundesbank beziehungsweise die Target2-Verbindlichkeiten der Banca d'Italia im Umfang des getätigten Geschäftes an. Das neu geschöpfte Geld tritt allerdings in Italien in den Euro-Geldkreislauf ein.

Solange der Euro Bestand hat, sind die Target2-Salden lediglich ein Bilanzposten. Sollte aber ein Land, sagen wir Italien, aus dem Euro austreten, so müssten die Verbindlichkeiten getilgt werden. Selbst die Bundesbank gesteht dies in ihrem Geschäftsbericht 2011 ein. Und Mario Draghi bestätigt in einem Brief an zwei Cinque-Stelle-Abgeordnete des Europäischen Parlaments, dass im Falle eines Euro-Austritts die Salden tatsächlich getilgt werden müssen.[33] Doch diese Tilgung der Target2-Schulden ist ökonomisch unmöglich, insbesondere nach der zu erwartenden deutlichen Abwertung der Lira nach einem Euro-Austritt. Die Verbindlichkeiten der Banca d'Italia würden weiterhin in Euro bestehen und durch die Abwertung der Lira real deutlich an Wert zulegen. Eine Abschreibung der Forderungen durch die Gläubigerländer, insbesondere Deutschland, ist in diesem Fall unvermeidbar. Die Bemühungen, den Euro zu retten, liegen daher nicht nur darin begründet, den Euro als Symbol für ein einheitliches Europa zu bewahren. Darüber hinaus geht es schlichtweg darum, dass diese Forderungen nicht verfallen.

Ab März 2015 führte die EZB nämlich ihrerseits das bereits erwähnte erste von mehreren QE-Programmen durch, in dessen Rahmen sie monatlich Wertpapiere vom Kapitalmarkt in Höhe von zunächst 60 Milliarden, später von 80 Milliarden Euro aufkaufte. Ursprünglich bis zum März 2017 terminiert, wurde das »Erweiterte Programm zum Ankauf von Vermögenswerten« (engl. Expanded Asset-Purchase Programme, EAPP) mehrmals verlängert und lief per 31. Dezember 2018 erst vor Kurzem aus. Das Gesamtvolumen der aufgekauften Staatspapiere beträgt mehr als 2,5 Billionen Euro. Damit hat sie die Basisgeldmenge im Euroraum durch das QE fast verdreifacht. Letztlich kauft die EZB mit dem

Anleihekaufprogramm in erster Linie Zeit, damit die Ungleichgewichte innerhalb der Währungsunion dem Euro nicht zum Verhängnis werden. Gleichzeitig ist das Programm ein riesiges Umschuldungsunterfangen. Denn es kauft zwar jede Notenbank im Euroraum Staatsanleihen in Abhängigkeit von der jeweiligen Landesgröße zurück, die Wirkung ist jedoch äußerst asymmetrisch. Da die Staatspapiere der GIPS-Länder einst massenhaft von ausländischen Investoren aufgekauft wurden und nach Ausbruch der Finanzkrise in den dortigen Depots liegen blieben, kaufen ihre Notenbanken diese nun von dort zurück. So bittet beispielsweise die Banca d'Italia die Bundesbank darum, ihr neue Euros zu kreditieren, die dann an die Verkäufer italienischer Staatsanleihen fließen. Während sich der italienische Staat somit gegenüber privaten Gläubigern entschuldet, nehmen die Target2-Schulden zu. Der Deal ist nicht schlecht: Statt Schulden bei Privatinvestoren zu haben, denen Zinsen gezahlt werden müssen und die an eine Fälligkeit geknüpft sind, hat nunmehr die Banca d'Italia niemals fällig zu stellende Schulden mit einer Verzinsung in Höhe des Hauptrefinanzierungssatzes. Da die Mehrheit der Mitglieder im entscheidungsbefugten EZB-Rat aus Ländern mit Nettoauslandsschulden stammt, ist davon auszugehen, dass der europäische Leitzins bis auf Weiteres an der Nullgrenze verharren wird.

Das heißt aber auch: Um den Euro, der gerade in der Krise pathetisch zum Symbol des europäischen Zusammenhalts aufgeladen wurde, aufrechtzuerhalten, wurde die europäische Integration mehr oder weniger hinter den Kulissen vorangetrieben – und das, obwohl europaweit die Kritik an der Einschränkung nationaler Souveränität und der Vision eines europäischen Superstaates zunimmt. Nichtsdestotrotz bündelt sich in Brüssel immer mehr Macht und die EU driftet immer weiter ab in Richtung einer Schulden- und Transferunion. Vielen Mitgliedsstaaten geht das gegen den Strich, insbesondere die Interessen Dänemarks, Polens, Ungarns, Tschechiens und Schwedens werden so systematisch unterwandert. Das Vereinigte Königreich zog 2016 mit dem Ja zum Brexit die Reißleine.

Brexit: Alarmzeichen für eine EU auf Abwegen

Am 23. Juni 2016 stimmte die Mehrheit der Wähler im Vereinigten Königreich für den Austritt ihres Landes aus der Europäischen Union. Damit
verlässt nicht nur irgendeines von 28 Mitgliedern den Staatenverbund,
sondern ein Land, dessen Wirtschaftskraft so groß wie die der 19 kleinsten EU-Länder zusammen ist. Doch die führenden EU-Politiker nehmen
diesen »Rabbit Punch« für die Union nicht zum Anlass, um ihre politische
Marschrichtung zu hinterfragen. Stattdessen sehen sie im Ausgang des
Votums ausschließlich das Werk unlauterer Populisten.

Dabei täten sie wesentlich besser daran, die Nachricht der Briten ernst
zu nehmen. 51,9 Prozent der 33,6 Millionen Wahlberechtigten, die beim
Referendum ihre Stimmen abgaben, sprachen der EU ihr Misstrauen aus.
Die ständige Missachtung des Subsidiaritätsprinzips, die unverhältnismä-
ßige Verlagerung politischer Macht nach Brüssel, das belehrende Verhalten gegenüber all denen, die andere Visionen für die Staatengemein-
schaft hegten, ging vielen Briten gegen den Strich. Insbesondere wollten
sie sich die Regeln hinsichtlich der Einwanderung nicht von den EU-Eliten
diktieren lassen. Immer wieder kam konstruktive Kritik von der Insel, unter
anderem sprachen sie sich für eine Gewichtung der Stimmen im EZB-Rat
in Abhängigkeit von der Haftung der jeweiligen Länder, für ein Konkurs-
recht von Staaten, für die Möglichkeit eines geregelten Euro-Austritts von
EWU-Staaten oder auch für die Tilgung der Target2-Salden aus. Doch
die Forderungen fanden wenig Gehör, Premierminister David Cameron
prallte Anfang 2016 schließlich mit seinen Vorschlägen für einen anderen Modus Operandi in Brüssel ab. Die Sturheit der EU-Eliten war wahrscheinlich das Zünglein an der Waage, welches im Juni 2016 den Austritt
des Vereinigten Königreiches besiegelte.

Der Ausgang des Referendums war ein Warnschuss, er hätte ein Weck-
ruf für die Brüsseler Verantwortungsträger sein müssen, ihre Linie zu über-
denken. Doch die tatsächlich zu beobachtenden Reaktionen sind Trotz,
moralische Selbsterhöhung und Vergeltungslust. Doch mit Letzterer sollte
man sich insbesondere aus deutscher Sicht zügeln. Insbesondere die Ver-

handlungshaltung, es dürfe für die Briten kein »Rosinenpicken« geben, kann Deutschland teuer zu stehen kommen, denn Großbritannien ist nach den USA und Frankreich Deutschlands drittgrößter Exportmarkt.

Zudem wird durch den Brexit das Gleichgewicht innerhalb der EU erheblich gestört. Die Bevölkerungen der Länder des ehemaligen »D-Mark-Blocks« – Deutschland, die Niederlande, Österreich, Finnland und eben auch Großbritannien –, die für fiskalische Disziplin und für Freihandel stehen, machen 36 Prozent der gesamten europäischen Bevölkerung aus. Damit haben diese Länder im Ministerrat eine Sperrminorität, die ab 35 Prozent der europäischen Gesamtbevölkerung gegeben ist, mit der Gesetzesvorhaben blockiert werden können. Mit dem Wegfall des Vereinigten Königreichs verlieren die »Nordländer« ihre Sperrminorität durch den Rückgang ihres Bevölkerungsanteils auf 25 Prozent, während die Südländer ihre Sperrminorität deutlich auf 42 Prozent ausweiten können. Das Machtgefüge innerhalb der EU wird sich damit deutlich nach Süden verlagern. Von den großen Playern innerhalb der EU hat Frankreich fortan ein überproportionales Gewicht. Es ist daher damit zu rechnen, dass die EU sich eher in Richtung Transferunion, Handelsbeschränkungen und elastischem Geldangebot bewegen wird.

Die Möglichkeit von geregelten Austritten aus und Wiedereintritten in den Euro würde die EU stabilisieren und nicht, wie gerade die Verfechter einer immer engeren Union behaupten, destabilisieren. Denn Austritte samt anschließenden Abwertungen stellen die einfachste Möglichkeit für die GIPS-Länder dar, ihre Wettbewerbsfähigkeit wiederzuerlangen und ihre Arbeitslosenquoten zu senken. Nur dann wären eine Tilgung der Schulden, auch der Target2-Verbindlichkeiten, eine Überwindung der Krise und ein Wiederanheben des Leitzinses irgendwann im Bereich des Möglichen, auch wenn durch die Abwertung die reale Schuldenlast ansteigt. Doch jetzt steckt die EU tief in der Krise. Lediglich durch Nullzinsen und weitere expansive geldpolitische Maßnahmen hält sie sich derzeit über Wasser. Vorschläge, die es der EU ermöglichen, diese Krise aus eigener Kraft zu überwinden, sind rar gesät.

Die großen Auswirkungen einer kleinen Akzentverschiebung

Ein ums andere Mal hat die EZB die Einleitung des Zinserhöhungszyklus verschoben. Nach den letzten Aussagen führender Zentralbanker, allen voran von Mario Draghi, ist mit einem ersten Anheben des Leitzinses frühestens im zweiten Halbjahr 2019 zu rechnen. Ob als Abschiedsgeschenk von Draghi an seinen Nachfolger oder als erste fundamentale geldpolitische Entscheidung seines Nachfolgers, wird sich zeigen. Unvermittelt dauert die Nullzinsphase also fort. Mittlerweile sind es drei Jahre, seitdem am 10. März 2016 der Zinssatz im Euroraum auf null gesetzt wurde. Begründet wird diese zögerliche Haltung mit der zwar anziehenden, aber sich nach wie vor lediglich um die 2,0 Prozent bewegenden Inflationsrate.

Dabei hat es in der Kommunikation der EZB seit Juni 2018, als die Inflationsrate zum ersten Mal seit vielen Jahren wieder die 2-Prozent-Marke erreichte, eine kleine, aber äußerst bedeutsame Akzentverschiebung gegeben. In ihren Stellungnahmen betont die EZB nunmehr verstärkt, dass das Inflationsziel »mittelfristig« zu erreichen sei. Dies ist keine Hinzufügung zur ursprünglichen Definition der Preisstabilität, wie sie der EZB-Rat am 8. Mai 2003 vorgenommen hat. Diese lautet seit jeher: »Preisstabilität ist definiert als Anstieg des Harmonisierten Verbraucherpreisindex (HVPI) für das Euro-Währungsgebiet von unter 2 Prozent gegenüber dem Vorjahr. Preisstabilität muss mittelfristig gewährleistet werden.«[34]

Doch was bedeutet »mittelfristig« in diesem Zusammenhang genau? Unter »mittelfristig« ist zu verstehen, dass kurzfristige Schwankungen im Preisniveau die Geldpolitik nicht beeinflussen sollen. In ihren geldpolitischen Entscheidungen berücksichtigt die EZB nicht die Nebengeräusche kurzlebiger Ausschläge, die nicht von der Geldpolitik verursacht werden. Politische Verwerfungen können etwa dazu führen, dass der Ölpreis sprunghaft ansteigt. In weiterer Folge wird die Teuerungsrate anziehen. Oder schlechtes Wetter führt zu einer schlechten Ernte, wodurch die Lebensmittelpreise und in weiterer Folge die Inflation anziehen, aber eben nur einmalig, wie gutes Wetter zu einer guten Ernte und sinkenden Preisen führt, aber ebenfalls nur einmalig. Derartige Schocks sollen also unberücksichtigt bleiben.

Bereits seit längerer Zeit wird daher neben der Inflationsrate die sogenannte Kerninflationsrate berechnet, bei der die Energie- und Lebensmittelpreise unberücksichtigt bleiben. Diese sind besonders anfällig für einmalige und deutliche Ausschläge. Wie unterschiedlich sich die gewöhnliche Inflationsrate und die Kerninflationsrate verhalten, zeigt Abbildung 2-4.

Abbildung 2-4: Inflation versus Kerninflation, in Prozent, 2002–2018
Quelle: Eurostat

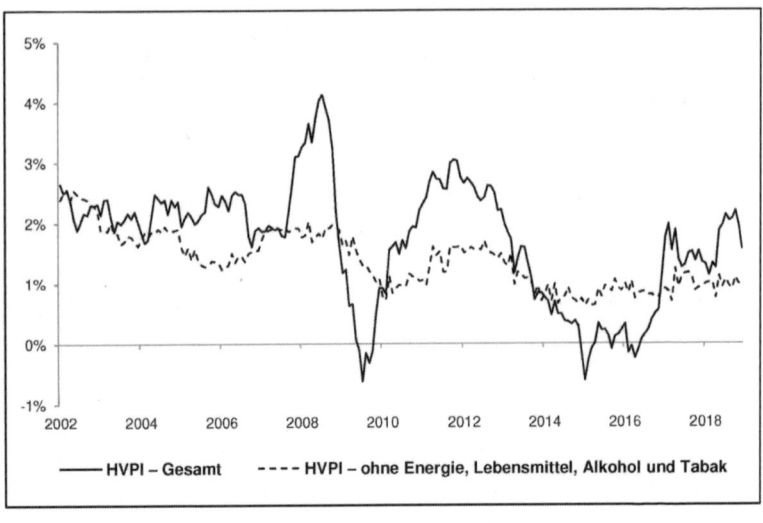

Erwähnenswert ist, dass der breitere Index, der HVPI-Gesamt, deutlich stärker schwankt als jener Harmonisierte Verbraucherpreisindex, der Energie, Lebensmittel, Alkohol und Tabak ausschließt. Aktuell

liegt die Inflationsrate deutlich über dieser erweiterten Kerninflationsrate. Die EZB rechtfertigt ihr Verharren auf dem Nullzinsniveau
damit, dass nur die Inflationsrate das Inflationsziel mitunter überschreitet. Dies seien allerdings lediglich kurzfristige Bestandsaufnah-
men. Mittelfristig wäre die Inflationsrate noch immer deutlich vom
Inflationsziel von »nahe, aber unter 2,0 Prozent« entfernt, was mit
den niedrigeren Werten für die Kerninflationsrate begründet wird.

So fadenscheinig die Argumentation der EZB auch sein mag – denn
im Jahr 2009 und im Zeitraum 2014 bis 2016, als die gewöhnliche
Inflationsrate niedriger als die Kerninflationsrate war, hat die EZB wiederholt darauf hingewiesen, dass die niedrige, mitunter sogar negative
Inflationsrate eine überaus große ökonomische Bedrohung darstellen
würde, und damit das Niedrigzinsniveau und die außergewöhnlichen
geldpolitischen Maßnahmen wie das Anleihekaufprogramm gerechtfertigt –, so gelegen kommt sie den hoch verschuldeten Staaten.

Angesichts der Tatsache, dass die Teuerungsrate im Euroraum im
Juni 2018 zum ersten Mal seit sechs Jahren wieder die 2-Prozent-Mar-
ke überschritten hat und in Deutschland im Oktober 2018 mit 2,5 Prozent ein 10-Jahres-Hoch markierte, kommt die Akzentverschiebung
nicht überraschend. Die EZB will auf diese Weise den politischen und
öffentlichen Druck, der Zinserhöhungen fordert, vermindern. Dieser
wird von jenen Ländern aufgebaut, die wie Deutschland selbst eine
leicht über der Zielmarke von »nahe, aber unter 2,0 Prozent« liegende Teuerungsrate fürchten wie der Teufel das Weihwasser.

Zum Abschied wird sich Draghi aber womöglich mit einer anderen Facette der Nullzinsfalle beschäftigen müssen. Sämtliche Wirt-
schaftsprognosen der jüngeren Vergangenheit deuten auf eine Abkühlung des Wirtschaftswachstums hin, manche sehen sogar einen
herben Einbruch. Eines ist jedoch gewiss: Im Falle einer weiteren Eintrübung des Konjunkturhimmels ist die Zentralbank nicht einmal in
der Lage, rhetorisch auf den Konjunkturverlauf Einfluss zu nehmen.
Die geldpolitischen Kanonen der EZB sind bekanntlich leer, eine Wie-

derbefüllung durch frühzeitige Zinserhöhungen, wie es jenseits des Atlantiks zumindest ansatzweise geschehen ist, ist nicht erfolgt. Die EZB sitzt also tatsächlich in der Nullzinsfalle.

Zu diesem Schluss kommt beispielsweise auch der ehemalige Chefökonom der EZB, Jürgen Stark. Er bezeichnet die EZB als »Gefangene ihrer Politik« und sogar als »Risiko für die Finanzstabilität«, weil sie die Regierungen und die Finanzmärkte in eine Abhängigkeit von der EZB zu einer höheren Risikoneigung getrieben habe.[35]

Lehrbuchbeispiel Italien: Wie Frankfurt Italien jubeln lässt

Italien ist die achtgrößte Volkswirtschaft und die drittgrößte Schuldnernation der Welt. Seit den Neuwahlen im Frühling 2018 und der darauffolgenden Regierungsbildung, die nach einigen Turbulenzen zu einer außergewöhnlichen Regierung aus der als linkspopulistisch bezeichneten Fünf-Sterne-Bewegung und der als rechtspopulistisch geltenden Lega führte, ist Italien wieder in aller Munde. Die neue Regierung hat beschlossen, den von der Vorgängerregierung beschlossenen Sparkurs aufzugeben. Das Defizit soll in den nächsten Jahren deutlich höher ausfallen: 0,8 Prozent, lautete der ursprüngliche Plan, 1,6 Prozent ist nach Auffassung des unabhängigen Finanzministers Giovanni Tria das höchstmögliche Defizit, um die Staatsverschuldung nicht noch weiter anschwellen zu lassen. 2,4 Prozent sollte das Defizit 2019 ursprünglich betragen, gebilligt wurden, in einer Abstimmung des italienischen Abgeordnetenhauses letztlich eine Neuverschuldung in Höhe von 2,04 Prozent. Gegen den heftigen Widerstand der EU setzten sich die beiden Minister und jeweiligen Parteivorsitzenden Luigi di Maio und Matteo Salvini also durch.

In Prozent des BIP liegt Italien mit über 130 Prozent innerhalb der EU bei der Staatsverschuldung auf dem zweiten Platz, mittlerweile deutlich hinter Griechenland (rund 180 Prozent), dessen Staatsverschuldung 2006 noch nahezu gleichauf mit Italien war. Doch auch Italiens Schulden erhöhten sich seither um circa 30 Prozentpunkte. In absoluten Zahlen sind Italiens Staatsschulden ungleich höher. Mit Staatsschulden von 2,3 Billionen Euro weisen Frankreich und sogar Deutschland eine geringere Staatsverschuldung als Italien aus.

Italien hat, wie bereits ausgeführt, von den Niedrigstzinsen massiv profitiert. Im Umkehrschluss gilt: Kaum ein Staat in der EU muss die Anhebung der Leitzinsen mehr fürchten als Italien.

Selbstverständlich sind die Leitzinsen nicht der einzige Bestimmungsfaktor der Zinsen auf Staatsanleihen. Nicht-ökonomische Faktoren wie die politische Unsicherheit beeinflussen die Ausfallshöhe und damit die Anleihenrendite, wie während der Mai-Krise, als die Regierungsbildung zu scheitern drohte, deutlich zu erkennen war. Von diesem Anstieg hat sich die Anleihenrendite seither nicht mehr erholt.

Abbildung 2-5: Rendite 10-jährige Staatsanleihe, Italien, Januar 2018–September 2018
Quelle: investing.com

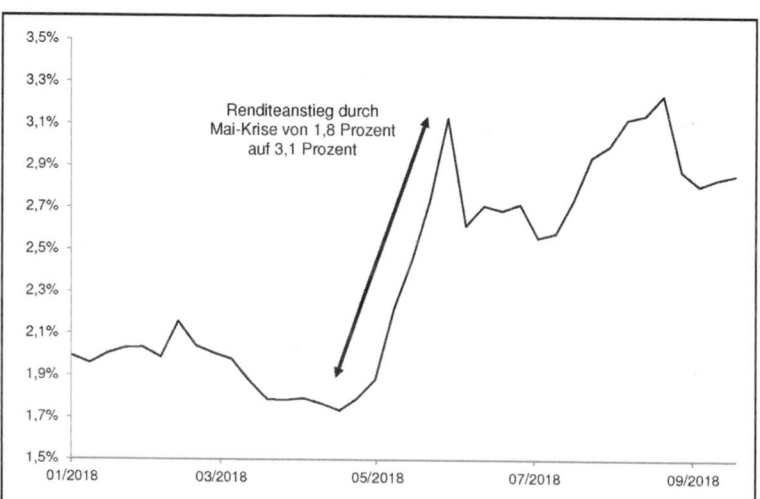

Der von der Zentralbank festgelegte Einlagesatz, der lange Zeit 1 Prozentpunkt unter dem Leitzins lag, ist so etwas wie der im Regelfall nicht unterschreitbare Grundwasserspiegel für Anleihen. Schließlich könnte jede Geschäftsbank überschüssige Gelder alternativ bei der Zentralbank hinterlegen und würde dafür den Einlagesatz erhalten. Dass dieser im Augenblick negativ ist, stellt eine – mittlerweile schon länger anhaltende – Anomalie dar. Damit sollen die Geschäftsbanken zur Vergabe von zusätzlichen Krediten gedrängt werden, anstatt die Überschussreserven bei der Zentralbank zu parken. Dieser Maßnahme liegt die – zweifelhafte – Annahme zugrunde, das mangelnde Kreditangebot sei die Ursache für das verhaltene Wirtschaftswachstum, nicht die zurückhaltende Kreditnachfrage. Als erste Zentralbank verhängte 2012 die Dänische Nationalbank Strafzinsen, die Schwedische Reichsbank und die EZB folgten 2014. 0,4 Prozent Strafzinsen zahlen die Banken der Eurozone seit März 2016 für die Einlage ihrer Barreserven bei der EZB. Diese Strafzinsen belaufen sich im Jahr auf rund 7,5 Milliarden Euro, was die Profitabilität der europäischen Geschäftsbanken negativ beeinträchtigt.[36]

Die für Italien deutlichen Abweichungen nach oben sind Ausdruck der sonstigen Risiken des Gläubigers wie des Ausfallrisikos, das sich in teils deutlichen Aufschlägen manifestiert.

Die Stabilität der Staatsfinanzen gilt allgemein dann als gefährdet, wenn die Zinsausgaben mehr als 10 Prozent der laufenden Einnahmen betragen. Aktuell liegt dieser Wert für Italien bei 8,3 Prozent. Um diesen Schwellenwert zu überschreiten, müsste die durchschnittliche Verzinsung der Staatsschuld 3,5 Prozent betragen und damit von den derzeitigen 2,9 Prozent deutlich ansteigen. Im Oktober 2018 lag die Anleihenrendite für Neuemissionen noch immer knapp unter dem Schwellenwert von 3,5 Prozent. Unbeschadet dessen führt ein höheres Zinsniveau dazu, dass die Zinsausgaben höher ausfallen, als es sonst der Fall gewesen wären. Die Mai-Krise kostete Italien allein 600 Millionen Euro. Dieser Betrag nimmt sich angesichts des jährlichen Zinsendienstes von 78 Milliarden Euro verschwindend gering aus. Doch können auch kleine Tropfen ein Fass zum Überlaufen bringen.

Abbildung 2-6: Anleihenrendite italienischer Staatsanleihen versus EZB-Einlagezins, in Prozent, 2000–2018
Quellen: investing.com, Europäische Zentralbank

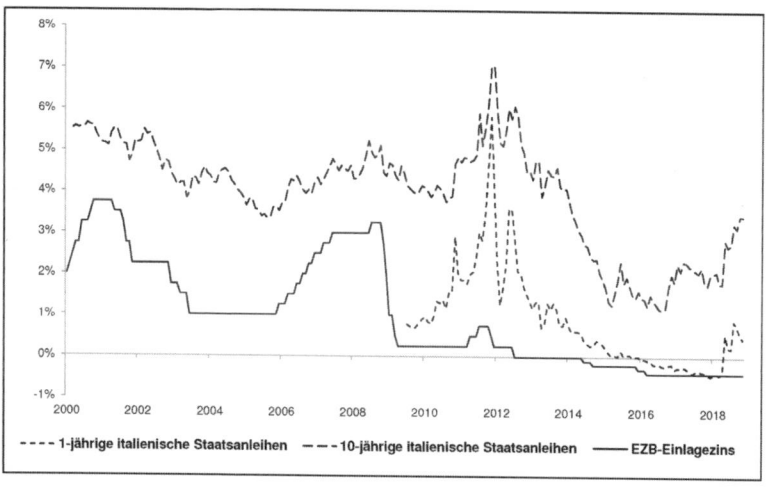

Was die Situation in Italien besonders macht, ist die Tatsache, dass die italienischen Geschäftsbanken schon heute hohe Bestände an italienischen Staatsanleihen in ihren Büchern halten. Mit 10,7 Prozent – nach einem Höchststand von 11,0 Prozent (2015) – liegt der Anteil italienischer Staatsanleihen an den gesamten Vermögenswerten italienischer Banken noch immer deutlich über dem Vergleichswert im Euroraum von 4 Prozent. Das heißt, italienische Banken tragen in ihren Büchern ein viel höheres Risiko bei anziehenden Anleihenrenditen als die anderen Banken im Euroraum. Es wird sich zeigen, ob die italienischen Banken einspringen werden (können), um den Nachfragerückgang, der sich aus der Einstellung des EZB-Anleihekaufprogramms ergibt, zu kompensieren. Falls die Geschäftsbanken nicht einspringen, wird sich der Aufwärtsdruck auf die italienischen Anleihenrendite verstärken. Analysten der Bank of America halten einen Anstieg des Spreads zu den deutschen Bundesanleihen auf 4 Prozent für möglich. Derzeit beträgt der Spread 2,5 Prozent, vor den vergangenen Parlamentswahlen lag er phasenweise nur leicht über 1 Prozent. Ein Spread von knapp 6 Prozentpunkten hatte im November 2011 den Rücktritt der damaligen Regierung unter Ministerpräsident Silvio Berlusconi zur Folge.

Ein höherer Spread bedeutet aber auch, dass die italienischen Geschäftsbanken eine Wertberichtigung der von ihnen gehaltenen italienischen Staatsanleihen vorzunehmen haben. Die mit einer Erhöhung des Spreads einhergehenden Kursverluste ziehen eine Wertberichtigung nach sich, die das Eigenkapital der Geschäftsbanken mindert. Ab einem Spread von ungefähr 4 Prozentpunkten drohen die italienischen Geschäftsbanken die vorgeschriebenen Eigenkapitalquoten zu unterschreiten. Eine deutliche Rekapitalisierung der Banken wäre sodann vonnöten.

Dabei haben die an der Mailänder Börse notierten Geschäftsbanken in den vergangenen Jahren schon ordentlich Federn gelassen. Der Bankenteilindex des MBI stürzte seit September 2009 von knapp 27.000 Punkten auf unter 10.000 ab. Der Gesamtindex blieb über diesen Zeitraum dagegen nahezu konstant. Im Zuge der ersten Diskussion um die angekündigte laxere Budgetpolitik Italiens im Herbst 2018 gab der Bankenteilindex innerhalb weniger Tage um weitere 10 Prozent auf unter 9000 Punkte nach. Das zeigt, wie sehr der Markt die Stabilität der italienischen Banken in Zweifel zieht. Und angesichts der maroden Staatsfinanzen ist es schwer vorstellbar, dass der italienische Staat eine ernsthaft ins Wanken geratene Bank wird auffangen können. Zwei Einbeinige geraten nun einmal viel schneller ins Straucheln, selbst wenn sie sich gegenseitig stützen.

Doch würde auch ein säkularer Anstieg des Zinsniveaus durch eine – deutliche – Erhöhung der Leitzinsen diese Wertberichtigung zur Folge haben. Vieles deutet darauf hin, dass Mario Draghi Italien – und den anderen Wackelkandidaten – den Kelch einer Zinserhöhung während seiner Amtszeit als EZB-Präsident, die am 31. Oktober 2019 endet, nicht mehr reichen wird. Ganz in diesem Sinne merkte Draghi bei der turnusmäßigen Sitzung des EZB-Rates am 25. Oktober 2018 an: »Es sind noch erhebliche geldpolitische Impulse erforderlich, um den weiteren Aufbau eines binnenwirtschaftlichen Preisdrucks und die Entwicklung der Gesamtinflation auf mittlere Sicht zu stützen.«[37] Insbesondere, aber nicht nur für Italien ist diese Aussage wie Ostern und Weihnachten an einem Tag. Schließlich bedeutet dies, dass die Anleihenrendite nicht durch die Erhöhung des Leitzinses zusätzlich angehoben wird – angesichts der angekündigten Ausgabenfreudigkeit der neuen Regierung eine nicht unbedeutende Entlastung des italienischen Staatshaushalts. Mit diesem – politisch heiklen – Aspekt der Nullzinsfalle wird sich Draghis Nachfolger herumzuschlagen haben.

Entkommen die USA der Nullzinsfalle?

Neunmal wurden in den USA seit Dezember 2008 die Zinsen bereits erhöht, neunmal auf mittlerweile 2,25–2,5 Prozent (12/2018). Neunmal, ohne dass sich die Börse oder das Wirtschaftswachstum lange Zeit irgendwie beeindruckt gaben. Lediglich die Rendite der US-Anleihen hat auf die Zinserhöhungen reagiert. Auf den ersten Blick scheint es also, dass die USA unsere These von der Nullzinsfalle widerlegen würden. Dieser Eindruck wird durch Aussagen des von Trump bestellten neuen Vorsitzenden der Federal Reserve, Jerome Powell, verstärkt, der nach der bisher letzten Zinserhöhung meinte, das Zinsniveau nähere sich dem neutralen Niveau an, sei also in Bälde weder unterstützend noch bremsend für das Wirtschaftswachstum; die Phase der unterstützenden Niedrigstzinsphase stünde kurz vor ihrem Ende, die Wirtschaft würde in absehbarer Zeit auch ohne die geldpolitische Unterstützung der Notenbank solide aus sich heraus wachsen. Ökonomen siedeln das neutrale Niveau für die USA derzeit ungefähr zwischen 2,5 und 3,0 Prozent an.

Dagegen spricht allerdings die Erfahrung der Asymmetrie der Zinsentwicklung in den vergangenen Jahrzehnten. Unter Asymmetrie ist zu verstehen, dass in den vergangenen Jahrzehnten die Zinsen in jedem Konjunkturzyklus jeweils stärker abgesenkt als später angehoben wurden. Mit anderen Worten: Nach Durchlauf eines kompletten Zinszyklus lagen die Zinsen niedriger als nach dem vorherigen. Im vorletzten Zyklus wurden die Zinsen in mehreren Schritten um insgesamt 6,0 Prozent gesenkt, aber anschließend nur um 3,6 Prozent angehoben. Am Ende des Zyklus lagen die Zinsen somit um 2,4 Prozent niedriger als zu Beginn. Im letzten vollständigen Zyklus erfolgte eine Absenkung der Zinsen um 5,5 Prozent, die anschließende Erhöhung lag bei 4,3 Prozent. Das ergibt einen Negativsaldo von 1,2 Prozent. Im aktuellen Zyklus reduzierte die Federal Reserve die Zinsen um insgesamt 5,2 Prozent – das aktuelle Zinsniveau von 2,4 Prozent liegt damit noch immer um 2,8 Prozent unter dem Höchststand des vorherigen Zyklus. Diese Asymmetrie – starke Zinssenkungen, geringere Zinserhöhungen – musste zwangsläufig in die Nullzinsfalle führen.

Dagegen spricht zudem, dass vom Rückenwind der Federal Reserve auch die Aktienpreise massiv profitiert haben. Deren Korrektur wurde während der Krise durch das radikale Einschreiten der Federal Reserve auf halbem Weg gestoppt und anschließend schwangen sich die Indizes zu neuen Höchstständen auf. Als der Rückenwind nach QE1 und QE2 nachließ, da die Federal Reserve den Geldhahn abrupt zudrehte, kam es zu Turbulenzen. Auch als die Federal Reserve Ende 2015 die erste Zinserhöhung nach neun Jahren vornahm, kam es zu schweren Verwerfungen, die die ersten Wochen des Börsenjahres 2016 prägten. Diese volatilen Ausbrüche sind unserer Meinung nach Ausdruck der in diesen Märkten vorherrschenden Fragilität, die darin begründet liegt, dass eben immer weniger die fundamentale Stärke von Unternehmen, sondern die Geldpolitik die Marktentwicklung bestimmt. Schließlich spielen die Zinsen bei der Berechnung von Aktienpreisen eine gewichtige Rolle. Eine Rückkehr zum Zinsniveau der Vorkrisenära würde daher auch rein aus finanzmathematischer Sicht die Märkte in die Knie zwingen. Aufgrund der Differenz der Zinsniveaus wäre ein Einbruch in Höhe von 50 Prozent an den Aktienmärkten im Bereich des Möglichen. Die Federal Reserve muss folglich sehr vorsichtig agieren, um nicht durch zu beherzte Liquiditätsverknappung die nächste Krise heraufzubeschwören. Dass ihr das in der Vergangenheit nicht immer geglückt ist, zeigt das nächste Diagramm (Abbildung 2-7): Den letzten Rezessionen und Einbrüchen beim S&P 500 waren stets Leitzinshebungen vorausgegangen.

Abbildung 2-7: S&P 500, Federal Funds Rate und US-Rezessionen, in Punkten (linke Skala) beziehungsweise in Prozent (rechte Skala), 1987–2018
Quellen: Yahoo Finance, Federal Reserve St. Louis

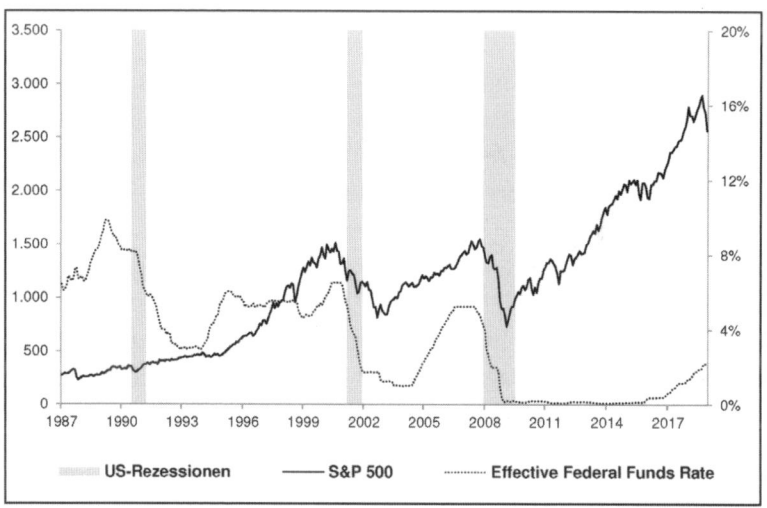

Die Federal Reserve – und insbesondere ihr neuer Vorsitzender Jerome Powell – befinden sich folglich in einer schwierigen Situation.

Powells Vor-Vorgänger im Amt, Ben Bernanke, der in Reaktion auf die Krise die ultralockere Geldpolitik einläutete und im Zuge einer ausbleibenden schweren Rezession als Retter der Welt gefeiert wurde, konnte die heiße Kartoffel der geldpolitischen Normalisierung an Janet Yellen weiterreichen und diese die realwirtschaftlichen Konsequenzen der von ihr eingeleiteten Normalisierung an Jerome Powell. Doch der Weg hin zu einer geldpolitischen Normalisierung ist noch weit. Und angesichts der Verschuldungssituation und der Anfälligkeit der Märkte dürfte der Federal Reserve eine Zinsanhebung, die die geldpolitische Asymmetrie durchbricht und dadurch diesen Namen auch verdient, wohl schwerlich gelingen.

Dagegen spricht aber auch die scharfe Kritik von Donald Trump an der Geldpolitik der Federal Reserve, die für Aufsehen gesorgt hat. Wiederholt äußerte er sich öffentlich äußerst ablehnend zu weiteren Zinserhöhungen, da er – nicht ganz zu Unrecht – befürchtet, dass weitere Zinserhöhungen den wirtschaftlichen Aufschwung gefährden würden.

Die Federal Reserve zeigte sich von Trumps Tiraden unbeeindruckt und erhöhte am 27. September 2018 zum insgesamt achten Mal, zwei Monate später zum neunten Mal in diesem Zyklus die Zinsen. Im Grunde blieb der Zentralbank gar keine andere Wahl. Andernfalls hätte sie den Eindruck vermittelt, auf Zuruf des Präsidenten zu agieren. Für die Glaubwürdigkeit der Zentralbank wäre ein derartiger Eindruck verheerend und eine direkte Gefährdung der Geldwertstabilität. Eine auf Zuruf des Präsidenten agierende Zentralbank wird aus guten Gründen mit einer Bananenrepublik assoziiert. Nochmals gesteigert hat Trump seine Kritik einige Wochen später, als am 11. und 12. Oktober 2018 die Kurse für zwei Tage deutlich, wenngleich nicht dramatisch um 4 Prozent nachgaben. Die Furcht vor einem weltweiten Börsenkrach war jedenfalls zu spüren und Trump sprach davon, dass die Federal Reserve »verrückt geworden sei« (»gone crazy«).

»It's the economy, stupid« – das gilt selbstverständlich auch für Donald Trump, der die positiven Wirtschaftsdaten gerne als Erfolg seiner Politik ins Treffen führt, welche für die Republikaner in den Midterm-Wahlen ein wichtiges Asset waren. Der Erfolg gibt Trump und den Republikanern recht, denn zumindest konnten sie die wichtige Mehrheit im Senat halten.

Dagegen spricht des Weiteren, dass ein Rückgang der Kreditmenge infolge deutlicher Zinserhöhungen in unserem ungedeckten Geldsystem dramatische Auswirkungen hätte. Die Zinsen würden steigen, die zusätzlichen finanziellen Belastungen würden die bestehenden Schuldner hart treffen. Die Wirtschaft geriete in einen Abwärtsstrudel, sinkende Löhne und eine steigende Arbeitslosigkeit wären die Folge. Dies würde die reale Schuldenlast wiederum erhöhen und die Ausfallquote in die Höhe treiben. Auch der Finanzminister hätte an einer zurückgehenden Geldmenge kein Interesse. Fallende Preise würden die Einnahmen des Staates überproportional sinken lassen. Beispielsweise würde sich das Phänomen der kalten Progression in sein Gegenteil verwandeln. Daher hat auch der Staat ein großes Interesse an dieser Asymmetrie.

Ähnliche Asymmetrien sind bei den öffentlichen Ausgaben zu beobachten. In Zeiten des wirtschaftlichen Aufschwungs tendieren Regierungen dazu, die der Hochkonjunktur geschuldeten zusätzlichen Einnahmen für soziale Programme, höhere Gehälter im öffentlichen Dienst oder groß angelegte Infrastrukturprojekte auszugeben. Wenn die Konjunktur dann einbricht und die Steuerbasis schrumpft, lassen sich diese Ausgaben schwer kürzen. Zudem fallen während einer Krise oftmals zusätzliche Kosten an: höhere Sozialausgaben infolge steigender Arbeitslosenzahlen, Stimulierungsprogramme oder die Rekapitalisierung des Finanzsektors. Um diese Kosten stemmen zu können, nehmen Regierungen Schulden auf. Da diese Schulden in Aufschwungphasen meist nicht entsprechend abgetragen werden, türmen sich die Schuldenberge immer höher auf. Begünstigt wird das wiederum durch immer tiefere Zinsen, die die Schuldentragfähigkeit sicherstellen. Die Folge ist eine Spirale von wachsenden Staatsschulden und immer niedrigeren Zinsen, aus der es ab einem bestimmten Punkt kein politisch verkraftbares Entkommen mehr gibt. Weil es also bei Ausweitung der Geld- beziehungsweise Kreditmenge keinen Rückwärtsgang gibt, steigt diese ins schier Unermessliche. Das Auftürmen von Schulden ist daher essenziell für den Fortbestand des gegenwärtigen Geldsystems.

Eines darf jedoch nicht vergessen werden: Guthaben und Schulden, Vermögen und Verbindlichkeiten bedingen einander aufgrund der Notwendigkeit der Ausgeglichenheit einer Bilanz.

Daher gilt: Der Abbau von Schulden ist nur mit einem Abbau der Vermögenswerte im selben Umfang möglich. Schuldenschnitt bedeutet Vermögensschnitt, (monetärer) Vermögensaufbau bedeutet Schuldenaufbau. Wenn also die monetären Vermögenswerte steigen sollen, bedarf es fortwährend neuer Schuldnerschichten beziehungsweise der Bereitschaft bestehender Schuldner, zusätzliche Schulden aufzunehmen. Das gegenwärtige Geldsystem funktioniert folglich nur, wenn diese Aufschuldungsbereitschaft besteht.

Doch gleichzeitig erhöht sich bei steigenden Schuldenständen die Anfälligkeit für Krisen. Daher ist die (ultra-)lockere Geldpolitik, die eine von Schulden übersättigte Volkswirtschaft zu immer mehr Kreditausweitung anzustacheln versucht, im Grunde alternativlos geworden. Abbildung 2-8 zeigt die Schulden- beziehungsweise Kreditmenge der USA sowie die von der Federal Reserve bereitgestellte Zentralbankgeldmenge im Zeitverlauf. Erstere ist seit 1971, seit dem Aufheben der Goldanbindung des US-Dollar, um den Faktor 35 angestiegen; in jeder Dekade fand seither mindestens eine Verdopplung des Kreditvolumens statt. Bis zur Finanzkrise wuchs die Kreditmenge exponentiell an. Nur während der Krise verzeichnete die Gesamtverschuldung erstmals einen Rückgang – und der ging mit den spektakulären Verwerfungen einher. Die außergewöhnlichen Maßnahmen, die die Federal Reserve seither ergriffen hat, haben die Kreditmenge lediglich auf einen moderateren Wachstumspfad zurückführen kön-

nen. Ersichtlich wird anhand des Diagramms auch, dass die Zentralbankgeldmenge, die die Federal Reserve durch ihre QE-Programme
im Nachgang der Krise fast verfünffacht hat, nur einen winzigen
Bruchteil der gesamten Geldmenge ausmacht.

Abbildung 2-8: Kredit- und Basisgeldmenge, in Milliarden US-Dollar, 1971–2018
Quelle: Federal Reserve St. Louis

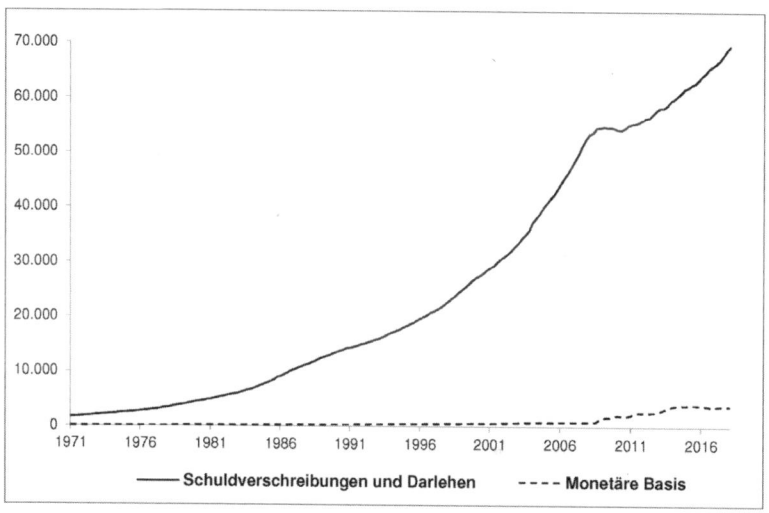

Es besteht kein Zweifel: Die Geldpolitik steckt in der Falle.

Fazit

Die Federal Reserve war die erste Notenbank, die mit Nullzinsen und
QE die Finanzkrise zu bewältigen versuchte. Zentralbanken rund um
den Globus folgten ihrem Beispiel in der Hoffnung, die geldpolitische Theorie, die besagt, die angeschlagene Wirtschaft könne durch
monetäre Stimulationsprogramme wieder auf Trab gebracht werden,
möge sich bewahrheiten. Die momentane vordergründige Stabilität

an den Märkten hat eine wesentliche Ursache: Vertrauen. Die Markt-akteure setzen ihr Vertrauen in die Zentralbanken, in deren geldpoli-tische Philosophie und deren Maßnahmen. Die USA sind somit die Blaupause für all die anderen Länder, in denen die Druckerpressen noch auf vollen Touren laufen.

Die Diskussionen um das Auslaufenlassen der diversen Anleihe-kaufprogramme sowie die lange hinausgezögerten und von den Märk-ten nervös verfolgten Schritte, bei denen die Zinsen jeweils um lediglich mickrige 0,25 Prozent angehoben wurden, verdeutlichen, wie schwierig die angestrebte Normalisierung des Zinsniveaus zu bewerkstelligen ist. Dabei war der Ausstieg aus folgenden Gründen unabdinglich:

▶ Eine Fortsetzung der Niedrigzinspolitik würde zu noch größeren Verzerrungen und Übertreibungen an den Märkten führen und die Gefahr des Platzens weiterer Blasen heraufbeschwören.

▶ Die lockere Geldpolitik untergräbt das Geschäftsmodell von Pen-sionskassen und Lebensversicherungen, die immer mehr auslau-fende alte Papiere mit hohen Verzinsungen gegen neue, niedrig verzinste Papiere austauschen müssen – bei anhaltenden Niedrig-zinsen drohen hier Insolvenzen, zumindest aber weitere Herab-setzungen der Garantiezinsen.

▶ Die Notenbank muss sich mit (deutlichen) Zinserhöhungen wieder Spielraum verschaffen, um im Fall einer erneuten Finanzkrise oder einer Eintrübung der Realwirtschaft diese durch Zinssenkungen abfedern zu können. Denn solange die Bevölkerung Bargeld noch nutzt, sind Negativzinsen für den weitaus größten Teil der Geld-menge, den Kundeneinlagen bei den Banken, nicht möglich.

▶ Schließlich ist das Narrativ, dem zufolge die Weltwirtschaft auf-grund der lockeren Geldpolitik nachhaltig am Gesunden sei, den Beweis eines selbsttragenden – also nicht durch lockere Geldpolitik gestützten – Aufschwungs schuldig.

Der Euroraum steht hingegen mit leeren geldpolitischen Händen dar. Angesichts der ersten Anzeichen einer Abkühlung der wirtschaftlichen Dynamik ist der Euroraum gefangen in der Nullzinsfalle. Weder wurden die Zinsen erhöht, noch wurde das enorme Volumen an Anleihen, das im Zuge der unkonventionellen Maßnahmen angekauft wurde, abgebaut. Im Vergleich zur europäischen Misere stehen die USA mit ihrem Spielraum für Zinssenkungen gut dar, auch wenn dieser im historischen Vergleich sehr klein ist. Unter den Blinden ist bekanntlich der Einäugige König.

Kapitel 3: Die gesellschaftlichen Folgen der Nullzinspolitik

Die Zinsintervention

Nahezu alle Religionen und moralischen Lehren stehen Zinsen skeptisch bis feindlich gegenüber. Könnte eine Gesellschaft, in der es endlich keinen Zins mehr gäbe, eine bessere Gesellschaft sein? Könnte ein Nullzinsumfeld ein Zeitalter großzügigerer Mittelverfügung einläuten? Ist der Nullzins also ein Attribut der viel ersehnten »Abundanzökonomie« nach künstlicher Knappheit *(post-scarcity economy)*?

Die Vermutung enthält einen Kern Wahrheit, verkehrt aber Ursache und Wirkung. Tatsächlich wäre das Schwinden der Zinsen auf null Symptom eines beeindruckenden moralischen Wandels. Leider ist der aktuelle Nullzins eine Interventionsfolge und nicht Ausdruck geänderter Präferenzen der Menschen. Interventionen, die keine Einstellungsänderung auslösen, laufen ihren Intentionen entgegen – die Folgen sind oft paradox.

Ein Nullzins als realer Ausdruck geänderter Einstellungen wäre ein Hinweis auf besondere Tugendhaftigkeit. Die nötigen Präferenzen würden sogar mit den christlichen Tugenden zusammengehen. Das mag erklären, warum die gesellschaftlichen und kulturellen Folgen der Zinsintervention so leicht übersehen werden.

Ein Nullzins, der ohne Intervention entstünde, könnte Ausdruck einer extrem niedrigen Zeitpräferenz sein. Diese wäre denkbar, wenn die Menschen sich so sehr auf ein ewiges Leben ausrichten, dass sie kein Problem damit hätten, auf Konsum zugunsten einer Anlage mit längster Laufzeit zu verzichten. Eine solche Ausrichtung könnte als die Tugend des Glaubens interpretiert werden. In einer tiefgläubigen Gesellschaft ist es möglich, dass trotz Konsummangels große Mittel für Projekte aufgewandt werden, die über die Lebenszeit der einzelnen Menschen hinausreichen. Der mittelalterliche Kathedralenbau ist ein Beispiel dafür. Weltliche Zwecke, die zeitlich näher liegen, würden hinter spirituellen, zeitloseren Zwecken zurücktreten.

Wenn sich ein solcher Nullzins (oder Niedrigstzins) auch bei zwischenmenschlichen Schuldbeziehungen zeigte, die nicht Ausdruck spiritueller Zwecke sind, dann müsste eine andere Tugend in höchster Ausprägung dahinterstehen: die Nächstenliebe oder Caritas. Wenn es zum Selbstzweck wird, anderen Menschen unsere Ersparnisse zur Verfügung zu stellen, dann würden wir dies auch ohne Zinsforderung tun. Es würde uns dann mit mehr Freude erfüllen, wenn andere die Mittel nutzen, die wir aufgebracht, geschaffen und gespart haben, als sie für uns selbst in Anspruch zu nehmen.

Verbunden müssten diese beiden Tugenden noch mit einer dritten sein, um auch die Risikokomponente des Zinses auf null zu halten: maximale Zuversicht in die günstige Entwicklung der Zukunft – Hoffnung. Nur ungetrübte Hoffnung tröstet über die Ungewissheit der Zukunft hinweg. Keinerlei Ausfälle zu erwarten, keinerlei Missbrauch und Schwund, würde es ermöglichen, mit einem Niedrigstzins auszukommen.

Glaube, Liebe, Hoffnung – hehre Tugenden, doch in ihrer höchsten Ausprägung sehr selten. Sie können als Ideale gelten, es ist aber wenig realistisch, eine Gesellschaft von ihnen abhängen zu lassen. Gesellschaft bedeutet das Miteinander von vielfältigen Fremden, was Skepsis, Zweifel, Ungewissheit und Misstrauen mit sich bringt. Wenn sich die Präferenz des eigenen Lebens gegenüber dem Fremden, Anderen und Ewigen, die Präferenz des zeitlich Näheren und Gewisseren gegenüber dem Ferneren und Ungewisseren nicht ausdrücken kann, verschwindet sie dadurch nicht, sondern wird noch paradox verstärkt. Erzwungener Glaube gebiert Heuchelei, erzwungene Liebe gebiert Hass, erzwungene Hoffnung gebiert Zweifel.

Der Nullzins der Gegenwart ist nicht Ausdruck geänderter Präferenzen der Menschen, nicht Ausdruck ihrer höheren Sparsamkeit, Askese, Nächstenliebe oder Transzendenz. Er ist Folge einer Intervention, bei der Guthaben geschaffen werden, bevor sie verdient wurden. Es handelt sich um das, was Ökonomen einen »erzwungenen Höchstpreis« nennen. Stellen wir uns vor, die Politik setzte einen Höchstpreis für Brot von null – das heißt, jeder Bäcker würde behördlich verpflichtet, sein Brot zu verschenken. Echte Freigebigkeit der Bäcker, die aus reiner Nächstenliebe nur für Gotteslohn backen, würde zwar als Symptom ebenso kostenloses Brot bedeuten. Doch in der Realität bedeutet erzwungene Freigebigkeit das glatte Gegenteil und hat paradoxe Folgen: Zuerst verschwindet das Brot, dann verschwinden die Bäcker. Die Nächstenliebe der Bäcker, die zu Sklaven erklärt würden, würde abnehmen, nicht wachsen. Brot würde teurer und knapper.

Ähnlich paradoxe Folgen zeigt der Nullzins. Je niedriger und näher auf null der Zins gedrückt wird, desto mehr Nachfrager von Ersparnissen gibt es und desto weniger Anbieter. Warteschlangen bilden sich bei der Ausgabestelle des kostenlosen Brotes, doch die Anbieter ziehen sich zurück. Der Brotmangel wird offensichtlich. Der Kapitalmangel im Nullzins jedoch nicht. Der Nachfrageüberhang wird durch Kreditschöpfung gedeckt. Die geschaffenen Guthaben haben tatsächlich Kaufkraft, sind von den älteren Guthaben durch nichts zu unterscheiden. Die Schuldner – heute allen voran der Staat, Großkonzerne und gehebelte Spekulanten – können damit Güter erwerben, ohne dass andere ihren Güterkonsum zuvor eingeschränkt haben. Gewiss werden die Kredite auch zum Teil produktiv eingesetzt, zur Produktion neuer Güter. Doch der größte Teil der heutigen Kreditverwendung ist unproduktiv.

Die ermöglichte Produktion wiederum folgt nicht mehr völlig den Präferenzen der Menschen. Die geschaffenen Guthaben sickern langsam in die reale Wirtschaft und hinterlassen eine Spur selektiver Verteuerung, wachsender Ungleichheit und vorübergehender Verzerrung. Bis die Kreditschöpfung stagniert, weil unerwartete Güterknappheiten zu Inflationsängsten und Zweifeln führen und damit zu Leitzinserhöhungen, Bilanzverkürzungen, Liquidationen, Entlassungen. Die wirtschaftlichen Folgen sind klarer, die gesellschaftlichen und kulturellen aber gewichtiger und tiefgreifender.

Es ist schon ein Gemeinplatz, dass das heutige Finanzsystem von Vertrauen abhängt. Gemeint ist eigentlich die Umkehrung der Tugend der Hoffnung in einen unechten »Optimismus«. Dieser zeigt sich als Alternativlosigkeit. Anstelle von Glückseligkeit als Ideal zufriedener Seelenruhe tritt eine Glückshektik, der Stress einer Lebensoptimierung. Kompensiert wird dieser »Optimismus« durch mediale Weltprobleme, die Modewellen folgen, und eine Grundstimmung der Krise als Hintergrundgeräusch. Diese negativen Stimmungslagen dienen der eigenen moralischen Erhebung über andere. Sie führen nie zu tief greifenden Lebensänderungen, sondern rationalisieren durch Schuldzuweisungen und Ablenkungen das eigene Mitläufertum.

Eng verbunden ist dieser »Optimismus« mit Hypermoral. Die Mittelverfügbarkeit ohne reale Freigebigkeit führt zu einer Umkehrung der Tugend der Liebe zu einem neuen Geltungskonsum von Tugend. Geltungskonsum ist ein ökonomischer Ausdruck, der Mittelverbrauch zur Erhöhung des eigenen Status bezeichnet. Wenn die Verbindung zwischen eigenem Handeln und Konsequenzen gelockert wird, kann man sich gut fühlen, ohne gut zu sein: Die Kosten der eigenen Tugendparolen lassen sich hinter der Mittelflut der Geldschöpfung immer leichter anderen umhängen. Dann wird die Großzügigkeit zur Phrase, für die andere die Rechnung zahlen.

Auch der Glaube kehrt sich unter dem Entwertungsdruck um: in einen Progressivismus, die Erwartung ständig steigender Wahlmöglichkeiten, die immer offenbleiben, weil für die getroffene Wahl keine Folgen und Einschränkungen zu tragen sind. »You can have your cake and eat it« – in Umkehrung des englischen Sprichworts: Alles gleichzeitig zu haben, wird zur Verheißung. Der Glaube in den Fortschritt, der rein materiell verstanden wird, löst anderen Glauben ab – und wird gespiegelt durch utopische Nostalgie, die Sehnsucht nach einem fiktiven goldenen Zeitalter.

Dies soll keine Litanei sein. Niedrige oder hohe Zeitpräferenz, Freigebigkeit oder Misstrauen gegenüber Fremden sowie Glaubenshaltungen sind persönliche Entscheidungen, deren Für und Wider hier nicht zur Debatte stehen. Es geht hier um die ökonomische Klärung gesellschaftlicher und kultureller Verdichtungen. Warum häufen sich manche Lebensstile und Grundhaltungen so deutlich? Gewiss könnte dahinter bloße Imitation oder Erkenntnis des individuell Befriedigenderen stehen. Und gewiss sind gesellschaftliche Dynamiken so komplex, dass monokausale Erklärungen stets fehlgehen. Ursache und Wirkung sind nicht klar. Es wäre Unsinn, alles, was an einer modernen Gesellschaft Unbehagen bereitet, dem Finanzsystem zuzuschreiben. Kreditschöpfung bietet Vorteile, sonst hätte sie sich nicht durchgesetzt. Zudem wirkt die Kausalität auch in umgekehrter Richtung. Schumpeter hielt einmal fest: »Der Zustand des Geldwesens eines Volkes ist ein Symptom aller seiner Zustände.«[38] Das ist übertrieben, aber ein Hinweis darauf, dass sich das Finanzsystem nicht in einem luftleeren Raum entwickelt hat, völlig abseits der Präferenzen der Menschen.

Wirtschaftskultur

Der große Vorzug des modernen Finanzsystems ist zugleich sein Makel: die Bereitstellung von Liquidität weit über die individuellen Sparentscheidungen der Menschen hinaus. Diese in der Tat aus dem Nichts geschaffene Liquidität ist gedeckt durch die Produktivitätsversprechen der Schuldner und den Marktwert ihrer Sicherheiten. In

der Regel halten diese Versprechen und wirken zugleich motivierend.
Zu leistende Kreditraten spornen zu lückenlosen Karrieren an.

Aufgrund der Verzerrungen des Konjunkturzyklus verdichten sich
jedoch die Fälle, in denen Versprechen enttäuscht werden, zeitlich in
krisenartigen Ent-Täuschungsphasen. Die große Angst der Schuldner vor der Arbeitslosigkeit drängt die Politik zur sofortigen Symptombekämpfung durch Bail-outs, Zinssenkungen, Subventionen. Die
meiste Zeit läuft der Kreditprozess wie am Schnürchen. Doch seine
gesellschaftlichen und kulturellen Folgen wirken geradliniger in eine
Richtung als die ökonomischen, sind aber schwerer auszumachen,
denn eine Wirtschaftskrise ist schon fast von definitorischer Klarheit:
Kurse purzeln, rote Zahlen laufen durch die Fernsehticker.

Ohne Geldschöpfung wären Investitionen nur in dem Ausmaß
möglich, in dem Menschen bewusst zuvor auf Konsum verzichtet
haben. Höherer künftiger Konsum hätte also stets den Preis vorübergehender Konsumenthaltung. Je sparsamer die Menschen sind, desto höher die möglichen Investitionen und damit die Länge der Pro-
duktionsumwege, die zum Zwecke höherer Produktivität genommen
werden. Es ist möglich, dass ohne Geldschöpfung die verfügbaren
Ersparnisse weit niedriger wären, insbesondere wenn die Menschen
gerne mehr konsumieren, aber dafür keine Opfer in Kauf zu nehmen
bereit sind. Womöglich wäre mangels der Disziplinierung durch den
Kreditdruck der materielle Wohlstand geringer. Diese Frage soll hier
nicht weiter erörtert werden.

Der Nullzins stellt jedenfalls eine symbolische und ökonomische
Schwelle der Geldschöpfung dar. Er bedeutet, dass die Geldschöpfung
das Phänomen der Zeitpräferenz völlig überlagert hat, nicht bloß ab-
geschwächt. Im Nullzinsumfeld erscheint die Zukunft materiell der
Gegenwart gleichwertig: Die Opportunitätskosten gegenwärtigen Konsums verschwinden. Diese Opportunitätskosten – versäumte Zinserlö-
se – helfen Menschen, ihre Zeitpräferenz niedrig zu halten.

Kurzfristigkeit

Hohe Zeitpräferenz bedeutet Kurzfristigkeit. Diese ist nicht immer moralisch zweifelhaft. Sie kann auch bedeuten, dass man bewusster im Moment lebt und die Sorgen Sorgen sein lassen kann. Doch Kurzfristigkeit hat eben Opportunitätskosten, mangelnde Vorsorge kann die Menschen in einem späteren Moment kalt erwischen. Gesellschaftlich bedeutet höhere Kurzfristigkeit geringere Kapitalbildung und damit geringeren materiellen Wohlstand. Wohlstand ist kein Selbstzweck, doch Armut ist keinesfalls moralisch höher zu bewerten.

Nullzins bedeutet eine Verstärkung der Kurzfristigkeit, doch paradoxerweise nicht in Richtung eines antimaterialistischen Genießens des Augenblicks. Schließlich macht ein Nullzins Geldschöpfung und damit den vorübergehenden Eindruck von Wohlstandsmehrung möglich, ohne dass dafür in der Gegenwart die Beschränkung der Ersparnisbildung nötig ist. Ohne Beschränkung bleibt die Geldschöpfung aber freilich nicht. Über das Anziehen der Güterpreise sorgt sie für ein »Zwangssparen«, allerdings nicht mehr nach den Präferenzen der Menschen, sondern entgegen diesen. Und unveränderte, bloß unterdrückte Präferenzen drängen immer wieder an die Oberfläche.

Dieses »Zwangssparen« äußert sich in einem ungleichmäßigen Entwertungsdruck, der wie ein Gift die Wirtschaft durchdringt. Die wachsende Geldmenge bedeutet, dass jeder gesparte Geldbetrag zu einer immer kleineren Teilmenge aller verfügbaren Guthaben wird. Das muss nicht sofortige, notwendige und stetig geringere Kaufkraft bedeuten. Doch ein zumindest vorübergehender Entwertungsdruck ist unvermeidbar, insbesondere wenn die geschöpften Kredite produktiv oder konsumtiv eingesetzt werden – wie es die Intention der Geldschöpfung ist. Diese Entwertung erschwert das Sparen in seiner einfachsten Form: Horten.

Das Verdrängen des Hortens ist ebenso eine der historischen Intentionen der Geldschöpfung. Die Folge ist allerdings ein Druck zu konsumieren, zu spekulieren oder zu investieren. Letzteres erfordert Unternehmertum, die seltene Gabe, die Zukunft nicht nur wie der Spekulant besser vorherzusehen als andere, sondern sie auch aktiv durch Veränderung der Produktionsstruktur mit hervorzubringen.

Solche Wagnisse misslingen den meisten. Damit bleibt neben Spekulation nur Konsum, der auf Kosten künftigen Konsums geht – im Nullzinsumfeld allerdings nur eingeschränkt zulasten des eigenen künftigen Konsums, vielmehr zulasten künftiger Konsummöglichkeiten späterer Generationen. Der Grund dafür ist, dass gegenwärtiger Konsum gewiss ist – was konsumiert wurde, kann nicht mehr entkonsumiert werden –, künftige Produktivität aber ungewiss. Wenn Schulden nicht mehr bedient werden können, geht die Entschuldung immer auch zulasten eines Konsumverzichts von Gläubigern und anderen Nichtschuldnern. Kreditschöpfung, die voll durch künftige Produktivität gedeckt ist, mag wohlstandsmehrend sein. Da die Zukunft ungewiss ist, stellen Zinsen eine gewisse Vorsorge vor möglichen künftigen Produktivitätsmängeln dar. Bei einem Nullzins gibt es diese Ungewissheitsprämie nicht mehr – die Ungewissheit verschwindet aber nicht. Es kommt daher unvermeidlich zu einem Vorkonsum zulasten der Zukunft. Dieser zeigt sich allerdings schon in der Gegenwart im Entwertungsdruck bei Konsum und Vermögensanlage.

Affektkonsum

Der Konsum gewinnt dadurch eine merkwürdige Hektik und Ellenbogenorientierung. Es stellt sich die Stimmung ein: Lass es dir gut gehen, solange es noch geht, solange deine Euro noch Freuden kaufen können. Wird ein Gut für die breite Masse finanziell erreichbar, durch technischen Fortschritt und Skalierung, setzt eine Stampede ein. Man denke an die Schlachten in Einkaufszentren bei Abverkäufen, die gleichgerichteten Ströme des Massentourismus, die unglaublichen Skaleneffekte von Modegütern, insbesondere technischen Spielzeugen.

Jede Konsumausweitung, die nicht durch gestiegene Produktivität oder Nutzung von Ersparnissen geschieht, bedeutet eine Veränderung des Gewichts der Konsumentengruppen zu den weniger Produktiven und weniger Sparsamen. Diese Veränderung führt zu einer geänderten Kundenansprache durch die Unternehmen. Es wird immer lukrativer, den »Affektkonsum« zu bedienen. So könnte man Konsum nennen, der schnell auf angesprochene und geweckte Gelüste folgt. Die am höchsten bewerteten Unternehmen der Zeit – die sogenannten *FAANGs: Facebook, Amazon, Apple, Netflix* und *Google* – haben sich mittlerweile auf Affektkonsum spezialisiert. Ersteres und letzteres Unternehmen leben von der Bewirtschaftung kurzer Aufmerksamkeitsspannen. Es wachsen Filterblasen der Aufmerksamkeit, die für Werbung angezapft werden. Das ist kein Verbrechen; die damit hervorgebrachten kostenlosen Informationskanäle sind Wunder unserer Zeit. Niemand wird gezwungen, Aufmerksamkeit zu leisten und den Werbeversprechungen zu folgen. Letztere sind meist geradezu harmlos gegenüber den staatlich finanzierten und ehrenamtlichen Trollen und der Flut unbezahlter Likers und Sharers, die ungeprüft und ungelesen jeden Inhalt, der ihre Interessen und Irrtümer bekräftigt, teilen. Ein kritischer Blick auf die konkrete Werbung und ihre dauerhafte Rentabilität bestätigt aber die These, dass es sich immer mehr um Affektkonsum handelt: schnelle Angebote, die mit allen Registern psychischer Verknappung und Dringlichkeit arbeiten, aber am Ende oft zu »buyers' remorse«, der Enttäuschung der Konsumenten, führen, die das aber gar nicht realisieren, weil sie schon von neuen Freuden abgelenkt wurden.

Verpackung und Marketing gewinnen an Bedeutung. Unzählige »Dropshipper« lassen die Einnahmen von Facebook und Google sprudeln. Diese werben um knappe Aufmerksamkeit bequemer Konsumenten von Informationsstreams, denen sie Produkte, die andere ausdenken, fertigen, verpacken und versenden, um einen vielfachen Preis weiterverkaufen. Googeln würde reichen, um zu sehen, dass die Produkte direkt beim – in der Regel chinesischen – Hersteller um einen Bruchteil des Preises bezogen werden können, aber dazu ist einiger Aufwand nötig. Google lebt davon, dass es wesentlich bequemer ist, dem ersten Resultat einer Google-Suche nach dem nächstliegenden Begriff zu folgen, als das Suchvokabular zu variieren und viele Ergebnisse zu sichten.

Betrachten wir das Beispiel eines typischen Affektkonsumprodukts: die sogenannten »Hoverboards«.[39] Mit dem Jubiläum des Kultfilms *Zurück in die Zukunft* hatte sich ein Marketingfenster geboten, um die Sehnsucht nach dem darin vorkommenden schwebenden Skateboard der Zukunft zu nutzen. Leider gibt die Technik ein solches noch nicht her (außer über leitenden Oberflächen), also wurde der Begriff schlicht umgedeutet: zu einem gyroskopischen Rollbrett. Die Fertigung erfolgt hauptsächlich in Shenzhen, wo Tausende Mikroelektronikunternehmen darum konkurrieren, das letzte Modeprodukt zusammenzulöten. Die Produktionskosten liegen bei etwa 100 Euro, doch die meiste Wertschöpfung passiert außerhalb Shenzhens in der virtuellen Realität der sozialen Streams. Superstars wie Wiz Khalifa und Kendall Jenner wurden zu frühen Nutzern, was die Zahlungsbereitschaft ihrer Netzgefolgschaft auf das Zehn- bis Zwanzigfache der Produktionskosten steigen ließ. Die selbstbalancierenden Gefährte sind der Inbegriff hoher Zeitpräferenz: sie sparen Schritte, die man dann im Fitnessstudio am Stepper nachholen muss. Die Rationalisierung solcher Bequemlichkeiten durch gut aussehende Prominente erhöht ihren Wert – sie müssen dann nicht mehr peinlich sein, zumindest in der eigenen Filterblase.

Diese Form der E-Mobilität ist gewiss weder generell dumm, peinlich oder gar ein Verbrechen. Doch es geht darum zu verstehen, warum gewisse Produkte heute Massenerfolg haben und immer ausgeprägteren Modezyklen folgen. Irgendwann macht der unternehmerische Wettbewerb die neue Mode für immer niedrigere Schichten leistbar, was eine große Leistung ist, aber zugleich die Coolness massiv senkt. Dumme Leute stoßen sich daran, dass noch Dümmere dieselben Güter nutzen. Der Modetrend der Hoverboards ist schon vorbei, sich entzündende Batterien einer über ihre Möglichkeiten hinausskalierten Technik taten ihr Übriges dazu.

Der durch den Nullzins befeuerte Affektkonsum erklärt auch, warum *Amazon* heute nicht durch das größte Bücherangebot heraussticht, sondern durch die schnellste Lieferung und *Amazon-Buttons* – dem Konsum auf Knopfdruck von zuhause. Oder warum *Apple* nicht mehr den Fokus auf Werkzeuge für produktive Kreative legt, sondern auf Luxusuhren, goldene Gehäuse und Rapper-Kopfhörer. Netflix schließlich steht für die Kommerzialisierung des *Binge-Watching*: der Möglichkeit, sich in Marathonsitzungen ganze Sendestaffeln auf einmal »reinzuziehen«. Der hohe Cashflow durch die globale Skalierung erlaubt Amazon, Apple und Netflix auch höchste technische und kreative Qualität. Daran ist nichts auszusetzen. Nur die seltsame Verdichtung in Richtung Affektkonsum benötigt eine Erklärung.

Gewiss, dem Kapitalismus hat man immer schon die Manipulation der Konsumenten nachgesagt, das Wecken künstlicher Bedürfnisse. Diese Erklärung ist Unsinn. Das Wecken von Bedürfnissen, die nicht wirklich vorhanden oder drängend sind, ist viel zu teuer. Die Abneigung gegenüber dem »Kommerz« ist oft eher Snobismus von Leuten, die auf Kosten der von ihnen verachteten Masse leben.

Ködergüter

Der Nullzins stellt tatsächlich den Kapitalismus auf den Kopf – man sollte also eher von »Konsumismus« sprechen. Nullzins bedeutet, dass Konsum nicht auf Produktion folgt, sondern Produktion auf Konsum: Wenn das Spätere dem Gegenwärtigen materiell gleichwertig ist, zieht jeder das Gegenwärtige vor. Gewiss motiviert dieser vorgezogene Konsum dann auch zur Produktion. Doch die Menschen können sich nicht in gleichem Ausmaß verschulden, da sie auch nicht in gleichem Ausmaß die Rückzahlung von Schulden erwirtschaften können.

Einen weiteren Hinweis auf den Nullzins-Konsumismus gibt die Bilanz von Fluglinien. Unternehmerischer Wettbewerb hat den einstigen Luxus der Fernreisen für alle erschwinglich gemacht. Das ist eine große Leistung. Dabei machten Unternehmer jedoch die Entdeckung, dass das Reisen gewissermaßen ein Ködergut des modernen Lifestyle-Konsumismus ist – was zur Quersubventionierung des Flugbetriebs führt. Soziale Kanäle auf Facebook, Instagram, Snapchat et cetera besorgen kostenlos eine gewaltige Marketingarmada des Reise-Lebensstils. Der Flug ist beim Reisen oft noch die geringste Ausgabe. Der Zugang zum Infinity-Pool für das perfekte Instagram-Foto, zum Mehrgangmenü für das Facebook-Posting und zum einzigartigen Erlebnis, nach dem gleichzeitig Milliarden Reisende heischen, bedeutet eine Kostenlawine – oder systematische Optimierung. Meilenprogramme, Hotelstatus, Rabattaktionen haben zu einer *Gamification* des Reisens geführt, bei der die vermeintlichen Gewinner eine wachsende Masse motivieren. Reisen wurde zu einer Art Pyramidenspiel.

Wenige wissen, dass Fluglinien heute oft mehr als die Hälfte ihrer Profite mit Meilenprogrammen machen. Klingt unlogisch, immerhin bieten die Meilen doch Geschenke. Ermöglicht werden diese Programme aber durch die eigentlichen Meilenkunden: Banken und Kreditkartenunternehmen. Diese zahlen im Schnitt 2 Cent pro Meile. Warum sie das tun? Die Meilen motivieren Konsumausgaben und damit Kreditaufnahme. Der Flug kann so billig sein, weil er als Ködergut eine Flut weiterer Ausgaben nach sich zieht und vor allem eine Flut an kundengetriebener Werbung für weitere Ausgaben. Jedes Instagram-Foto vom perfekten Sandstrand zieht neue Schichten in die Reisespirale: der panischen Suche nach Ablenkung, Erholung und vor allem Status durch einen globalen Touristenstrom.

Wie jedes Mittel ist Reisen weder an sich gut noch an sich schlecht. Interessant ist wieder die globale Verdichtung, die Züge eines Massenwahns gewinnt. Eine Welt der immer gleichen Terminals mit Kreditkartenwerbungen, Glitzersteinchen, Luxusuhren, Sportautos mag dem Durchschnittsbedürfnis, bloß nicht durchschnittlich zu sein, am besten entsprechen. Doch es kann kein Zufall sein, dass eine ökonomische Analyse des Nullzinses ebenso ein Überhandnehmen der Neureichenlebensweise erwarten lässt – womit dann auch die Neureichenästhetik zur dominanten wird.

Der Grund ist einfach: Stehen Zins und reale Zeitpräferenz der Menschen in Beziehung zueinander, dann wirkt dieser als disziplinierende Schwelle. Wenn alle sparsam sind, ist der Vorkonsum günstig – wenn alle lieber die Gegenwart in vollen Zügen genießen, ist der Vorkonsum teuer. Das führt auch dazu, dass diejenigen am meisten Geld für den Konsum übrig haben, die am meisten gespart haben. Neureiche sind eben in aller Regel Nicht-lange-Reiche. Reich sein ist nämlich extrem teuer. Luxus- und Statusgüter wie Yachten und Anwesen können jährlich etwa 10 Prozent des Kaufpreises durch Personal- und Folgekosten verzehren.

Wenn die Sparsamsten die besten Zahler wären, würden Unternehmen und Werbung gewiss anders fokussieren, als das beim Nullzins der Fall ist. Nullzins bedeutet, dass der Konsumkredit de facto zur zinslosen Ratenzahlung wird und damit nahezu jedem offensteht. Nullzins bedeutet, dass Staaten Konsumenten in größerem Ausmaß subventionieren können, als Produzenten Steuern bezahlen. Nullzins bedeutet, dass Unternehmen Gehälter bezahlen können, bevor und ohne dass eine Nachfrage für ihre Güter da ist – oder jemand Ersparnisse für die Vorhersage künftiger Nachfrage riskiert. Ein Nullzins bedeutet also stets mehr Euro für heutigen Konsum als Zinssätze, die näher an den realen Präferenzen der Menschen sind. Nullzins bedeutet Konsumismus – und dieser könnte sich letztlich selbst verzehren.

Was, wenn heutiger Konsum nicht mehr durch spätere Produktivität gedeckt werden kann? Bislang – in der Zeit vor dem Nullzins – hatte der Schuldendruck der bürgerlichen Existenz auf Pump auch zu bürgerlichen Karrieren geführt: einer breiten Masse von Menschen, die sich missmutig jeden Tag aus dem Bett quälen, ihre 40 Stunden ableisten, um dann am Wochenende im kreditfinanzierten Auto zwischen kreditfinanziertem Eigenheim und kreditfinanziertem Freizeittempel zu pendeln und einmal im Jahr den obligaten All-inclusive-Urlaub einzuschieben. Dafür hatten sie sich missmutig durch eine Ausbildung gequält und später hinreichend Produktivität aufgebaut durch geduldige Karriere in einem Betrieb. Dieser Produktivitätsaufbau allerdings erfordert niedrigere Zeitpräferenz – und könnte im Nullzins immer weniger lohnend erscheinen.

Zudem zehrt der Affektkonsum an der Produktivität. Da der Preis eine der größten psychischen Schwellen des Konsums ist, waren Unternehmer findig genug, auf den Affekt zu reagieren und eine Revolution einzuläuten: Der heißeste Preis ist der Preis null. So führt der Nullzins zum Nullpreis.

Kultur der Kostenlosigkeit

Technischer Fortschritt, globaler Wettbewerb, digitale Güter drücken den Preis – darüber ist nicht zu klagen, das bedeutet wachsenden Wohlstand. Der Nullpreis ist aber etwas anderes: Er wird möglich durch die Quersubvention der Gegenwart auf Kosten der Zukunft. Das kostenlose Mobiltelefon bedeutet die Bindung an 24 Monate Gebühren – die dank Fortschritt und Wettbewerb dann über dem späteren Marktpreis liegen. Doch hohe Zeitpräferenz bedeutet Abdiskontierung der Zukunft: Es ist nicht dumm oder irrational, das zu tun, sondern eben Ausdruck einer Präferenz. Der Nullzins kommt dieser Präferenz nur in jeder Hinsicht entgegen und nährt und verstärkt sie. Der skeptische Erbsenzähler erspart sich womöglich kaum etwas, das kostenlose Mobiltelefon ist auch bei Bindung nicht übermäßig teuer, denn bei niedrigen Zinsen braucht es nicht viel, um vorzukonsumieren.

Die kostenlosen Plattformen kosten Aufmerksamkeit und Daten und verdienen an den Netzwerkeffekten des Massenkonsums. Sozialer Konsum ist meist Geltungskonsum; darum sind soziale Plattformen so prädestiniert dafür, die höchsten Werbeerlöse zu erzielen. Ein Nullzins erlaubt es, schon in der Gegenwart einen hohen Nutzen zu bieten, auch wenn die Erlöse erst in Zukunft kommen – sonst ließe sich kaum eine kostenlose Plattform schaffen, bei der die Menschen freiwillig ihre Aufmerksamkeit und Daten hinterlassen. Die neue Netzwerkökonomie ist ein kreditfinanzierter Wettlauf um Nutzermassen: Statt Profitabilität werden zur Unternehmensbewertung heute »eye balls« betrachtet, wachsende Massenaufmerksamkeit.

Bill Gates münzte in einem Artikel von 1996 eine Phrase aus dem Zeitschriftengewerbe auf das junge Internet um und prophezeite: *Content is King* – Inhalt ist Trumpf! Seine Prognose: »Ich erwarte, dass das meiste wirkliche Geld, das im Internet verdient werden wird, mit *content* zu verdienen ist, so wie es beim Rundfunk war.« Diese Prognose kann man entweder als prophetisch oder als völlig an der Realität vorbeigehend interpretieren, denn die tatsächliche Entwicklung zeigte zwar die Bedeutung von Inhalten, insbesondere Werbeinhalten, doch das große Geld machten und machen nicht *content*-Produzenten, sondern die *content*-Kanäle. Diese Kanalbetreiber profitieren vom Wettbewerb um Aufmerksamkeit. Die Schwellen wurden immer niedriger, ein größeres Publikum zu erreichen – was natürlich für gewitzte *content*-Produzenten auch ein großer Vorteil sein kann. Das Versprechen des Wettbewerbs um Aufmerksamkeit ist aber werbewirksam verstärkt, es lässt sich nicht immer einlösen. Durch den intensiven Wettbewerb um Aufmerksamkeit stumpfen die Kanäle nach und nach ab. Die Dosis muss erhöht werden und führt zu weiterem Abstumpfen – ein Teufelskreislauf, dem man nur in immer neue Kanäle entkommen kann. Die Aufmerksamkeit des modernen Konsumenten ist schon nahezu völlig kanalisiert, allenfalls die virtuelle Realität könnte noch eine umfassendere Bespielung ermöglichen.

Dieser Teufelskreis verschiebt nach und nach die Gewichtung zwischen Produktion und Marketing. Die geforderte Frequenz, die Dichte und die Sinnesansprache, um die Aufmerksamkeit zu halten, werden tendenziell höher. Damit saugt der Aufmerksamkeitsbedarf potenziell Ressourcen an sich. Die riesigen Möglichkeiten der Publikumsansprache können als Lockmittel zu einer falschen Allokation des Marketings führen. Kleine Betriebe beginnen dann, als *content*-Produzenten tätig zu werden, um Aufmerksamkeit für ihre eigentlichen Produkte zu erlangen.

Natürlich lassen sich Marketing und Produktion nicht wirklich trennen; die Kundenansprache ist Teil der Produktion beziehungsweise ein Produkt, von dem die Kunden nicht wissen, ist eben kein fertiges Produkt, sondern bestenfalls halbfertig. Doch diese ökonomisch irrige Trennung erweist sich als psychologisch sinnvolle Unterscheidung, um Fehlallokationen zu vermeiden. Ressourcen sind knapp, darum bedeutet ein höherer Marketingaufwand einen geringeren Aufwand für Produktion und Entwicklung. Natürlich gibt es – und da liegt die realistische Ökonomik richtig – keine objektiven Gewichtungen. Produktion im Sinne der materiellen Fertigung ist nicht notwendigerweise der größte Beitrag zur Wertschöpfung. Doch wenn wir kurz den ökonomischen Irrtum augenzwinkernd beibehalten (und uns seiner bewusst sind), fällt doch eine extreme Verschiebung auf, die für kleine Produzenten notwendig würde, wenn sie sich auf die Gebote der Aufmerksamkeitsbewirtschaftung völlig einließen.

Die traditionelle Gewichtung zwischen Produktion und Marketing zeigt uns der Markttag auf: Landwirtschaftliche Produzenten begeben sich einen Halbtag in der Woche auf den Markt, die übrige Zeit ist der Produktion vorbehalten. Nach heutiger Gewichtung müssten sie sich wohl sechseinhalb Tage die Woche dem Marketing widmen und in einem Halbtag eilig ein paar Produktattrappen hervorbringen, die sie dann gut »vermarkten«. Je kleiner das Unternehmen, desto spürbarer die Aufwandsumleitung von Produktion und Entwicklung zum Marketing.

Kein Widerspruch ist die Aufwandsverschiebung zwischen Produktion und Marketing nur dann, wenn das Marketing selbst zum Produkt wird. Wenn *content*, also interessanter Inhalt, Gegenstand des Marketings ist, sollte das eigentlich einen Vorteil für *content*-Produzenten bedeuten. Leider geht dieses Kalkül nur dann einfach und offensichtlich auf, wenn der Gegenstand der Inhalte selbst Marketing ist. Ein Beispiel ist ein Newsletter über das Schreiben guter Newsletter. Dabei ist der Newsletter sowohl Marketing als auch Kostprobe weiterführender Produkte (digitale Bücher über die Kunst des Newsletterschreibens). Der Schuster kann nicht schnell mal einen Werbenewsletter für seine Kunden zusammenschustern, der Newsletterschreiber hingegen macht gar nichts anderes.

Ist das Produkt nicht selbst Marketing, sind wir beim Dilemma der Kostprobenvermarktung. Ist die Kostprobe selbst etwas anderes als ein Vorgeschmack auf das Produkt, ist sie nicht so effektiv. Ein Schuster könnte Aufmerksamkeit für seine Schuhe generieren, indem er Artikel über das Wandern verfasst. Doch ein Wanderartikel ist ein anderes Produkt als ein Schuh, es gibt keinerlei Gewissheit, dass die Nachfrager des einen zum anderen »konvertieren« – um die theologische Sprache des modernen Marketings zu bemühen. Die kostenlosen Wanderartikel konkurrieren mit den Produzenten kostenpflichtiger Wanderartikel, nicht mit anderen Schustern. Wenn es eine direkte Kostprobe sein sollte, dann konkurriert sie mit dem eigenen Produkt. Während beim Anbieter von Marketingprodukten die Kostprobe zumindest einen Marketingwert für den Anbieter hat, ist der Nutzen verschenkter Kostproben für die Anbieter anderer Produkte nicht so offensichtlich. Der Schuster, der Schuhe als Kostprobe verschenkt, untergräbt den eigenen Schuhverkauf. Wenn er halbe, billige, eingeschränkte Schuhe als Kostproben anbietet, dann wiederum hätte er negative Werbewirkung: Die Kostproben könnten als repräsentativ für sein Produkt gelten. Ähnlich geht es dem *content*-Produzenten, dessen Inhalte keine Marketinginhalte sind: Der kostenlose Kostprobeninhalt ist entweder eine verwässerte Fassung des kostenpflichtigen Inhalts oder er ist so gehaltvoll, dass er die Zahlungsbereitschaft für Inhalte schlechthin untergräbt – wenn es das Produkt schon kostenlos gibt, warum dafür bezahlen?

Die Marketingprodukte haben hingegen einen Charakter, der an Pyramidenspiele erinnert. Die Versprechen lauten etwa so: »Lesen Sie meinen Blog darüber, wie sich mit Bloggen Geld verdienen lässt.« – »Kaufen Sie mein E-Book darüber, wie sich mit E-Books Geld verdienen lässt.« Wenn die Kunden dann wiederum zu Produzenten von Marketingprodukten werden, hat man es eigentlich mit einer Art Multilevelmarketing zu tun. Viele digitale Produzenten leben von der Sehnsucht ihrer Kunden, ihren Lebensstil zu imitieren – den sie dazu natürlich werbewirksam übertreiben und hinausposaunen müssen. Der Frauenschwarm coacht Loser dabei, zu Frauenschwärmen zu werden – und fast alle dieser Coaches waren einmal Loser, die von anderen gecoacht wurden.

So mancher Schuster würde gewiss mehr Wertschöpfung dadurch leisten, zum Blogger oder Coach zu werden. Es gehört in einer dynamischen Welt dazu, eben nicht immer bei seinen Leisten zu bleiben. Doch die extreme Verschiebung der Gewichte ist auch ein Symptom des Nullzins.

So mancher Handwerker und Landwirt lebt dann eher von den Sehnsüchten der Menschen, die er mit Kursen und anderem *content* bewirtschaftet, als von Handwerk oder Landwirtschaft. All das wäre wunderbar, wenn die Wirtschaftslage nachhaltig wäre. Doch nach der Korrektur der gegenwärtigen Verzerrungen könnte es zu viele Blogger und Coaches geben und zu wenige »Produzenten« – im ökonomisch irrigen, aber psychologisch klaren Sinne. Vor allem wenn immer mehr Produzenten den Verlockungen der Aufmerksamkeitsökonomie folgen, ihren Leisten an den Nagel hängen und sich an die Produktion von kostenlosem *content* machen. Gewiss könnte hier die

Arbeitsteilung helfen – der Schuster aus unserem Beispiel könnte einen Blogger engagieren. Der massive Margendruck durch die künstlichen Skaleneffekte der verzerrten Wirtschaft lässt hierfür aber nicht viel Spielraum. Dann müsste der Mehrerlös aus der Aufmerksamkeitsbewirtschaftung nämlich noch die Steuer- und Gebührenlawine mitfinanzieren. Realistischerweise geht sich das nur aus, wenn die Gewichteverschiebung erst recht einsetzt: Dann bleibt der Schuster vielleicht mehr als einen Halbtag bei seinem Leisten, ihm wird aber nicht viel mehr von den Erlösen bleiben als die eines Halbtages: Da ist es viel realistischer, dass ein Blogger einen Schuster anstellt als umgekehrt – denn wenn das Aufmerksamkeitswagnis gelingt, dann ist es für die Dauer des Hypes der wesentliche Teil der Wertschöpfung. Wie so manche Crowdfunding-Kampagne zeigt, reicht vom realen Produkt auch eine werbewirksam fotografierte Attrappe – was symbolisch für die Gewichtsverschiebung steht. Nachhaltig kann dieses Ungleichgewicht freilich kaum sein, wenn bei immer mehr Produkten der größte Teil der Wertschöpfung in der Aufmerksamkeitsdurchdringung steckt.

Neue Süchte

Weil der Affektkonsum heute mehr Aufmerksamkeit als Geld kostet, sind diese Kosten nicht so sichtbar. Es kommt noch eher und bei viel breiteren Massen zum Überkonsum. Süchte waren einst auf eine Minderheit begrenzt. Spielsüchtige, die Münze um Münze in einarmige Banditen fallen lassen, weil jeder Hebelzug zu einer Dopaminausschüttung führt, haben irgendwann keine Münzen und Freunde mehr. Der Einwurf von Aufmerksamkeit in die Automaten, die sich heute in jeder Hosentasche befinden, ist nicht so deutlich limitiert. Die Abhängigkeit von den digitalen Aufmerksamkeitsspiralen ist heute ein Massenphänomen, noch viel verbreiteter als die Massendrogen Alkohol und Tabak. Neurologisch handelt es sich eindeutig um Suchtphänomene – was aber nicht bedeutet, dass die Süchtigen arme Opfer sind. Die psychischen Belohnungen sind real und im Moment hochpräferierte Bequemlichkeiten. Es ist nur eine Frage des langfristigen Preises, der bei hoher Zeitpräferenz aber irrelevant wird.

Eines muss aber bei dieser kritischen Betrachtung festgehalten werden: Ohne das Ventil der digitalen Süchte würde die Zeitpräferenz bei Nullzins dennoch ansteigen, nur potenziell verheerendere Kanäle finden. Da hohe Zeitpräferenz starkes Abdiskontieren der Zukunft bedeutet, korreliert sie nicht nur mit Süchten jeder Art, sondern auch mit Kriminalität. Gerade in einem formalistischen Gesetzesstaat sind die Konsequenzen für Straftaten oft weit in die Zukunft verschoben, wodurch sie bei hoher Zeitpräferenz jede Abschreckung verlieren. Das bedeutet nicht, dass mehr Menschen kriminell werden, sondern, dass Kriminelle an der Kippe mehr und schwerere Delikte begehen.

Die Konsequenz eines übermäßigen Affektkonsums bei Nullpreis kann sinkende Produktivität sein. Was, wenn eines Tages die breite Masse mangels Aufmerksamkeit, Motivation, Beständigkeit und Geduld die Produktivität nicht mehr aufbringen kann, die als Sicherheit für die Schulden dient, die diese Möglichkeiten des Affektkonsums technisch und wirtschaftlich geschaffen haben? Dann würde sich der Konsumismus in der Tat selbst verzehren und auch ein Nullzins könnte keinen weiteren Vorauskonsum ermöglichen. Immerhin sollte auch beim Nullzins die Stammsumme wieder zurückgezahlt, das heißt erwirtschaftet werden. Konsumneigung alleine reicht für Konsum nicht aus, er benötigt auch Kaufkraft.

Nullzins bedeutet die stetige Verschiebung von Kaufkraft hin zu Konsumenten mit höherer Zeitpräferenz, darunter allen voran der Staat. Dessen Kaufkraft kann nicht beliebig durch Geldschöpfung erhöht werden, sondern ist letztlich durch die Produktivität der Bevölkerung gedeckt. Diese Produktivität leistet Steuern und zieht Devisen und andere Güter an. Der Zustrom an Devisen bestimmt schließlich die Wechselkurse, das heißt die Kaufkraft im internationalen Verhältnis.

Das Verzehren von Produktivität wäre ein Beispiel für Kapitalkonsum. Kapitalkonsum ist die notwendige Folge jeder Verzerrung der Produktionsstruktur durch einen Nullzins. Schwindende Produktivität durch Überkonsum ist ein gesellschaftliches Phänomen. Kapitalkonsum in Unternehmen kann damit eng verbunden sein. Das ist dann der Fall, wenn sich ein Unternehmen an Konsumenten ausrichtet, die nachhaltig nicht Konsumenten bleiben können. Einem Arzt, dessen Patienten an seiner Behandlung sterben, gehen bald die Patienten aus. Kapitalkonsum bedeutet kurzfristige Fehlproduktion, bei der die Fähigkeit zur nachhaltig nachgefragten Produktion schwindet.

Die Konzentration auf kurzfristigen Affektkonsum und Aufmerksamkeitsbewirtschaftung führt zu einer veränderten Wahrnehmung des Unternehmers. Einerseits werden die Unternehmer, die mit den am meisten skalierenden Unternehmen mit ihren global allgegenwärtigen Marken verbunden sind, zu Superstars. Andererseits nährt die Überdehnung alte Vorbehalte gegen das Unternehmertum.

Der aktuelle Hype um sogenannte Start-ups zeigt, dass bei vielen Unternehmen potenziell bereits mehr Kapital aufgebraucht, als wertschöpfend aus den getätigten Investitionen erzeugt wird. Die meisten Start-ups finden sich in rasch skalierbaren, konsumorientierten Märkten.

Konsum in einem noch nie da gewesenen Umfang wird möglich, da die Transaktionskosten aufgrund der digitalen Schnittstellen sowie marginalen Logistikkosten gegen null tendieren (Bestellung per Mausklick). Zwar ist die Vermehrung von Konsumgütern eines der zentralen Merkmale des marktwirtschaftlichen Prozesses und Ausdruck von Wohlstand; in einem zunehmend verzerrten, inflationistischen Umfeld kann dies aber auch gefährlich sein. Breite Bevölkerungsschichten sind heute von einer Mentalität schnellen und ständigen Konsums geprägt und werden potenziell durch Angebote marginaler Grenzunternehmer zu weiterem Konsum – auf Kosten von nachhaltiger Ersparnisbildung – verleitet. Angesichts einer erodierenden Einkommensbasis, vor allem bei Jugendlichen, liegt der Schluss nahe, dass das gegenwärtige Konsumniveau nur auf Kosten des bestehenden Kapitalstocks gehen kann.

In der Hochkonjunktur des inflationsinduzierten Aufschwungs profitiert jedoch nicht nur der Konsumgüter- sondern auch der Investitionsgütermarkt. Durch die künstliche Zinssenkung infolge der Geldmengenausweitung werden Unternehmer zu weiteren Investitionen verleitet. Aufgrund des Cantillon-Effekts profitieren zunächst Produzenten, die nahe an der Geldschöpfung wirtschaften (Banken, Venture Capital, Bauwirtschaft und Industrie). Die zusätzliche Geldschöpfung wird in den kapitalintensiven Sektoren über das »Financial Engineering« genutzt, um die Eigenkapitalrenditen der Unternehmen – im Wesentlichen durch Ausnutzung des Hebeleffektes – zu erhöhen.

Exkurs: Cantillon-Effekt

In seiner im Jahr 1755 erschienenen *Abhandlung über die Natur des Handelns im Allgemeinen* beschrieb Richard Cantillon, wie neues Geld in den Wirtschaftskreislauf gelangt. Da damals das Geld noch Warengeld war und die Geldschöpfung von den Minen ausging, waren es die »Eigentümer der Minen, die Unternehmer, die Schmelzer, die Raffinierer und überhaupt alle jene, die dort arbeiteten«, die zuerst im Besitz des neuen Geldes waren. Mit diesem konnten sie zusätzliche Ausgaben tätigen, wobei sie den Vorteil genossen, noch die alten Preise zu bezahlen. Erst nach und nach realisierten die Verkäufer, dass die Zunahme der Nachfrage nach gewissen Gütern nicht mit einem Rückgang der Nachfrage bei anderen Gütern einhergeht, wie es bei einer Nachfrageverschiebung bei konstanter Geldmenge der Fall wäre. Nach den Erstbeziehern profitieren also diejenigen Branchen, in denen die Erstbezieher die zusätzliche Kaufkraft ausgeben. Cantillon nennt neben »einigen Handwerkern« noch die Nahrungsmittel- und Bekleidungsbranche. Verlierer des Prozesses sind all jene, die »zunächst nicht an den Reichtümern der fraglichen Minen teilnehmen«. Diese sind mit einem steigenden Preisniveau bei gleichbleibendem Einkommen konfrontiert, was sich in einen realen Einkommens- und Vermögensverlust übersetzt.

Friedrich A. von Hayek verglich diesen Effekt mit dem Ausrinnen von Honig auf eine Tischplatte. Dort, wo der Honig auf die Tischplatte tropft, bildet die zähflüssige Masse einen kleinen Hügel. Erst zeitlich verzögert und deutlich abgeflacht verteilt sich der Honig an die Ränder des Tisches – symbolisch für die späteren Empfänger. Jede Geldmengenausweitung ist, in ökonomischer Fachterminologie ausgedrückt, deswegen nicht neutral, sie begünstigt die einen und benachteiligt die anderen.

Besonders deutlich fallen die Wirkungen des Cantillon-Effektes aus, wenn die Gruppen der Erstbezieher und der Letztbezieher in ihrer Zusammensetzung konstant sind und wenn die Geldmengenausweitung hoch ist. Empirisch zeigt sich der Cantillon-Effekt unter anderem in den überdurchschnittlich hohen Gehältern im Bankensektor und den unmittelbar angrenzenden Branchen sowie in den hohen Immobilienpreisen in den Zentren der Geldschöpfung. Diese hohen Immobilienpreise bezahlen können wiederum insbesondere die Banken, die in jeder Weltstadt, aber auch in jedem Dorf in den teuersten Lagen präsent sind.

Das folgende Diagramm (Abbildung 3-1) belegt die durch den Cantillon-Effekt verstärkte Einkommensungleichheit. Seit den 1980er-Jahren stiegen in den USA die Einkommen im Finanzsektor schneller als in der Industrie.

Abbildung 3-1: Durchschnittliche jährliche Änderung der Reallöhne im verarbeitenden Gewerbe und im Finanzgewerbe, in Prozent, 1965–2017 Quellen: Federal Reserve St. Louis

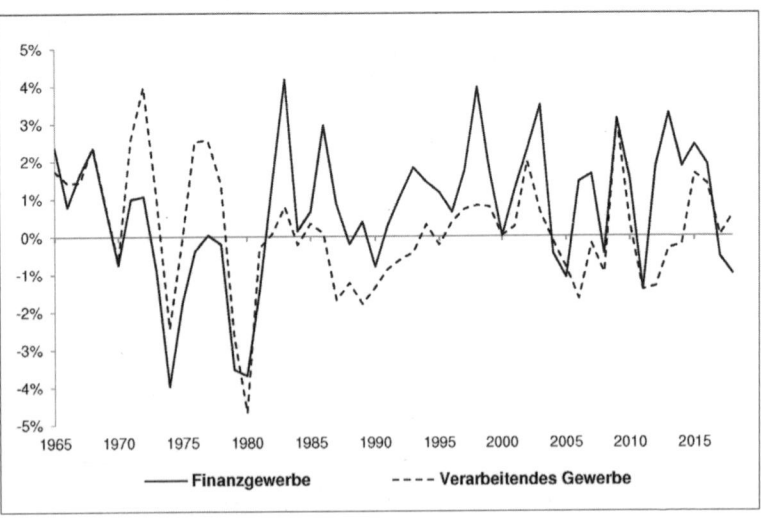

Natürlich zählen die Kreditnehmer zu denen, die durch den Cantillon-Effekt begünstigt werden, denn sie sind schließlich die Erstempfänger des frisch erzeugten Geldes. Hierbei ist ein Kriterium immer entscheidender: die Kreditwürdigkeit. Kreditgeber können sich spätestens seit der Finanzkrise, als sich die Kreditausfälle überschlugen, ein zu lasches Handeln kaum noch erlauben. Banken bevorzugen daher mehr und mehr Kreditnehmer mit einer hohen Bonität und gehen mit der Vergabe von Hypothekarkrediten, bei denen die Besicherungsproblematik am bequemsten gelöst ist, auf Nummer sicher. Die Folge ist, dass Vermögende einen deutlich besseren Zugang zu Krediten haben als ärmere Schichten der Gesellschaft. Wer bereits wohlhabend ist, kommt – da er Eigentum hat, das er verpfänden kann – leicht an Kredit, also an frisch erzeugtes Geld, mit welchem er sein Vermögen bequem vermehren kann. Verstärkt wird dieser Effekt dadurch, dass im Zuge der Niedrigzinspolitik enorm viel neues Geld über Kredite geschaffen wird, welches vorwiegend in die Märkte für Vermögenswerte fließt, weshalb die Vermögenden obendrein hohe Wertzuwächse verbuchen können. Diese Möglichkeit, vom Kredithebel Gebrauch zu machen, steht weniger vermögenden Bevölkerungsteilen schlichtweg nicht offen. In vielen Ländern schlägt sich dieser Sachverhalt bereits in einer auseinanderklaffenden Schere zwischen Arm und Reich nieder. In Abbildung 3-2 ist die Entwicklung des S&P 500 Index dem Anteil des am besten verdienenden 1 Prozent der US-Bevölkerung, gemessen am gesamten Vorsteuereinkommen, gegenübergestellt. Seit Alan Greenspan 1987 den Vorsitz der Federal Reserve übernahm und bei jedem Anflug kleiner Turbulenzen stets billiges Geld nachgeschossen wurde, ist eine klare Korrelation zu beobachten: Je besser sich Aktien entwickelten, desto mehr konzentrierte sich das Vermögen auf die ohnehin Reichsten im Land und umgekehrt. Ähnliches ist auch in anderen Industrienationen zu beobachten.

Abbildung 3-2: S&P 500 (linke Skala) versus Einkommensverteilung (rechte Skala), USA, in Punkten beziehungsweise in Prozent, 1979–2015
Quellen: World Inequality Database, Federal Reserve St. Louis

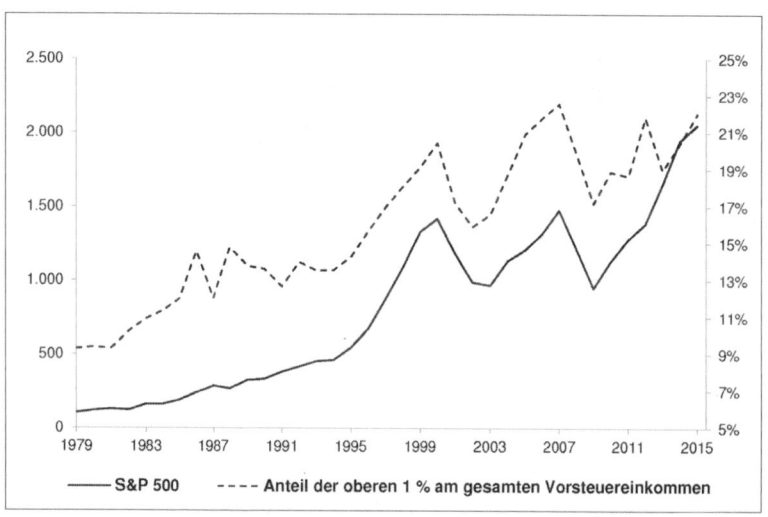

Mitunter ist die Reaktion der Börsen auf die Geldflutung so unmittelbar, dass sie jedermann auffällt. Als EZB-Präsident Draghi am 26. Oktober 2017 die Verlängerung des QE-Programms der EZB, wenngleich mit halbiertem Volumen, verkündete, legte der DAX an diesem einen Tag um fast 200 Punkte zu und durchbrach die 13.000-Punkte-Marke.

Das folgende Diagramm (Abbildung 3-3) belegt die hohe Korrelation der expansiven Geldpolitik mit der Entwicklung der Börsen am Beispiel des S&P 500, dem nach Marktkapitalisierung gewichteten Index der 500 größten US-Unternehmen. Erst seit der Wahl Donald Trumps zum US-Präsidenten scheinen sich die Aktienbewertungen wieder vom billigen Geld der Federal Reserve abgekoppelt zu haben.

Abbildung 3-3: Bilanzsumme der Federal Reserve (linke Skala) versus S&P 500 (rechte Skala), in Milliarden US-Dollar beziehungsweise in Punkten, 2008–2018 Quelle: Federal Reserve St. Louis

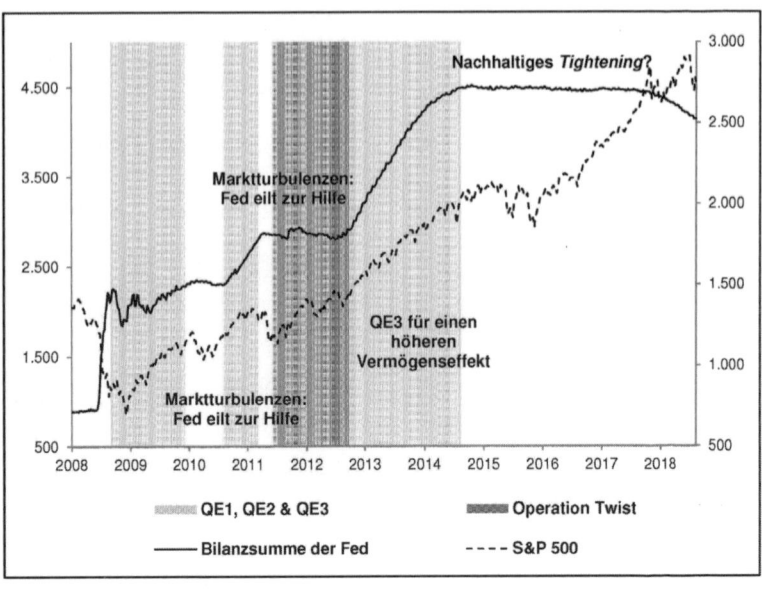

Diese künstliche Aufblähung der der Finanzindustrie, wo – begünstigt durch die Aufhebung der Goldanbindung im Jahre 1971 – immer
mehr Möglichkeiten zur Schöpfung von Geld und somit zur Gene-
rierung von Seignioragegewinnen erschlossen wurden, spiegelt sich
in Abbildung 3-4 ein Stück weit wider. Es zeigt sich, dass das relative
Gewicht der Finanzanlagen seit 1980 stark zugenommen hat.

**Abbildung 3-4: Finanzanlagen versus nicht finanzielles Unternehmensver-
mögen US-amerikanischer Unternehmen, in Prozent, 1980–2018
Quelle: Federal Reserve St. Louis**

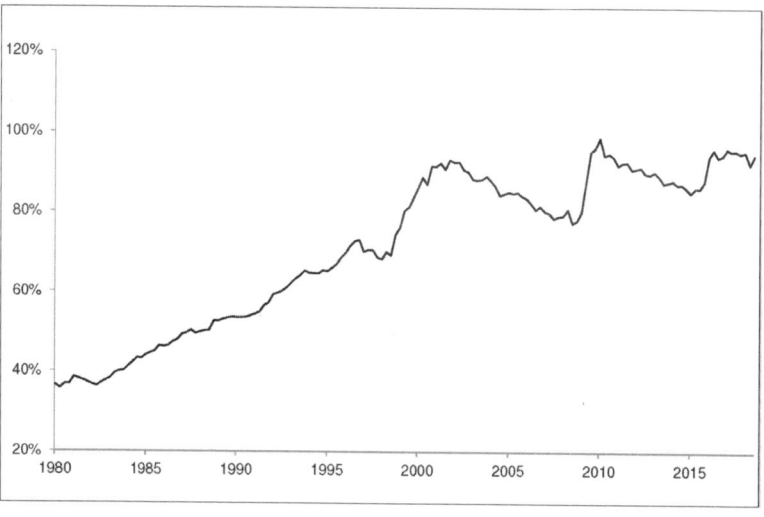

Ganz unbemerkt blieben diese Zusammenhänge nicht. Unter den
Präsidenten Bill Clinton und George W. Bush wurden Programme
beschlossen, durch die die Kreditvergabe an ärmere Bevölkerungsteile
erleichtert werden sollte mit dem Ziel, die soziale Lage von Benachtei-
ligten zu verbessern. Durch die Finanzinnovationen, die auf Grundlage der modernen Finanztheorie entwickelt wurden, schien es möglich, hochriskante Kredite an Leute mit geringer Kreditwürdigkeit zu

vergeben und durch clevere Bündelung der verschiedenen Kredite mit einem handhabbaren Gesamtrisiko zu hantieren. Der Subprime-Markt war Teil dieses von der Politik angezettelten Projekts. Kredite wurden teils ohne Einkommensnachweis vergeben. Im Jargon sprach man von »ninja«-Krediten – wobei »ninja« für »no income, no job, no assets« (auf Deutsch: »kein Job, kein Vermögen, kein Einkommen«) steht.

Das Resultat war die Große Finanzkrise. Gerade diejenigen, denen die Politik hatte unter die Arme greifen wollen, verloren während der Krise ihr gesamtes Hab und Gut. Viele der Kreditnehmer aus den ärmeren Schichten konnten sich nicht einmal durch den Verkauf ihrer auf Pump finanzierten Häuser aus der Affäre ziehen, da infolge der fallenden Häuserpreise der Verkaufserlös unter der Kreditschuld lag.

Nicht ganz so existenzbedrohend wirkte sich die Krise für die meisten Banker und Investoren aus. Nachdem sie jahrelang hohe Gewinne eingestrichen hatten, mussten sie nicht selbst für die von ihnen eingegangenen Risiken geradestehen. Die Zentralbanken und Regierungen – in letzter Instanz also stets die Steuern zahlenden Normalbürger – sprangen rettend ein, um das System vor der Kernschmelze zu bewahren. Der Verfall der Vermögenswerte wurde auf halbem Weg gestoppt. Dem moralischen Dilemma, dass Gewinne privat eingestrichen worden waren und die Verluste sozialisiert wurden, konnte man auf dem Höhepunkt der Krise nicht zu vertretbaren Kosten entkommen. Doch auch nachdem das Schlimmste vorüber war, gab es kaum Vorstöße, jene zur Kasse zu bitten, die die unverantwortbaren Risiken leichtfertig eingegangen waren.

Verstetigt wurde die Ungleichbehandlung durch die unkonventionellen geldpolitischen Maßnahmen, aufgrund derer die Vermögenswerte schnell wieder anzogen. Doch während die Kapitaleinkünfte wieder anstiegen, traten die Reallöhne auf der Stelle. Der Umverteilungseffekt von unten nach oben hat seither also keinesfalls nachgelassen.

Doch wachsende Ungleichheit hat natürlich noch andere Ursachen als den Cantillon-Effekt. Und nicht zwangsläufig ist Ungleichheit ein Problem: Gelangen findige Unternehmer zu Reichtum, ist dieser die Belohnung dafür, dass sie unter Inkaufnahme privater Risiken Lösungen hervorgebracht haben, von denen die Konsumenten profitieren. Ungleichheit ist in dem Fall Resultat von Werte schaffenden Aktivitäten und ist an und für sich genommen unproblematisch.

Bei Managergehältern fällt Ungleichheit besonders auf. Zu Recht wird immer wieder auf die Problematik der Bonuszahlungen hingewiesen, insofern diese zu Kurzfristorientierung oder einer exzessiven Risikoneigung führen. Doch ist nicht die Vereinbarung eines variablen Lohnanteils das Problem, sondern dessen Ausgestaltung wie etwa das die Risikoneigung fördernde Fehlen eines Malus, das heißt eines Abschlags auf das Einkommen im Falle von Verlusten. Doch wohingegen Managergehälter ein beliebtes Thema in der politischen Debatte sind, ist es der Cantillon-Effekt nicht.

Unternehmer-Hype?

Der Start-up-Hype in der Investitionsgüterindustrie wurde durch *Venture-Capital-Unternehmen* befeuert. Die dabei finanzierten Projekte werden in die innovativ klingenden Gruppen *FinTech* (Finanzindustrie), *MedTech* (Medizintechnik) oder *CleanTech* (erneuerbare Energien) eingeteilt. 2016 veröffentlichte das Massachusetts Institute of Technology (MIT) eine Studie zur Wirtschaftlichkeit der Start-up-Projekte[40] im Bereich *CleanTech* und kam zu ernüchternden Ergebnissen. Zwischen 2006 und 2011 verloren die Investoren über 50 Prozent ihres kumuliert eingesetzten Kapitals von 25 Milliarden US-Dollar. In keinem der Unternehmen konnte eine positive Kapitalrendite erwirtschaftet werden. Die anderen Technikgruppen wurden nicht im Detail untersucht, sondern nur als Vergleich herangezogen, zeigten jedoch auch nur minimale Renditen, wenngleich der Kapitalverlust durch einige erfolgreiche *Exits* (Verkauf an multinationale Konzerne) im Schnitt verhindert werden konnte. Die Studie fasst die Gründe für das Scheitern der Projekte im Wesentlichen wie folgt zusammen:

► die extreme Kurzfristigkeit im Geschäftsmodell der Venture-Capital-Unternehmen, deren Investitionszyklus vielfach bereits nach fünf Jahren einen Exit bedeutet. Die »Hardware«-intensiven – sprich kapitalintensiven und langfristigen Güter des Anlagevermögens (Kraftwerke, Pumpspeicher et cetera) – binden Kapital jedoch auf einen deutlich längeren Durchrechnungszeitraum, wodurch eine renditegetriebene Skalierung binnen fünf Jahren vielfach unmöglich ist. Die Unternehmen scheiterten durchweg, lange bevor die Techniken überhaupt eine erste Skalierung erlaubt hätten.

► Die Technikunternehmen hatten ihr operatives Kerngeschäft in Sektoren mit minimalen Margen (Rohstoffgewinnung, Energieerzeugung), die nicht den geringsten Raum für unternehmerische Fehlkalkulationen ließen.

► Es gab keine realistische Exit-Strategie, da große Industrieunternehmen in den entwickelten Technologien keine für ihr Geschäftsmodell relevanten Innovationen erkannten, die eine Akquisition gerechtfertigt hätten.

All dies führte zu einem miserablen Rendite-Risiko-Profil für Venture-Capital-Unternehmen und hat den Finanzierungsmarkt für Hochrisikoinvestitionen im Bereich der Technik ausgetrocknet. Für die notwendige längerfristige Perspektive bei der Investition in Hardware, also Technik, die in die analoge Realität reicht, schlägt die Studie eine engere Kooperation zwischen Staat, nationalen Forschungseinrichtungen und Großunternehmen mit entsprechend großzügigen Förderungen vor, um die Renditeüberlegungen auf einen längeren Durchrechnungszeitraum zu verteilen.

Das ist ein weiterer Hinweis auf die verheerende Interventions-spirale, in der wir uns befinden. Die extreme Marktverzerrung durch staatliche Interventionen legitimiert weitere staatliche Interventio-nen. Das gewünschte Ziel kann dabei niemals erreicht werden. Die Empfehlungen, die offensichtlich den Interessen der Studienautoren entsprechen, würden natürlich die Zeitpräferenz noch weiter erhöhen und damit die Kurzfristigkeit. Wenn dieses staatlich angeschobene Unternehmertum dann weiterhin als Unternehmertum bezeichnet wird, bräuchten wir wohl bald einen neuen Begriff. Contrepreneur-ship würde sich anbieten:

> *Der Begriff [Entrepreneur] hatte das feudale Zeitalter überlebt, das Papiergeldzeitalter wird er aber womöglich nicht mehr überleben. Dann werden die Entrepreneure nur noch als Arbeitsplatzbewirt-schafter, als Menschenwirte und Wirtschaftsräte, als Betriebsführer und Subventionsempfänger, als Funktionäre und Alibi der Politik gesehen, und die eigentlichen Träger der Ungewissheit, die Pioniere des Erahnten und Verdrängten, die Visionäre werden sich vielleicht eher als Contrepreneure verstanden fühlen.[41]*

Der kapitalverzehrende »Unternehmer« übt nur noch Arbitrage von der Zukunft in die Gegenwart aus – er wird zum Vorreiter des Vor-konsums. Dafür kanalisiert er Status, Drang nach Aufmerksamkeit, Anerkennung und politischer Macht, Versprechungen von Profiten, Gehältern, Boni, Konsumgier und Zahlungsgeiz in Schleusen des Kapitalverzehrs, die private Renditen anschwemmen: »Unterneh-mer«-Gehälter, die aus einer *burn rate* finanziert werden, und eigener Status als »serieller Unternehmer«, der für andere Projekte, Posten und politische Quereinstiege verwertet werden kann.

Ein Symptom dieses völlig verkehrten Unternehmerbildes ist es, wenn in einer deutschen Fernsehreihe über Unternehmensgründe-rinnen deren Erfolg daran gemessen wird, ein wie hohes Gehalt für sich sie gegenüber dem Kapitalgeber aushandeln können. Irgendwann bewahrheitet sich dann Schumpeters Prophezeiung über das Unternehmertum in Zeiten der Geldschöpfung:

> *Niemals ist der Unternehmer der Risikoträger. In unseren Beispielen ist das ganz klar. Hier kommt der Kreditgeber zu Schaden, wenn die Sache misslingt. Denn obgleich eventuelles Vermögen des Unternehmers haftet, so ist doch ein solcher Besitz nichts Wesentliches, wenngleich etwas Förderndes. Aber auch wenn der Unternehmer sich selbst aus früheren Unternehmergewinnen finanziert oder wenn er die Produktionsmittel seines »statischen« Betriebes beisteuert, trifft ihn das Risiko als Geldgeber oder als Güterbesitzer, nicht aber als Unternehmer. Die Übernahme des Risikos ist in keinem Falle ein Element der Unternehmerfunktion. Mag er auch seinen Ruf riskieren, die direkte ökonomische Verantwortung eines Mißerfolgs trifft ihn nie.*[42]

Diese Trennung von Kapital und Unternehmerfunktion kann es systematisch nur beim Nullzins geben. Sonst ist das Unternehmertum aufgrund der hohen Ungewissheit in der Regel auf Eigenkapitalfinanzierung angewiesen: die drei sprichwörtlichen F für *family, friends and fools* (Familie, Freunde und Narren). Im Vorhinein betrachtet, hat ein neues unternehmerisches Wagnis immer etwas »Narrisches« an sich. Erst Unternehmen mit bestehendem Cashflow können zur Fremdkapitalfinanzierung übergehen. Der zu leistende Zins erfordert eine Mindestprofitabilität – außer natürlich der Zins ist null.

Das Gegenstück zum kapitalverzehrenden »Unternehmer« ist das bereits erwähnte Zombieunternehmen. Der Begriff wurde von Caballero et al. (2008) geprägt und auf die japanische Stagflation gemünzt. Definiert ist das Zombieunternehmen als eines, dessen Profitabilität nicht ausreicht, um die aufgenommenen Kredite zu bedienen. Man müsste folglich erwarten, dass es umso weniger Zombieunternehmen gibt, je niedriger der Zins ist. Dass das Gegenteil der Fall ist, belegt die Verzerrungen der Zinsintervention. Beim Nullzins bestehen Unternehmen fort, die sonst durch die Zinszahlungsdisziplin, die ja eine Disziplinierung der Gegenwart zugunsten der Zukunft ist, längst aufgelöst worden wären.

Beim Nullzins gibt es also ein Maximum an Zombieunternehmen: ein Maximum an Unternehmen, die nur deshalb fortbestehen, weil die Rentabilität alternativer Anlagen auf null gedrückt wird beziehungsweise durch die Geldentwertung sogar negativ ist. Damit bleiben Produktionsfaktoren in Verwendungen, die in Hinsicht auf die Konsumentenpräferenzen nicht mehr die optimalen sind. Das bedeutet Kapitalkonsum.

Je mehr Zombieunternehmen es gibt, desto höher die Zahl an »Bullshit-Jobs«, wie es David Graeber formuliert. Er definiert diese wie folgt:

Ein Bullshit-Job ist eine Form der Beschäftigung, die so völlig sinnlos, unnötig oder schädlich ist, dass nicht einmal der Beschäftigte ihre Existenz begründen kann, obwohl er sich – als Teil der Bedingungen der Beschäftigung – verpflichtet fühlt, vorzugeben, dass dem nicht so sei.[43]

Verbunden mit dem Entwertungsdruck, der zugleich Karrieredruck ist, führt die Sinnleere vieler Beschäftigungen zum *Burn-Out* – Humankapitalkonsum. Es ist der Dienst am Konsumenten, der Unternehmen ihren Sinn gibt. Nullzins begünstigt nicht nur übertriebene Konsumnähe – als Konsumaufdringlichkeit –, sondern auch Konsumferne. Das ist das typische Muster der konjunkturzyklischen Verzerrung: Die Mitte geht verloren, der extrem konsumnahe und der extrem konsumferne Bereich befinden sich im Aufschwung. Diese Konsumferne zeigt sich in der Finanzierung von Unternehmen, die weit von jedem Cashflow entfernt sind, deren Geschäftsmodell selbst noch in der Zukunft liegt – und vielleicht allein darin besteht, später als Unternehmen aufgekauft zu werden. Je ferner der Konsument, desto weniger ist ersichtlich, wofür die eigene Tätigkeit gut ist. Der Aufmerksamkeitsdruck führt zum schlampigen Umgang mit der Wahrheit, zum ständigen Schielen auf öffentlichen Eindruck, zum Pragmatismus der »hacks« und Abkürzungen. Dann sorgt das Gewissen, das Viktor Frankl das »Sinn-Organ« nannte, für ein leises Sinnlosigkeitsgefühl im Hinterkopf, für beißende Zweifel, die es schwer machen, mit den unvermeidlichen Frustrationen umzugehen. Burn-out ist keine neuartige psychologische Erkrankung, sondern die normale Reaktion, wenn das Verhältnis von Stress zu empfundenem Sinn ungünstig hoch wird.

Zombieunternehmen florieren dort, wo die Kreditschöpfung zuerst in den Markt fließt: im staatlichen und staatsnahen Bereich, im Bankensektor, bei großen kreditfinanzierten Konzernen. Dass es sich um eine Interventionsfolge handelt, wird schon daran sichtbar, dass Zombieunternehmen Ämtern zu ähneln beginnen. Die meisten Ämter sind Paradebeispiele für Betriebe, die nicht bestehen würden, wenn die Kosten allein aus dem gestifteten Nutzen zu tragen wären. Darum führt der Nullzins zu einer Bürokratisierung der Wirtschaftsstruktur. Das machte Japan mit seiner schon lange sklerotischen Nullzinswirtschaft bereits vor.

Die Bürokratisierung ist eine Folge der Entmündigung des Konsumenten. Ludwig von Mises hatte die Marktwirtschaft einst als »Dollardemokratie« bezeichnet: Jeder US-Dollar, den ein Konsument ausgibt oder spart, ist ein Stimmzettel, der über die Produktionsstruktur entscheidet. Geldschöpfung bedeutet stets eine Verzerrung dieses Abstimmungsprozesses – genauso, wie es bei manipulierten Wahlen geschieht: Aus dem Nichts werden neue Stimmzettel produziert und unbemerkt dem Prozess hinzugefügt. Es ist offensichtlich, dass heute nicht nur Konsum- und Sparentscheidungen die Produktionsstruktur bedingen. Politische und Finanzierungsentscheidungen haben massiv an Gewicht gewonnen. Ob, wie und wo ein neues Unternehmen operiert, liegt heute mehr an Kreditgewährung und

Regulierungsauflagen als an den Entscheidungen kleiner Konsumenten und Sparer. Nullzins bedeutet den symbolischen Punkt der völligen Entkopplung der Finanzierung von den Entscheidungen der Sparer, was dann auch einhergeht mit der Entkopplung der Produktion von den Entscheidungen der Konsumenten. Eine Folge ist, dass wiederum Schumpeters düstere Analysen über den vermeintlichen »Kapitalismus« prophetischer klingen:

> Eisenbahnen sind nicht gebaut worden, weil irgendwelche Verbraucher die Initiative ergriffen haben und eine wirksame Nachfrage nach Eisenbahnen unter der Zurücksetzung von Postkutschen geschaffen haben. Ebenso wenig zeigten die Verbraucher von sich aus den Wunsch, elektrische Lampen oder kunstseidene Strümpfe zu besitzen, oder mit dem Auto oder im Flugzeug zu reisen, Rundfunk zu hören oder Kaugummi zu kauen. Es liegt offenbar kein Mangel an Realismus in dem Satz, dass die Mehrzahl von Veränderungen bei Verbrauchsgütern von Seiten der Produzenten den Verbrauchern aufgezwungen wurde, die in den meisten Fällen Widerstand gegen die Veränderung leisteten und durch eine raffinierte Reklamepsychotechnik erst erzogen werden mussten.[44]

Was Schumpeter beschreibt, ist genau das Überwiegen der Reklame gegenüber der Fertigung, die wir zuvor bereits aufgezeigt haben. Der Hintergrund ist die Umdrehung der marktwirtschaftlichen Logik: Wenn nicht mehr der Konsument über die Produktionsstruktur entscheidet, wird zuerst produziert und dann ein Konsument gesucht – und ist er nicht willig, so braucht es Überzeugung. »Psychotechnik« mag man es nennen, gewiss lassen angewandte Erkenntnisse des Neuromarketing Umsätze um zweistellige Prozentbeträge erhöhen. Doch wirklich ausschlaggebend sind meist zwei viel harmlosere Stellschrauben: Preis und Status. Die Kommunikation über den niedrigen Preis, womöglich gar den Nullpreis, ist ein typisches Phänomen der durch den Konsumenten »unbestellten Produktion«. Status wieder-um nutzt das menschliche Verlangen nach Geltung durch das werbe-wirksame Einspannen von Prominenz und den Selbstverstärkungs-effekten einer digital vernetzten Welt. Unternehmer, die nicht mehr Konsumenten dienen, sondern Kreditgebern, Entscheidungsträgern und dem eigenen Ego, fallen durch eine zynische Grundhaltung auf, die ausgerechnet die Manipulierbarkeit des Konsumenten betont. Je weniger dieser das Sagen hat, desto mehr brüstet sich das Marketing, ihm alles verkaufen zu können. Das moderne Zynikermarketing, das sich maßlos selbst überschätzt – da es eigentlich bloß Rationalisie-rung für eine Produktionsstruktur bietet, die reine Verzerrungsfolge ist –, ist voll von Phrasen wie »a new sucker is born every day«: Jeden Tag werde ein neuer Idiot geboren, dem man wieder neuen Ramsch andrehen könne.

Traditionell sprach man von *goodwill* als immateriellem Unter-nehmenswert. Das bezeichnet den guten Willen der Kunden – woher auch die deutsche Kundschaft kommt, die Kunde, das heißt Nach-richt, vom guten, zuverlässigen und ehrlichen Angebot eines Unter-nehmens. Diese Kundschaft bedeutete einen mühsam aufzubauen-den Ruf, der in Generationen bemessen wurde. Die Jagd nach dem Affektkonsumenten, nach dem man den gesamten Globus abgrast, um schneller neue Abnehmer zu finden, als alte Abnehmer verloren gehen, ist also auch ein Kennzeichen von Kapitalkonsum beziehungs-weise der geringeren Kapitalorientierung einer Nullzinswirtschaft.

Bürokratische Zombieunternehmen zeigen stets wachsende In-kompetenz und verstärken damit die Verachtung für Hierarchien, die nun nicht mehr mit Kompetenz korrelieren. Die Marktdisziplin, durch Gunstentzug der Konsumenten oder Investoren bestraft zu werden, mindert das unvermeidliche *Principal-Agent-Problem*: dass die Interessen der Beschäftigten andere sind als die der Kunden und Eigentümer. In Zombieunternehmen werden für den Karriereaufstieg Verbindungen, Freundschaften und Charakterzüge wie intrigantes und dominantes Verhalten tendenziell wichtiger. *Networking*, meist auf Galas, bei denen Politiker gegen hohe Honorare Reden schwingen und Hände schütteln, gewinnt an Bedeutung. Kontakte werden wichtiger – diese bedeuten kurzfristige, direkte Reziprozität und sind ein weiterer Ausdruck hoher Zeitpräferenz.

Damit wird der Humankapitalaufbau zunehmend entwertet. Wenn Inkompetenz zur Norm wird, zahlt sich Kompetenz nicht mehr aus – oder wird gar irrelevant. Das schlägt sich in der Einstellung nieder, dass Zertifikate einen Anspruch auf gut bezahlte Jobs darstellen, ohne irgendeine Produktivität nachweisen zu müssen. Unter jungen Menschen polarisieren sich gerade zwei Einstellungen: einerseits jene, die hektisch Zertifikate und Zeilen im Lebenslauf sammeln, um diese dann gegen einen sicheren Job einzulösen, andererseits jene, die ohne Umweg sofortige Einkommen suchen und dafür alle digitalen Register ziehen – meist verzweifelte Versuche der »Monetisierung«.

Viele heutige Start-ups erscheinen nach klassischen Kriterien des Unternehmertums als Totgeburten, sie sind schon in der Wiege Zombieunternehmen. Es handelt sich meist um Budgets, die für gute Geschichten, gute Kontakte und richtig ausgefüllte Formulare gewährt werden. Diese Budgets werden dann konsumiert, während die hohen Wertversprechungen der Geldschöpfungsblähungen an den Börsen und bei den Unternehmenskäufen dazu motivieren, möglichst schnell Aufmerksamkeit einzusammeln. Gewiss gibt es hier grandiose, kreative, geniale Projekte. Doch die sichtbarsten, dichtesten, oft staatlich subventionierten »Cluster« von Start-ups wie etwa in Berlin zeigen die merkwürdigen Facetten der Nullzinskultur in unübersehbarer Ausprägung: die Kurzfristigkeit, die Konsumorientierung bei gleichzeitiger Konsumentenferne, der Geltungskonsum des Repräsentationsaufwands und der Weltverbesserungsparolen, die *buzzwords* und das ständige *Networking* sowie die Nähe zur Politik. Wir erkennen auch die typische Polarisierung der Nullzinszeit: Unternehmertum wird einerseits überdehnt als Coolnessfaktor, als Lebensstil, als Welt-rettung zum Nulltarif; andererseits immer negativer aufgeladen, als Sündenbock für all die Nullzinsfolgen: sinnleere Burn-out-Maschine-rie, heuchlerische Verheißung, Ramschvermarktung und Manipula-tion, zynische Rationalisierung steigender Ungleichheit und Bühne sadistischer, gewissenloser Vorgesetzter.

Die scharfen Worte zum Unternehmertum sollen hier das Augen-merk auf die Symptome richten, um das Muster dahinter deutlicher hervortreten zu lassen. Die Unternehmer zum Sündenbock der Null-zinsfalle zu machen, wäre das typische Neidverhalten, das überhaupt erst zur Zinsintervention führte. Die Unternehmer tragen auch in einer Nullzinswirtschaft die Hauptlast der Ungewissheit. Der Null-zins ist keine nachhaltige Form des Wirtschaftens und wird daher nicht ewig bestehen. Die Korrekturen treffen dann natürlich primär die Unternehmer, die diesen Druck weiterzugeben haben werden – keine dankbare Aufgabe.

Beim Nullzins greift die Wirtschaft auf die Zukunft vor – doch auch das ist kein Selbstläufer und kann mit mehr oder weniger Geschick und Genie geschehen. Die erfolgreichsten Unternehmer der heutigen Zeit leisten Großes dabei, im konsumnahen Bereich ein günstiges bis kostenloses Schlaraffenland der Unterhaltung und Massenversor-gung zu bieten und im konsumfernen Bereich Wunder der Technik zu vollbringen. Diese Leistungen werden durch die Verzerrungen des Nullzins nicht gemindert, sondern entlastet von dem Verdacht, am Schwinden der Mitte die Hauptschuld zu tragen. Ohne Facebook, Amazon, Apple, Netflix, Google und all die anderen hochskalierten Netzwerkunternehmen der Gegenwart würden wir dennoch in der Nullzinsfalle stecken, nur bei niedrigerem Lebensstandard. Es gelte sogar bei der negativsten Einschätzung dieser Unternehmen als Auf-merksamkeitssauger, dass man Kapital effizienter und weniger effizi-ent konsumieren kann. Globaler Wettbewerb unter Nutzung der Re-gulierungs- und Steuerarbitrage erlaubt effizienteren Kapitalkonsum, sodass mehr Menschen mehr von der *burn rate* haben. Ohne Unternehmer würde diese nur einer kleinen Schar von Geldschöpfungsgünstlingen zugutekommen.

Dumb money

Auch die Anlagekultur unter dem Nullzins entspricht dem skizzierten Bild. Geldschöpfung unterminiert die Disziplinierung der Vermögensanlage: dass schlecht angelegtes Vermögen schwindet und demnach auch nicht mehr zur Anlage zur Verfügung steht. Unter dem Nullzins verschiebt sich das Gewicht vom *smart money* zum *dumb money*. Das ist nicht herablassend gemeint.

Jeder Mensch muss in gewissem Maße Anlage betreiben, da die Einkommensmöglichkeiten mit zunehmendem Alter schwinden. Die einfachste Möglichkeit, für das Alter vorzusorgen, ist Sparsamkeit, die sich in hortendem Sparen ausdrückt. Traditionell ist das die bevorzugte Sparform des »kleinen Mannes«: der sprichwörtliche Sparstrumpf oder das Sparschwein – heute in Form von Bankguthaben. Doch der lange Kampf gegen das Horten, der schließlich zum Nullzins führt (der dank der Entwertung de facto einem Schwundgeld entspricht), hintertreibt diese nach wie vor populärste Anlageform. Es kommt zur kalten Enteignung der Sparer, die keine Vermögenswerte angeschafft haben. Nullzins bedeutet stets negativer Realzins. Setzen wir eine durchschnittliche jährliche Geldmengenausweitung von 10 Prozent an, wie sie in Jahren des Aufschwungs die Regel ist, so vermindert sich das Verhältnis von Ersparnissen zur Gesamtgeldmenge in 30 Jahren um 95 Prozent. Das muss nicht dieselbe Entwertung in Kaufkraft bedeuten. Wenn man die Vermögenswerte mit berücksichtigt, kommt man aber solchen Zahlen recht nahe. Langfristiges Sparen von Guthaben und Geldbeträgen ist bei einem Nullzins also unmöglich. Jeder ist dazu gezwungen, unter die Spekulanten und Investoren zu gehen.

Das schließlich ist die Bedeutung von *dumb money*. Es ist weniger eine Aussage über die durchschnittliche Intelligenz der Anleger als eine darüber, dass Massen von Menschen zur Anlage gedrängt werden, deren Profession dies nicht ist. Gewiss, man wird ihnen schnell Profis empfehlen. Doch leider ist die korrekte Antizipation der zyklischen Verzerrungen von Vermögenswertpreisen gar kein erlernbarer Beruf. Im Schnitt liegen die Professionellen deutlich schlechter als die sprichwörtlichen Affen – schlechter als der Durchschnitt der Märkte im Aufschwung.

Die schlechten Anreize und der Entwertungsdruck in Richtung Anlage machen dieses Feld zu einem Sumpf des Anlegerbetrugs in unterschiedlicher Ausprägung. Der sanfteste Betrug ist die vorgespielte Professionalität und Marktkenntnis durch Jargon, Zertifikate, Zahlen. Erfolgreiche Spekulation beruht viel mehr auf Intuition und Talent als auf Marktkenntnis.

Spekulation ist nichts Schlechtes – es ist der Versuch, künftige Preise zu antizipieren. Sie führt durch die Verschiedenartigkeit der Menschen eher zur Verringerung der Volatilität. Beim Nullzins allerdings vergrößert sie die Volatilität noch weiter, da nun nicht Spekulationstalent am Markt überwiegt, sondern Mitläufertum, Angst und Gier. Gute Spekulanten vergrößern zwar immer noch ihr angelegtes Vermögen und wirken dadurch als Korrektiv. Dazu nutzen sie die Geldschöpfung, etwa durch *Carry Trades*. Anlageerfolg muss heute massiv gehebelt werden, um gegen die Geldmengenausweitung zu bestehen.

Das große Anlagegewicht verschiebt sich unter einem Nullzins zu den Entwertungsflüchtigen, die eigentlich bloß horten wollen. Sie horten dann anstelle von Geldscheinen und Guthaben Aktien, Anleihen und zunehmend Anteile an Indexfonds. Ein Indexfonds bedeutet, dass es zur Selbstverstärkung kommt: Alle kaufen das, was alle kaufen. Diese auf den ersten Blick dümmstmögliche Anlageform erweist sich unter dem Nullzins als klügste und bestmögliche. Allerdings sitzen damit auch immer mehr Anleger in der Nullzinsfalle und sind dem Konjunkturzyklus auf Gedeih und Verderb ausgeliefert. Ihre Ersparnisse werden zwar im Aufschwung nicht entwertet, nehmen aber die Volatilität der Märkte mit, die nur etwas für trainierte Mägen ist. Der »kleine Mann«, der nun zur Börse gedrängt wird, wird vom Auf und Ab seekrank und sich spätestens in der nächsten Korrektur wieder scharf gegen die vermeintlich »ungezügelten Märkte« richten. Mit Marktwirtschaft haben die Finanzmärkte unter einem Nullzins freilich kaum noch etwas gemein. Der Zins ist der wichtigste Preis echter Finanzmärkte – wenn er auf null gedrückt ist, kann also von einem Markt eigentlich keine Rede sein.

Jenen, die unter einem Nullzins klüger sein wollen als das *dumb money*, misslingt das in aller Regel. In einer digital vernetzten Welt unterschätzen die meisten die Zyklizität ihrer eigenen Meinungen, anders ausgedrückt: die Gleichschaltung bei Anlagehypes. Die Ströme des dumb money, das sich in der Rolle der Dummen aus Eitelkeit nicht gefallen will, bietet die denkbar schlechtesten Anreize für Anlageempfehlungen. Eine Industrie an Börsenbriefen, Pyramidenspielen, Finanzblogs, streng geheimen Anlagetipps und »sicheren« Investments wartet auf die Hybris derjenigen, die sich mit dem Index nicht abfinden wollen. Das überzählige Geld jagt um den Globus auf der Suche nach knappen Anlagemöglichkeiten. Dann kommt es zu so paradoxen Entwicklungen, wie dass das neoosmanische Währungsdebakel unter Erdoğan mehr japanische Anleger um Ersparnisse brachte als türkische. Letztere sind überwiegend in türkischen Immobilien als Eigenheim investiert, Erstere kauften türkische Staatsanleihen – auf der Flucht vor dem japanischen Nullzins in höhere Renditen.

Die Zinskritik, die den Nullzins philosophisch vorbereitete, stieß sich an dem Materialismus, der Gier und der Besessenheit von Geldvermehrung. Paradoxerweise verstärkt der Nullzins diese Phänomene. Die Geldentwertung führt zu einem Renditedruck, die geminderten

Renditen führen zum Ausweichen auf Vermögenswerte, die ansteigenden Vermögenswertpreise verschärfen die Geldentwertung. Man kann Ersparnisse nicht mehr bloß liegen lassen, und die Opportunitätskosten der Nichtanlage schießen in die Höhe. Guido Hülsmann beschreibt in seiner wegweisenden Analyse der Inflationskultur die Dynamik in einer Wirtschaft ohne Geldmengenausweitung als Kontrast. Ohne Geldschöpfung führt die Kapitalvermehrung dazu, dass die Renditen der Anlagen sinken. Investition folgt dann der natürlichen wirtschaftlichen Dynamik eines abnehmenden Grenznutzens. Es lohnt sich nicht, alles und ständig »anzulegen«. Das ist günstig für die immateriellen Zwecke, denen finanzielle Mittel auch dienen können:

Wenn die Erträge aus Investitionen bereits niedrig sind, besteht kein großer Anreiz, irgendwelche zusätzliche Ersparnisse weiterhin zu investieren. Vielmehr werden diese Ersparnisse nun in immer größerem Umfang verschiedenen nichtkommerziellen Verwendungen zugeführt. Dazu zählen einerseits die Errichtung von privaten Bauwerken und die Finanzierung der Ausbildung der Nachkommen, andererseits aber auch altruistische Verwendungen im Mäzenatentum und zu karitativen Zwecken, Beteiligungen an städtischen Verschönerungsmaßnahmen und vieles andere mehr.[45]

Je niedriger der freiwillig gezahlte und geforderte Zins, desto geringer die Gier. Doch Zwang und Täuschung kehren – wie meistens – die Kausalität völlig um. Je niedriger der erzwungene Zins, desto größer die Gier, die nun immer weitere Wege nehmen muss und immer mehr Gesellschaftsbereiche durchdringt. Doch die Gier ist keinesfalls Ursache. Es ist zynisch, die Flucht der Menschen vor der Entwertung ihrer Ersparnisse als »Gier« abzukanzeln. In der Folge sieht sie freilich nach Gier aus, legitimiert damit wirkliche Gier und verstärkt solche ungünstigen Charaktereigenschaften.

Auch bei einem Nullzins gibt es immer noch rentable, langfristig wertschaffende und sinnstiftende Unternehmen. Doch im Vergleich der Anlagemöglichkeiten tritt die Rentabilität in den Hintergrund. Das *value investing* will entgegen solcher Schieflage unterbewertete Unternehmen identifizieren und zieht diese den Indexfonds und den Unternehmen, die auch alle anderen kaufen, vor. Dieser Zugang zur Anlage ist sympathisch, er schielt auf die missachteten »underdogs«: Unternehmen, die wirklich noch Werte schaffen und trotzdem vom Markt verachtet werden, weil sie aktuellen Anlagehypes nicht entsprechen.

Leider ist ein Nullzins der Punkt, an dem dieser sympathische Ansatz aufhört zu funktionieren. Fundamentalanalyse und technische Analyse sind beide für das *dumb money* zu aufwendige Prozesse. Letztere aber gewinnt durch die steigende Berechenbarkeit – nicht des Marktes, aber der Marktfolger. Astrologie schlägt Astronomie in Sachen praktischer Bedeutung, wenn die überwiegende Zahl der Raumfahrer an Horoskope glaubt oder sich so vorhersagbar verhält.

Je näher am Nullzins, desto mehr überwiegt bei der Anlage die sogenannte Rekognitionsheuristik.[46] Die Menschen kaufen jene Vermögenswerte, die sie kennen. Und der gewichtigste Grund, einen Vermögenswert zu kennen, ist dessen »Performance«, der Anlageerfolg – der nun eine Horteignung bedeutet, da die Entwertung kompensiert werden kann. Alle Vermögenswerte, die knapper sind als die Geldmenge, zeigen steigende Preise. Das Ansteigen der Preise wird damit zur selbsterfüllenden Prophezeiung oder zum Netzwerkeffekt.

Die erwähnten *FAANG*-Unternehmen stehen also nicht nur für den Netzwerkeffekt einer digital vernetzten Masse von Nutzern, sondern zeigen dieselbe Selbstverstärkung auch bei der Anlage. Dass die Marken jeder kennt, ist dabei auch hier von Vorteil. Da die Aktien einzelner Titel, zu denen die Masse der Anleger konvergiert, knapper sind als die Geldmengen, steigen die Kurse. Lukrative Papiere erreichen dann höchste Marktgängigkeit.

Unter einem Nullzins beginnt sich Dummheit zu lohnen. Marktkenntnis hilft in verzerrten Märkten kaum weiter. Wer sich für schlauer hält als die Masse, verpasst meist die Selbstverstärkungseffekte der Anlage. Gewiss wachsen auch die lukrativen Ausreißer kontrazyklischer Anlage: die schwarzen Schwäne. Die meiste Zeit sind sie unsichtbar, und Vorsicht drückt die Rendite.

Value Investing beruht darauf, dass auf den Märkten einerseits profitable Unternehmen manchmal unterbewertet sind, weil ihre Geschäftsmodelle unpopulär, ihre Branchen unter Druck sind, die Nachrichtenlage überschätzt wird. Andererseits müssen diese Unterbewertungen dann aber auch ausgeglichen werden. Beim Nullzins steigen die Kurs-Gewinn-Verhältnisse laufend an, sodass Renditebringer immer teurer werden. Auch die Renditen von Unternehmen mit relativ niedrigem KGV sind unter dem Nullzinsdruck so niedrig, dass es keine Freude macht, die verbundene unternehmerische Ungewissheit zu tragen – immerhin kann sich die vermeintliche Unterbewertung ja auch stets als fundiert erweisen.

Das führt dazu, die Value-Suche immer früher anzusetzen, was zum Drängen in den Bereich des Venture Capital führt. Denn wirklich unterbewertet kann nur sein, was außerhalb der Börsen der Masse der Anleger noch verwehrt bleibt. Vorschriften, die das *dumb money* vor unternehmerischen Wagnissen schützen sollen und private Investments nur bei hinreichendem Investorenstatus erlauben, verstärken die Ungleichheit der Nullzinswirtschaft noch weiter. Die wirklichen lukrativen Anlagen sind nur Vermögenden erlaubt. Doch die Vermögenswertinflation vergrößert auch hier die Massen und die Vorschriften werden nicht immer und überall so ernst genommen, sodass die Geldmengen durch alle Ritzen in den Venture-Bereich drängen. Die größte Ritze ist jene, durch die börsengelistete Unternehmen oder Fonds selbst abseits der Börse einkaufen und ihre Kredithebel für M&A-Beutezüge nutzen (Mergers and Akquisition bezeichnen Unternehmensfusionen und -käufe). Das führt zu sensationellen Kursexplosionen von »unicorns«, jungen Unternehmen, die schnell hohe Unternehmenswerte erreichen. Value Investing bedeutet dann nicht mehr, unterbewertete Profitabilität zu entdecken, sondern rechtzeitig in Unternehmen zu investieren, welche noch vor Nutzerhypes und der Aufmerksamkeit der globalen Großkonzerne stehen – für diese aber relevant sind. Das bedeutet in aller Regel das Erreichen schneller globaler Aufmerksamkeit und ist das glatte Gegenteil von Profitabilität.

Kredithebel in einem Nullzinsumfeld blasen auch minimale Profitabilität schließlich zu gigantischen Eigenkapitalrenditen auf. Es wird also für das Erzielen hoher Renditen immer wichtiger, groß zu sein, gute Kreditlinien zu haben und endlose Skalierungsmöglichkeiten. Das begünstigt Unternehmensfusionen. Diese erfolgen oft auf Kredit, welche dann in die Bilanz des erworbenen Unternehmens aufgenommen werden. Die aufgeblähten Firmenwerte *(goodwill)* führen zudem zu hohen Firmenwertabschreibungen. In einem Nullzinsumfeld zahlen immer mehr Unternehmen das Geld zurück, mit dem sie selbst gekauft wurden. Ein solcher Kauf wird nicht mehr von Individuen durchgeführt, die eigene Ersparnisse riskieren, weil sie unternehmerische Freude antreibt. Vielmehr erfolgt die Ablöse der Unternehmereigentümer durch gesichtslose Fonds und Holdings, die eigentlich nur Vehikel der Kreditblase sind. Die Rückzahlung der Kredite, mit denen die überhöhten Unternehmenspreise gezahlt werden, belastet dann die Unternehmen und bringt sie unter einen völlig geschäftsfremden Renditedruck. Diese Renditen, die bloß zu leistender Kreditdienst sind, haben nichts mehr mit höherer Qualität der Produkte, zufriedeneren Kunden oder produktiverem Personal zu tun. Es geht bloß um Effizienz im engsten möglichen Sinne: die Kreditraten aus der normalen Geschäftstätigkeit herauszupressen. Dazu ist eine Schar von jungen Unternehmensberatern nötig, die in jedem Unternehmen dasselbe tun: jeden Cent und jede Mitarbeiterminute tabellarisch zu erfassen, um so viel abzupressen wie möglich.

Der Nullzins macht es möglich, dass die Unternehmer eine an sich illiquide Sache – eben eine Kapitalstruktur, die mit ihnen selbst verbunden ist – liquidieren, indem sie künftige Erlöse schon heute aus ihrem Unternehmen abziehen. Die Verlockung der Millionensummen gegenwärtig und sofort einlösbarer Konsummittel wird in einer Nullzinswirtschaft immer größer. Am Ende bedeutet der Nullzins paradoxerweise das Verschwinden des Unternehmers, obwohl er eigentlich die massive Ausweitung des Unternehmertums ermöglichen sollte. Doch wenn grenzenloser Kredit an die Stelle unternehmerischen Eigenkapitals tritt, schwindet das unternehmerische Risiko – wie Schumpeter vorhergesagt hatte. In einer Zombiewirtschaft verkaufen Zombieunternehmen, die Zombiefonds gehören, Konsumfreuden an Zombiekonsumenten auf Kredit oder entwickeln Zombiekapitalstrukturen am Konsumenten vorbei.

Aushöhlung des Mittelstands

Einschneidende Konsequenzen hat die Politik der Zentralbanken für kleine und mittelständische Unternehmen (KMU). Ganz besonders ist hierbei der europäische Raum betroffen, denn hier sind die meisten KMU nicht an der Börse notiert, haben also keine Kapitalmarktfähigkeit. Zu circa 70 Prozent finanzieren sie sich über langfristige Bankkredite, wohingegen der Anteil in den USA bei etwa 20 Prozent liegt. Die Unternehmen in Deutschland und in Europa sind also deutlich stärker als ihre amerikanischen Pendants von der Kreditvergabe der Banken abhängig.

Wenn die EZB versucht, über eine expansive Geldpolitik die Wirtschaft zu beleben, ist der Erfolg dieser Politik entscheidend davon abhängig, inwiefern die Banken zu der Vergabe zusätzlicher Kredite bewegt werden. Insbesondere Kredite an mittelständische Unternehmen außerhalb des Finanzsektors spielen hierbei eine Rolle, da vor allem diese zu einer quantitativen und qualitativen Verbesserung der

Produktionskapazität führen. Hat die EZB dabei Erfolg? Schauen wir es uns genauer an.

Die EZB drückt nicht nur die Zinsen für kurz laufende Anleihen, sondern vor allem auch jene für Anleihen mit langen Laufzeiten. Dadurch schrumpft die absolute Differenz zwischen den Zinsen verschiedener Laufzeiten. Nun müssen Banken auf Geldeinlagen, die täglich fällig sind, niedrige Zinsen zahlen. Für die Kredite, die sie vergeben, erhalten sie höhere Zinsen, da diese eine feste Laufzeit haben. Den Banken entstehen also Gewinne aus der Differenz zwischen den Zinszahlungen auf Einlagen und den Zinszuflüssen aus Krediten. Gemeinhin wird dieser Sachverhalt als »Fristentransformation« bezeichnet. Dieser Ausdruck ist allerdings irreführend, da er auf der Annahme beruht, die Kreditvergabe der Banken würde mit dem Geld der Einleger vorgenommen werden. Da Kredite aber unabhängig von den Einlagen vergeben werden und Banken ihre Mindestreservepflicht dadurch erfüllen, dass sie entsprechend ihrer Kreditvergabe Zentralbankgeld nachfragen, resultieren die infolge der Zinsdifferenz erzielten Gewinne der Banken nicht aus Fristentransformation, sondern aus Seigniorage. Doch dessen ungeachtet, was der wahre Ursprung der Gewinne ist, schlagen die Banken tatsächlich Profit aus der Differenz zwischen den Zinsen verschiedener Laufzeiten. Da die Zinsdifferenz durch die Geldpolitik stark gesunken ist, ist die Kreditvergabe unprofitabler geworden.

In einem Nullzinsumfeld erodiert schrittweise das klassische Bankenmodell, welches auf Zinsspannen beruht. Das Einkommen aus dem klassischen operativen Geschäft reicht nicht mehr aus, um ausreichend Cashflow zu erwirtschaften. Kleinere Volks- und Genossenschaftsbanken, die nicht im Carry-Trade von Staatsanleihen operieren, müssen risikoreicher investieren, um zu überleben. Der gleichzeitige Druck durch Digitalisierung des Finanzsystems (dadurch stetiger Abbau der örtlichen Bankinfrastruktur) führt zu weiterem Druck auf das klassische Bankenmodell. Die ursprüngliche Idee der Niedrigstzinsen war es ja, die Bilanzen der Banken zu sanieren, einerseits durch frische Liquidität, andererseits durch höhere Asset-Preise (und dadurch Eigenkapitalsanierung). Dies wurde nun zehn Jahre lang versucht, hat aber nicht funktioniert, da Buchgewinne rasch wieder ausgeschüttet wurden und die kostenlose Refinanzierung zur Normalität wurde. Dadurch finden sich die Banken in der Nullzinsfalle und viele Bankbilanzen krachen wie die Kaisersemmeln.

Zudem wurde das Banken- und Finanzsystem nach der Finanzkrise stark zurechtreguliert. Dabei sind nicht nur die Eigenkapital- und Liquiditätsvorschriften strenger geworden, sondern das ganze Regulierungssystem hat an Komplexität zugelegt. Die Vergabe produktiver Kredite an KMU ist dadurch unbeliebter geworden. Denn da diese oft nicht so leicht einsehbar, ihre Prozesse recht speziell und Ratings nicht vorhanden sind, erfordert die Kreditvergabe an sie viele unternehmensspezifische Abklärungen. Diesem hohen administrativen Aufwand stehen aber meist nur geringe Kreditsummen gegenüber.

Das Paket aus Risiko, Kosten und Ertrag ist bei der Kreditvergabe an KMU für die Banken recht unattraktiv. Sie vergeben lieber Hypothekarkredite, die oft standardisiert sind und ansprechendere Kreditvolumina aufweisen. Ein Kredit von beispielsweise 100.000 Euro gegen Zinsen von 2 Prozent an einen kleinen Betrieb wirft in absoluten Beträgen schlichtweg deutlich weniger ab als ein Hypothekarkredit von 5 Millionen Euro, dessen Abwicklung zudem weniger Mühe bereitet.

Darüber hinaus ist das mit Hypothekarkrediten verbundene Risiko weitaus geringer. Denn ein wesentlicher Unterschied zwischen der Finanzierung von Hypotheken und Unternehmen ist die Besicherung: Bei einem Hypothekarkredit ist eine besicherte Substanz vorhanden. Bei Unternehmenskrediten ist dies weitaus weniger der Fall. Gerade bei Finanzierungen, die im Zuge des Generationenwechsels vonnöten sind, stellt die Besicherung ein großes Problem dar. Denn der neue, junge Unternehmer, über dessen Geschäftsgebarung noch keine Erfahrungswerte vorliegen und der womöglich kein großes Privatvermögen vorweisen kann, hat meist einen großen Finanzierungsbedarf, möchte er doch im Rahmen der Betriebsübernahme modernisieren und im Betrieb sein Konzept umsetzen.

Kurzum, die Vergabe von Krediten an KMU ist für Banken im Niedrigzinsumfeld ziemlich unattraktiv. Selbst die »hidden champions«, meist inhabergeführte und nicht börsennotierte Marktführer, die ihre jeweilige Branche dominieren, haben mit erheblichen Nachteilen gegenüber kapitalmarktfähigen Unternehmen zu kämpfen. Jene KMU, die eine Liga tiefer unterwegs sind als die »hidden champions«, stehen teilweise vor existenziellen Problemen, da ihnen sämtliche Geldquellen versiegen. Auch die übrigen Dimensionen der Unternehmensfinanzierung wie etwa Factoring, Projektfinanzierung oder die Finanzierung von Umlaufvermögen erweist sich für KMU als schwierig.

Hypothekarkredite werden hingegen wesentlich lieber vergeben, da diese mit einem geringeren Risiko belastet sind. Immer mehr wird auf die tief hängenden Früchte abgezielt, die im Hypothekargeschäft eingefahren werden können. So machen diese Kredite in den Industrieländern durchschnittlich 60 Prozent der gesamten Bankkredite aus. Und auch jenseits des Bankensektors probiert man, in dem Geschäft mitzumischen: Beispielsweise vergeben in der Schweiz Versicherungsunternehmen und Pensionskassen Hypothekarkredite, um so ihre Performance ein wenig aufzubessern. Die Immobilienbooms, die sich derzeit in den deutschsprachigen Ländern und insbesondere in Schweden abspielen, sind die unmittelbare Folge dieser Praxis.

Noch gravierendere Kredithemmnisse stellen sich für die Unternehmen im krisengebeutelten Südeuropa dar. Viele Unternehmen, die eigentlich pleite sind, werden dort durch die Niedrigzinsen künstlich am Leben gehalten, Kunden ziehen aus Angst vor Bankenpleiten ihre Einlagen ab oder sie haben schlichtweg keine auskömmlichen Einkommen. Für die KMU, die so schon kaum an Gelder gelangen, ist es dort daher noch schwerer, Finanzierungsquellen zu erschließen. Die Folge ist, dass sich das ohnehin große strukturelle Gefälle zwischen Kerneuropa und der Peripherie noch mehr weitet, was wiederum die Stabilität der Eurozone gefährdet.

Neben Finanzierungsengpässen haben die Niedrigzinsen auch Belastungen für die Bilanzen der Unternehmen zur Folge. Für die liquiden Reserven auf der Aktivseite gibt es keine lukrativen Anlagemöglichkeiten. Und auch auf der Passivseite bereiten sie Probleme. Generell müssen Unternehmen Rückstellungen bilden, um für mögliche zukünftige Forderungsansprüche anderer vorbereitet zu sein. Macht beispielsweise ein Unternehmen seinen Arbeitnehmern Zusagen hinsichtlich Leistungen fürs Alter, für den Invaliditätsfall oder für Hinterbliebene, ist die Bildung von Pensionsrückstellungen erforderlich. Berechnet wird die Höhe der Pensionsrückstellungen mithilfe der Barwertmethode. Sollen beispielsweise in 15 Jahren Auszahlungen in Höhe von 1 Million Euro vorgenommen werden, so müssten bei einem Zinssatz von 4 Prozent 555.265 Euro, beim gegenwärtigen Zinsniveau hingegen beinahe die gesamte spätere Auszahlungssumme zurückgestellt werden. Diese Gelder stehen den Unternehmen nicht für produktive Investitionen zur Verfügung.

Die Finanzierungsprobleme der KMU verdeutlichen ein weiteres Mal, dass die expansive Geldpolitik der EZB, die eigentlich die Wirtschaft nachhaltig ankurbeln soll, eher nach hinten losgeht. Statt eine schöpferische Zerstörung zuzulassen, erhalten die Niedrigzinsen unproduktive Unternehmen und Strukturen am Leben. Altunternehmen, die vom freien Markt längst verdrängt worden wären, halten die Märkte besetzt und ziehen knappe Ressourcen an sich. Die Innovationskraft der KMU wird so geradezu ausgehebelt. Es misslingt der EZB auf ganzer Linie, ein Umfeld zu schaffen, in dem tatsächlich mehr produktive Kredite vergeben werden. Die Niedrigzinsen verzerren die Märkte lediglich weiter und beflügeln die Vermögenspreise, was letztlich die Fortsetzung genau der Entwicklungen ist, die einst zur Finanzkrise geführt haben. Zudem konterkarieren Regulierungen, die das Bankensystem sicherer machen sollen, die Bemühungen, die die EZB in Form expansiver geldpolitischer Maßnahmen anstellt. Da die EZB nicht nur für die Geldpolitik verantwortlich ist, sondern ihr überdies die Bankenaufsicht obliegt, erscheint es ein Stück weit so, als versuche sie mit der linken Hand zu korrigieren, was sie mit der rechten Hand anrichtet.

Wie erwähnt, machen Bankkredite in Europa etwa 70 Prozent der Finanzierung von KMU aus, in den Vereinigten Staaten hingegen nur 20 Prozent. Zudem spielen KMU eine wesentlich gewichtigere Rolle für die europäischen Volkswirtschaften als andernorts. Die Folge ist, dass die negativen Auswirkungen der Niedrigzinsen in Europa besonders gravierend sind. Doch weshalb hat Fremdfinanzierung in Europa diesen enormen Stellenwert? Wie erklärt sich die deutlich höhere Kapitalmarktfähigkeit amerikanischer KMU?

Zum einen haben amerikanische Unternehmen einen besseren Zugang zu den Kapitalmärkten. Zwar gibt es an europäischen Börsen Möglichkeiten für Börsengänge, allerdings sind sie kostspielig und erfordern neue Auflagen, Standards und Offenlegungspflichten für die Unternehmen. Davor schrecken viele zurück. Vielen Unternehmen ist es zudem wichtig, ihre Entscheidungsautonomie zu behalten.

In den USA steht den KMU die Möglichkeit zu Börsengängen zwar nicht offen, dafür existiert dort ein schon seit Langem funktionierendes System von Venture Investment, Private Equity und Crowdfunding. Europa hinkt in diesem Bereich hinterher: Erst vor Kurzem wurde Crowdfunding hier legalisiert, und gegenüber Private-Equity-Investoren herrscht weitreichende Ablehnung vor, die sich unter anderem in der Bezeichnung als »Heuschrecken« widerspiegelt.

Darüber hinaus spielt natürlich auch die Anlagekultur eine Rolle. Laut einer Umfrage, die ein Forscherteam von der Universität Zürich und vom Deutschen Institut für Wirtschaftsforschung durchgeführt hat, ist etwa die Hälfte der Deutschen risikoscheu, wohingegen das nicht einmal auf ein Drittel der US-Amerikaner zutrifft. Im ersten Halbjahr 2013 hatten nur 7,5 Prozent der Deutschen in Aktien investiert, von den US-Bürgern hingegen 56 Prozent. Eine gewisse skeptische Haltung gegenüber dem Kapitalismus und mangelnde Wirtschaftskenntnisse tun ihr Übriges. Einer Umfrage des Bundesverbandes deutscher Banken zufolge wissen die meisten Deutschen wenig darüber Bescheid, was an einer Börse vor sich geht. Die Folge ist, dass Eigenkapitalinvestitionen tendenziell als verrucht und »spekulativ«, Instrumente der Fremdfinanzierung hingegen als konservativ und sicher gelten. So läuft die Altersvorsorge in erster Linie über Pensionsfonds, die größtenteils in Staatsanleihen investiert sind, und man lässt sein Geld bevorzugt auf Sparbüchern liegen.

Doch die Tatsache, dass die Finanzierung von KMU ein Segment darstellt, welches im Zuge der Niedrigzinspolitik und aufgrund der Komplexität der Regulierungen relativ unattraktiv ist, hat auch ihr Gutes: Hier ist offensichtlich noch keine Blase entstanden. Während fast sämtliche Märkte infolge der lockeren Geldpolitik überhitzen, lassen sich im Bereich der KMU noch fair gepreiste Investitionsmöglichkeiten finden. Diese Erkenntnis hat Akteure auf den Plan gerufen, die sich auf das schwierige Handwerk der Mittelstandsfinanzierung verstehen und nicht das gleiche regulatorische Korsett wie die Banken haben. Zur sogenannten Private-Debt-Szene gehören Investmentfonds, die Geld von Sparern einsammeln und dazu verwenden, Kredite an KMU zu vergeben oder verbriefte Kredite und Unternehmensanleihen aufzukaufen. Im Gegensatz zu Banken, die durch die Kreditvergabe neues Geld schöpfen, schaffen diese Investmentfonds kein Geld. Sie tun lediglich das, was Banken nach Meinung vieler, die noch nicht von der Kredit- beziehungsweise Giralgeldschöpfung gehört haben, tun: Sie vermitteln zwischen Sparern und Investoren.

Eine weitere Alternative, die die europäischen KMU unabhängiger vom Geld der Banken machen soll, ist die sogenannte Mittelstandsanleihe. Doch diese steht faktisch nur größeren Unternehmen offen, da die Hürden für die Kapitalmarktfähigkeit recht hoch sind. Mittelstandsanleihen sind daher für viele KMU keine wirkliche Option. Diese bleiben bis auf Weiteres auf die klassische Finanzierung über Bankkredite angewiesen, welche aber wie besprochen durch das Vorgehen der EZB und aufgrund der zunehmenden Regulierungsdichte immer schwieriger zu bekommen ist. Die KMU, die insbesondere im deutschsprachigen Raum von besonderer Wichtigkeit sind, werden im gegenwärtigen Umfeld also strukturell stark benachteiligt. Die Krönung des Ganzen ist, dass die EZB ihr Anleihekaufprogramm, mit dem sie die Wirtschaft beleben will, nun auch auf Unternehmensanleihen ausgedehnt hat. Das führt zu weiteren Marktverzerrungen und zu einer eklatanten Benachteiligung von KMU gegenüber kapitalmarktfähigen Unternehmen, die so einen klaren Vorteil bei ihren Kapitalkosten haben. Der oftmals vorgebrachten Aussage, die Flut würde alle Boote heben, dass also die lockere Geldpolitik frisches Geld in die Kassen aller spült, ist folglich zu widersprechen: Diese Politik hat ihre Verlierer – und die KMU zählen definitiv dazu.

Gesellschaftliche Folgen

Der Blick auf die Wirtschaftskultur – die Kultur des Konsums, der Unternehmen und der Vermögensanlage – enthüllte schon besorgniserregende Muster. Doch auch unter einem Nullzins wirken Reste der Marktdisziplin. Die wirtschaftlichen Folgen sind daher noch abgemildert im Vergleich zu den weiteren gesellschaftlichen Folgen, wenngleich von diesen nicht zu trennen. Der globale Wettbewerb hemmt die Zombifizierung der Wirtschaft.

Guido Hülsmann erklärte den Unterschied zwischen Wirtschaft und Gesellschaft gut. Eben weil Unternehmen gekauft und verkauft werden können, wirkt die Marktdisziplin auch bei völliger Abdiskontierung der Zukunft zugunsten der Gegenwart tiefer in die Unternehmen hinein:

Anders als Familien, als die meisten Vereine und als der Staat haben sie einen Marktpreis, und dieser Preis spiegelt bereits in der Gegenwart die zukünftige Entwicklung des Unternehmens wider, wie sie von den potenziellen Käufern erwartet wird. Eine übertrieben kurzfristige Firmenpolitik macht sich daher nicht erst in der Zukunft bemerkbar, sondern belastet bereits in der Gegenwart das Vermögen der Eigentümer. Außerhalb der Firmen liegen die Dinge bekanntermaßen anders. Die falsche Wahl eines Ehepartners schlägt sich nicht bereits im Hier und Jetzt in den Einkommens- und Vermögensverhältnissen nieder. Ähnliches gilt von einer falschen Aufgabenteilung innerhalb der Familie, falscher Wahl der Freizeitaktivitäten, falscher Kindererziehung, falscher Schulwahl, falschem Umgang und so weiter. Gewiss, was eine richtige oder falsche Wahl ist, bestimmt sich im Familienleben nicht (oder höchstens zum Teil) danach, ob dadurch Einkommen und Vermögen wachsen. Das ist ja gerade einer der wichtigsten Unterschiede zwischen einer Familie und einer Firma. Der springende Punkt liegt vielmehr darin, dass es für Firmen einen eindeutigen Fehlermeldemechanismus gibt, durch den falsche Entscheidungen recht rasch bekannt werden, auch wenn diese Entscheidungen ihre Folgen erst in der Zukunft entfalten werden. Familien haben so etwas nicht.[47]

Weil der Nullzins hohe Zeitpräferenz materiell belohnt, verstärkt er diese Neigung und führt zu entsprechender Übertreibung. Der wirtschaftliche Produktionsprozess ist nicht nur eine Analogie zu gesellschaftlichen Phänomen, sondern eng mit diesen verbunden. Böhm von Bawerk illustrierte den Kapitalaufbau als das Beschreiten von Umwegen – im Gegensatz zu Abkürzungen. Menschen beschreiten Umwege, weil sie erwarten können, dass manche davon langfristig zielführender sind. Der Begriff »Umweg« zeigt aber die Schwierigkeit auf. Intuitiv würde man ihn in einem klar negativen Sinne verstehen: Umwege bezeichnen in der Regel unnötige, ärgerliche, zeitraubende Pfade, die aus Unkenntnis und mangelnder Orientierung eingeschlagen werden. Gelegentlich kann der Weg das Ziel sein, doch das meint Böhm von Bawerk nicht. Der Begriff »Umweg« ist deshalb angebracht, weil die Verlängerung des Produktionsprozesses im Vorhinein ungewiss und unangenehm ist. Erst im Nachhinein erweisen sich manche Kapitalstrukturen als produktiv, andere als teure Fehler. Da aber Ungewissheit eine fundamentale Bedingung menschlichen Handelns ist, führt kein Weg am Schultern dieser Ungewissheit vorbei. Man kann im Dunkeln einfach darauf losgehen, der Nase nach und schnellen Schrittes. Oder man gewöhnt erst die Augen an die Dunkelheit, tastet sich langsam voran, wählt nicht den kürzestmöglichen, sondern den unter den Bedingungen sinnvollsten Weg – etwa den Weg zu einem weiter entfernten Punkt, von dem aus die Orientierung leichter ist. Die Dunkelheit drängt zur Hast, doch die überhastete Flucht ist selten zielführend. Der Mensch ist evolutorisch ausgelegt auf Angst vor dem Ungewissen und Energiegeiz.

Energiegeiz bedeutet die Sparsamkeit bei der Verausgabung körperlicher und geistiger Energie. Unser Gehirn ist ein mächtiges Organ, konsumiert aber auch einen entsprechend hohen Anteil der verfügbaren Energie. Die Energiebilanz ist nur dann positiv, wenn unser Gehirn uns hilft, energiesparendere Wege zu beschreiten, Abkürzungen zu finden. Diese Disposition zur Faulheit ist eine wichtige Triebkraft geistiger Innovation: Menschen sind unglaublich kreativ, wenn es darum geht, Auswege, Ausreden und Notlösungen zu finden. Leider reicht diese Kreativität für die wirtschaftliche, kulturelle und technische Innovation ab einem gewissen Niveau nicht mehr aus: Mit Auswegen, Ausreden und Abkürzungen kommt man nicht sehr weit. Die Fähigkeit zum Umweg, zur Selbstdisziplin und Langfristigkeit ist eine Kulturleistung, wie Böhm von Bawerk erkannte:

Die Sorge für die Zukunft stellt eben nicht unbeträchtliche Anforderungen an die geistige und ein wenig auch an die moralische Kraft [...].[48]

Schon die Gesellschaft ist damit eine Kulturleistung. Die Kooperation von Menschen über Sippengrenzen hinaus erfordert Umwege: den kurzfristigen, direkten Eigennutzen zugunsten eines langfristigen, indirekten Nutzens in den Hintergrund zu stellen, Vertrauen aufzubringen und zu verdienen, Regeln zu folgen und sich an Abmachungen zu halten. Wo Bereitschaft und Fähigkeit dazu fehlen, kann nur Zwang zur Kooperation von vielen Menschen führen – die zwangsweise Organisation ist aber instabiler und schränkt das Potenzial erheblich ein.

Die freiwilligen Kooperationsfähigkeiten bilden Institutionen – so nennt man stabile Muster menschlicher Beziehungen. Diese Institutionen kann man als kulturelles und soziales Kapital bezeichnen. Die Analogie hält, denn es sind ähnliche psychologische Schwellen zu überwinden, der Aufbau ist ein ähnlich langwieriger Prozess des Einschlagens von Umwegen, deren Nutzen ungewiss ist und in der Zukunft liegt, und es ist eine ähnlich komplexe Struktur unterschiedlicher Elemente, die nicht einfach summiert werden kann, aber doch schichtenweise wächst. Böhm von Bawerk zog zur Illustration das Baumwachstum heran mit den Jahresringen: Nur die äußerste Schicht ist sichtbar, die Erneuerung kommt von innen und ist ein dynamischer, lebendiger Prozess, der Energie erfordert. Der überwiegende Teil der Kapitalstruktur ist unsichtbar. Das macht auch das deutsche Wirtschaftswunder nach dem Weltkrieg etwas verständlicher: Die äußersten Schichten waren in Schutt und Asche gelegt, doch das hinderte den überwiegenden Teil tiefer liegenden Kapitals nicht daran, große Produktivität zu entfalten, nachdem der Freiraum dafür errungen war. Diese tiefer liegenden Schichten bestehen aus Kenntnissen, Fertigkeiten, Beziehungen, Gewohnheiten, Ideen und Verlässlichkeiten. Je tiefer man also in die Wirtschaft blickt, desto mehr wird die Gesellschaft sichtbar – es gibt keinen losgelösten künstlichen Raum der »Wirtschaftlichkeit«, in der ein Homo oeconomicus wirkt. Reale Menschen haben Kulturen, Familien, Bedenken,

Hoffnungen, Sehnsüchte, Glaubensinhalte und Identitäten. Daher wirkt auch jede Intervention in der Wirtschaft unvermeidlich in die Gesellschaft hinein.

Mitläuferdruck und Devianz

Ein Nullzins untergräbt nicht generell die Disziplin. Er erlaubt Vorauskonsum in größerem Maße, entbindet aber natürlich nicht davon, dann in Nachleistung zu gehen. Der Nullzins erhöht die Zahl an Schuldnern und verstärkt damit die Rückzahlungsdisziplin. Diese Disziplin ist aber eine andere als jene, die den Kapitalaufbau möglich macht. Die Schuldnerdisziplin ist eine Angestelltendisziplin. Die Raten erfordern möglichst stabiles, offiziell ausgewiesenes und daher voll versteuertes Einkommen. Die meisten und besten Angebote des Vorkonsums finden sich bei den Gütern, welche die meisten Angestellten erstreben: Eigenheim, Auto, sodann Einrichtung mitsamt Großbildfernseher. Wenn es die dargestellten Nebengeschäfte zwischen Fluglinien, Hotelketten, Kreditkartenfirmen und Banken nicht gäbe und der Staat nicht teilweise für die unmündigen Untertanen »Urlaubsgelder« festsetzte (in Österreich hat das Jahr für Angestellte daher 14 Monate), dann würde wohl auch die Ratenzahlung für den Jahresurlaub die Regel sein.

Die Angestelltendisziplin wird durch die größeren Möglichkeiten zum Vorkonsum belohnt, der zugleich diese Disziplin kompensiert und erträglich macht. Der menschliche Energiegeiz ist mit einer Energiegier gekoppelt. Unsere kalorischen Bedürfnisse drängen zu schnellen Energiebringern, das macht Süßigkeiten, Fast Food, Limonaden so unwiderstehlich. Der Nullzins belohnt die Schuldnerdisziplin mit schnellen Konsumfreuden, führt dabei aber zu einer ungesunden Überdehnung. Da die Konsummöglichkeiten nicht Folge von zuvor aufgebauten Gewohnheiten sind, sondern die Disziplin durch den Schuldendruck nachträglich erzielt wird, gerät die Durchschnittsexistenz in eine unangenehme Spannung, so als ob Phasen des Aushungerns mit Phasen der Völlerei überlagert sind.

Die Fähigkeit, in einem Unternehmen auch als Nichteigentümer, als weisungsempfangender Angestellter produktiv mitzuwirken, ist eine Kulturleistung. Dass diese Fähigkeit in Westeuropa stärker ausgeprägt ist als anderswo, gehört zum relativ hohen kulturellen Kapital dieser Region. Doch wenn es nicht mehr die guten Gewohnheiten verlässlicher Kooperationsfreude sind, sondern überwiegend der Schuldendruck motiviert, im Bullshit-Job auszuhalten, dann schwindet mit dem kulturellen Kapital langsam und unbemerkt auch das Produktivitätspotenzial. Die schulden- und nicht mehr eigenmotivierte Angestelltendisziplin verkommt zu materialistischem Mitläufertum. Der künstliche Konsumboom erweist sich als Pyramidenspiel, das zu panischer Konsumhetze führt, um bei einem doppelten Entwertungsdruck mitzuhalten: den steigenden Statusgütern der Nachbarn und den sinkenden Reallöhnen. Die Notwendigkeit, dass es heute zwei Vollzeiteinkommen braucht, um den Kreditdruck eines kleinen bürgerlichen Haushalts irgendwie zu stemmen, wird dann leicht als »Emanzipation« der Frau rationalisiert. Die mangelnde Zeit für die eigenen Kinder wird mit der Möglichkeit zusätzlichen Statuskonsums kompensiert – dadurch werden Kinder immer teurer, bis man sie ganz weglässt.

Das immer angespanntere Geschlechterverhältnis und Fragen der Familienführung werden zu ressentimentgeladenen Tabus der politischen Korrektheit. Diese setzt ihren Siegeszug gerade aufgrund der zunehmenden Angestelltendisziplin durch. Diese Mitläuferdisziplin zeigt sich als Feigheit in allen Bereichen. Ein falsches Wort kann den Job kosten und damit die Existenz.

Der Mitläuferdruck verstärkt nicht nur die Polarisierung, sondern hat auch überraschende ästhetische Folgen. Zur Kompensation des Mitläuferdrucks sehen viele ein Ventil in Ausdrucksformen, die man »Devianzsymbole« nennen könnte. Diese Symbole sind zugleich Ausdruck hoher Zeitpräferenz, was ideal zum Nullzinsumfeld passt. Tätowierungen, einst Markierungen von Gruppen am Rande der Gesellschaft, werden zum Massenphänomen in der Mitte der Gesellschaft. Natürlich steht es jedem frei, seinen Körper zu schmücken, und für manche mag es sich um authentische künstlerische Ausdrucksformen ihrer Identität handeln. Doch wenn Randphänomene in die Mitte rücken, hat das selten viel mit gewandelten künstlerischen Vorlieben zu tun. Die Tätowierung kompensiert als Devianzsymbol die eigene Mitläuferexistenz – dann darf sich auch der kleine Schuldknecht als Rebell fühlen. Dieses Gefühl wird vorauskonsumiert, der Körper trägt die Zeichen dann ein Leben lang – ein Hinweis auf das Abdiskontieren der Zukunft. Das ist keine normative Abwertung der Tätowierung, nur ein Fingerzeig auf merkwürdige Verdichtungen: die Devianzspießer.

Ähnliche Phänomene zeigen sich bei der Kleidung. Immer mehr Elemente aus Randgruppen der Gesellschaft wandern in die Mode der Mitte der Gesellschaft. »Lässigkeit« und Bequemlichkeit oder Marken und Slogans dominieren bei der Kleidungswahl. Anne Hollander analysierte in ihrer großen modegeschichtlichen Darstellung:

Eine Menschenmenge von Erwachsenen in einem Museum oder Park sieht heute aus wie ein Schulausflug. Jeder trägt die gleichen bunten Reißverschlussjacken, Pullover, Hosen und Hemden, die von Kindern getragen werden – die traditioneller Arbeitskleidung gleichen, außer, dass sie in fröhlichen Farben hergestellt werden. [...]

Die einfarbigen Jumpsuits und Sweatsuits für Erwachsene, zusammen mit den bunten kleinen Turnhosen und T-Shirts, erinnern an die Strampelhosen und Spielanzüge, die einst von Säuglingen beiderlei Geschlechts getragen wurden. Es sind Kostüme, die absolute körperliche Freiheit und keine Verantwortung außerhalb des Selbst bedeuten, ohne dass man der ursprünglichen Funktion des Kleidungsstücks gerecht werden muss. [...]

Eine solche Kleidung drückt zudem stark die Freiheit von der Last der Sexualität bei Erwachsenen aus. Dieses schließlich scheint das ausgeprägteste Motiv zu sein, das der Tendenz von Männern und Frauen zugrunde liegt, sich in Versionen von Sandkasten-, Pseudo-jagd- oder Pseudoarbeitsbekleidung genau gleich zu kleiden. [...] Inzwischen kann ein umgekehrter Stil der Kinderromantik gelegentlich dazu führen, dass eine Mutter, die Jeans, Stiefel und Windjacke trägt, Hand in Hand mit einem kleinen Mädchen geht, das ein bauschiges Samtkleid mit Spitzenkragen und zierlichen Lackschuhen trägt; aber zum größten Teil wird die ganze Familie von der Oma bis zum Dreijährigen in der Freizeit genau gleich gekleidet sein, immer bereit, am Spielplatz zu spielen.[49]

Infantilisierung ist ein weiterer Aspekt künstlich erhöhter Zeitpräferenz. Wie die berühmten Marshmallow-Experimente zeigen,[50] findet im Zuge des Älterwerdens von Kindern eine entwicklungspsychologische Absenkung der Zeitpräferenz statt. Diese zeigt sich in der wachsenden Fähigkeit, mit anderen zu kooperieren, zu teilen, Geduld zu üben und Frustrationstoleranz aufzubauen. Die Vorzüge bequemerer oder angepassterer Kleidung (oder bei entsprechendem Wetter gar keiner) sind unmittelbar zu spüren, die möglichen Vorteile aufwendigerer Garderobe ungewisser und weiter entfernt. Aus persönlichem Abwägen mal für Bequemeres zu entscheiden, mal für Angepassteres, mal für Originelleres und mal für Aufwendigeres – das wäre weder ungewöhnlich noch zu kritisieren. Merkwürdig ist die Häufung, sodass das Bequemere zugleich das Angepasstere wird: Heute fällt man eher als Krawattenträger auf denn als Sportschuhträger. Diese Verdichtung ist ein gesellschaftlicher Trend, und es wird kein Zufall sein, dass auch hier der Trend in Richtung des kurzfristig Angenehmeren geht zulasten der gegensätzlichen Mühen, Tradition zu pflegen (nicht billige Imitate aus dem Trachtendiskonter) oder Individualität zu wagen. Dieser Gegensatz zeigt, dass es überhaupt nicht um den Gegensatz zwischen konservativ und progressiv geht. Es geht auch nicht um die Kritik individueller Vorlieben und Geschmäcker.

Moralische Entlastung und Kurzfristigkeit

Es ist allerdings zuzugeben, dass die Erhöhung der Zeitpräferenz moralische Implikationen hat, die eindeutig negativ sind. Ein großer Teil des vermeintlichen Altruismus ist die Fähigkeit und Bereitschaft zu langfristiger orientiertem Handeln. Nahezu jede als moralisch gut bewertete Charaktereigenschaft kann positive Folgen für das Individuum selbst haben – also dem Eigennutzen dienen –, doch sind diese Folgen selten unmittelbar oder gewiss. Ehrlichkeit rentiert sich – aber nur bei öfter wiederholten Kooperationen über einen längeren Zeitraum.

Unmoralisches Verhalten ist demzufolge oft nur besonders kurzfristiges Verhalten, selten wirklich böses Verhalten. Die wenigsten Lügner haben Freude an der Lüge, sie nutzen sie bloß als Abkürzung, um eigene Ziele eher zu erreichen oder Nachteilen aus dem Weg zu gehen.

Im Extremfall schließlich gelangen wir zu kriminellem Verhalten. Die wenigsten Kriminellen sind wirklich böse. Impulsivität, niedrigere Abstraktionsfähigkeit, geringere Stabilität im Leben korrelieren mit einer starken Abdiskontierung der Zukunft. Der Raub, der für einen schnellen, kleinen Wohlstandsgewinn das Risiko künftiger Haft und sozialer Ausgrenzung in Kauf nimmt, ist das Paradebeispiel großer Kurzfristigkeit im Handeln. Dabei zeigen die meisten Kriminellen durchaus die Rationalität, gegenwärtigen Schwierigkeiten aus dem Weg zu gehen: Sie suchen sich leichte Opfer und gute Gelegenheiten.

Gewiss wäre es ein übertriebener Schluss, nun den Nullzins für eine mögliche Steigerung der Kriminalität verantwortlich zu machen. Doch besteht das reale Problem, dass eine Eingewöhnung auf Vorkonsum durchaus zu mangelnder Zurückhaltung vor kriminellen

Abkürzungen führen könnte, wenn die wirtschaftlichen Verhältnisse einmal schwieriger werden und große Massen durch längere Arbeitslosigkeit völlig aus der Kreditwürdigkeit fallen. Die Erfahrung zeigt, dass der unmittelbare Kreditkonsum, wie er etwa in den USA über Kreditkarten im eigentlichen Sinne einer breiten Masse möglich ist, auch bei Wirtschaftskrisen nicht extrem einbricht. Das wird meist positiv interpretiert als Grundsolidität dieses Alltagskonsums, könnte aber schlicht ein Hinweis auf die Unfähigkeit zur Konsumeinschränkung sein. Diese mangelnde Bereitschaft zur Konsumeinschränkung mobilisiert letzte Ressourcen: Es kommt zum Liquidemachen versteckter Vermögenswerte, zur Umschuldung, zur Nutzung von Beziehungen und kreativen Abkürzungen. Bei einer längeren Wirtschaftskrise könnte dieser Mobilisierungsdruck allerdings auch kriminelle Energien aufbringen. Die bei den erwähnten Devianzsymbolen, der Mode und Popkultur unübersehbaren Referenzen zur Straßenkriminalität könnten ein vorauseilendes Kokettieren mit dieser letzten Konsequenz kurzfristigen Verhaltens sein – und damit eine Rationalisierung im Vorhinein.

Hoher Wohlstand steht gemeinhin im Verdacht, durch die existenzielle Entlastung junger Menschen diese zu verderben. Wie heißt es so schön nach Bismarck: Die erste Generation schafft Vermögen, die zweite verwaltet Vermögen, die dritte studiert Kunstgeschichte, und die vierte verkommt. Die Entlastung ist gewiss ein Problem, doch diese hat gar nicht so viel mit dem Wohlstand zu tun, sondern mit der Art, wie man an diesen gelangt. Tatsächlich belastet Wohlstand, da haben Asketen recht. In einer dynamischen Welt ist Wohlstand kein statischer Zustand, sondern bezeichnet die Möglichkeit, hohe Einkommen zu erzielen. Diese Einkommen können aus Veranlagung liquider Mittel kommen. Ohne Geldmengenausweitung wäre aber entweder das unternehmerische Element der Veranlagung sichtbarer oder zumindest die Mühe des Aufbaus dieser Ersparnisse. Das »Verkommen« der Wohlhabenden ist vorwiegend bei gewissen Neureichen zu beobachten, jenen, denen in kurzer Zeit hohe Summen bei geringer Eigenleistung zugeflossen sind. Ein Nullzins senkt die Zeit des Kapitalaufbaus, erhöht die »windfall gains«, die Zufallsgewinne durch Vermögenspreisinflation, und verschiebt damit das Gewicht generell in Richtung Neureiche. Diese sind selbst nicht in ihren Wohlstand eingewöhnt und verabsäumen es daher, die nötige Eingewöhnung an ihre Kinder weiterzugeben. Wer langfristig wohlhabend sein möchte, muss sich vor der Konsumverlockung des hohen Wohlstands hüten und diesen behutsam in eine Kapitalstruktur umbauen. Wissen und Erfahrung sind dabei wesentliche Elemente, wodurch dieser Aufbau viele Generationen übergreifen kann. Dann sollte eigentlich jede folgende Generation besser dabei werden, Wohlstand aufzubauen. Da sich die Welt unvorhersehbar verändert, wird irgendwann trotzdem in jeder Generationenfolge der Wohlstand dahin sein. Das ist aber keine Folge des Erbens, sondern schlicht der wachsenden Ungewissheit mit Fortlauf der Zeit.

Die wirklich dramatische Entlastung ist die von den Konsequenzen des eigenen Handelns. Hoher Wohlstand kann zwar als Kokon dienen, sodass man aus eigenen Fehlern weniger lernt. Zugleich erhöht sich aber auch die Tragweite von Fehlern. Viele Lottogewinner enden unglücklicher und ärmer als vor dem Gewinn. Viele Stars, deren Ruhm schnellen Reichtum bringt, enden in Süchten und Psychosen. Hier zeigen aber schlechte Entscheidungen bittere Folgen, aus denen man lernen kann, ob als Betroffener oder Beobachter. Wohlstand, der langsam über viele richtige Entscheidungen aufgebaut wurde, mindert nicht die Entscheidungsfähigkeit und die Fähigkeit, aus eigenen Fehlern und denen anderer zu lernen.

Ein wesentliches Disziplinierungsinstrument, das aus Fehlern Lektionen macht, ist die Knappheit von Geld: Schlecht ausgegebenes oder angelegtes Geld wandert zu jenen, die es besser ausgeben oder anlegen. Dass Geld auf diese Weise ungehindert wandern kann, erhöht die soziale Mobilität. Das kompensiert die statische Ungleichheit durch dynamische Gleichheit der Möglichkeiten, mit besseren Entscheidungen mehr Geld zu akkumulieren.

Geldschöpfung mindert diese Disziplin. Grenzenlose Verschuldungsmöglichkeit führt zu unendlich tiefen Taschen. Tiefe Taschen schieben Lektionen hinaus, indem sie es möglich machen, ewig versunkenen Kosten anzuhängen: »gutem Geld schlechtes Geld nachzuwerfen«. Das ist die Essenz des *too big too fail*, der staatlichen Rettung von Banken, Fonds und Konzernen. Die Mittel dafür werden bei einem Nullzins praktisch unbeschränkt. So kann sich das Scheitern in ineinander verschachtelten Kokons einnisten: Der schuldenfinanzierte Konzern, der überwiegend einem schuldenfinanzierten Fonds gehört, der an einer schuldenfinanzierten Bank hängt – alle finden im schuldenfinanzierten Staat den letzten Entlaster. Diese wirtschaftlichen Strukturen führen dazu, dass über die damit möglichen Positionen das Prinzip des konsequenzenlosen Handelns tief in die Gesellschaft einsickert. Dieses Grundübel bezeichnet Nassim N. Taleb in seiner scharfen Gesellschaftskritik als »no skin in the game«. Immer mehr Menschen sind in Funktionen, in denen sie vor den Folgen ihres Handelns geschützt sind. Das begünstigt Verantwortungslosigkeit und mangelnde Lernfähigkeit.

Folgen des Handelns zeigen sich in der Regel erst längerfristig, die Entbindung von Handlungsfolgen verstärkt daher weiter die Kurzfristigkeit. Kurzfristige Vorteile fallen dem Einzelnen zu, während die längerfristigen Kosten von der Allgemeinheit getragen werden. Der Nullzins entlastet die Gegenwart auf Kosten der Zukunft. Immer mehr Jobs und Funktionen sind vorfinanziert, das heißt, sie werden noch nicht durch die Anerkennung realer Wertschöpfung getragen. Bei einem Nullzins ist theoretisch ewig Zeit, zu dieser Wertschöpfung zu gelangen. Das bedeutet, immer mehr Menschen wirken an Stellen, die aktuell konsumtiv sind und überwiegend Mittel aufbrauchen. Reale Kompetenz wird damit etwas weniger wichtig, relevanter ist der Zugang zu diesen Stellen. Die Stundung der Wertschöpfung hüllt die Werkenden in Kokons ohne Marktdisziplin. Jobs werden zu Ansprüchen auf eine dieser vorfinanzierten Stellen. Das hat dramatische Auswirkungen auf die Einstellungen insbesondere der jungen Menschen.

Narzissmus

Ein gesellschaftlicher Trend scheint mit diesen wirtschaftlichen Veränderungen eng verbunden zu sein. Unter Jugendlichen nimmt der Narzissmus in besorgniserregendem Maße zu, wie die Psychologen Twenge und Campbell diagnostizieren:

In den Daten von 37.000 Studenten nahmen die narzisstischen Persönlichkeitsmerkmale von den 1980er-Jahren bis heute genauso schnell zu wie die Fettleibigkeit, wobei die Veränderung bei Frauen besonders ausgeprägt war. Der Anstieg des Narzissmus beschleunigt sich, wobei die Werte in den 2000er-Jahren schneller steigen als in den vorangegangenen Jahrzehnten. Bis 2006 wies einer von vier Studenten die Mehrzahl der Punkte eines Standardmaßes für narzisstische Eigenschaften auf. Auch die Narzisstische Persönlichkeitsstörung (NPS), die schwerwiegendere, klinisch diagnostizierte Version des Charakterzugs, ist weitaus häufiger, als man glaubte. Fast jeder zehnte Amerikaner in den Zwanzigern und jeder Sechzehnte bei Betrachtung aller Altersgruppen hat die Symptome der NPS erlebt.[51]

Narzissmus ist übertriebene Voreingenommenheit von sich selbst, die blind gegenüber eigenen Schwächen macht. Narzisstische Menschen fühlen sich meist gut. Ihr Selbstwertgefühl ist übertrieben hoch. Das führt zu Fehlentscheidungen und Fehlverhalten mit langfristigen Kosten. Eine Überbewertung der Gegenwart begünstigt Narzissmus, da dann diese Kosten aus dem Blickfeld rücken. Übertriebenes Selbstwertgefühl ist die Folge einer Abschirmung von den Folgen des eigenen Handelns. Dieses ist auf eine Überbehütung zurückzuführen.

Diese Form der Entlastung hat nur wenig mit Wohlstand zu tun. Die Überbehütung erfolgt einerseits im Elternhaus. Eine der Ursachen dafür ist demografisch: Man bekommt immer später immer weniger Kinder. Dadurch hängen die Eltern immer mehr an ihren Einzelkindern: das Phänomen der Helikoptereltern. Letztere kompensieren die eigene Sinnleere. Was sie im Leben nicht erreichen konnten, weil Schulden- und Karrieredruck wenig Platz ließen, sollen nun die Kinder ausleben. Diesen müssen alle Hindernisse aus dem Weg geräumt werden, in völliger Entlastung sollen sie völlige Wahlfreiheit erleben. Das ist sympathisch und nachvollziehbar, führt aber zu mangelnder Orientierung.

Andererseits wird die Überbehütung in den Bildungseinrichtungen und oft auch an den Arbeitsplätzen fortgesetzt. Die erwähnten Kokons führen dazu, dass die jungen Menschen weniger Widerstand spüren und weniger Kritik ausgesetzt sind. Wenn sie diese erstmals erleben, können sie kaum damit umgehen. Immer mehr Arbeitsplätze entstehen im »geschützten Bereich«. Geschützt ist dieser durch Vorfinanzierung vor direkten Marktkonsequenzen, vor Kundengunst oder Kundenverlust. Die dortigen Bullshit-Jobs werden durch Bullshit-Ausbildungen vorbereitet, die im Wesentlichen Rationalisierungen der eigenen Karriere darstellen. Das gute Gefühl geht auf Kosten steigender Realitätsblindheit und Kritikunfähigkeit.

Twenge und Campbell selbst erkennen in ihrer Studie des Narzissmus den engen Zusammenhang mit den wirtschaftlichen Rahmenbedingungen. Sie analysieren wie folgt:

Die Inflation der Kredite führt zu einer Inflation des Selbstbildes und hilft der Narzissmusepidemie, sich zu verbreiten. Nimm eine Kultur, die Selbstbewunderung und materielle Güter fördert, füge die Fähigkeit hinzu, diese Selbstbewunderung zu verwirklichen, indem du Dinge kaufst, die du dir nicht wirklich leisten kannst, und viele Menschen leben die narzisstische Illusion, dass sie reich, erfolgreich und besonders sind. Im Jahr 2005 gaben die Amerikaner zum ersten Mal seit der Weltwirtschaftskrise in den 1930er-Jahren mehr aus, als sie verdienten. Amerikaner sehen Menschen mit schicken Autos und Klamotten und nehmen an, dass sie reich sein müssen. In Wirklichkeit ist es oft sicherer anzunehmen, dass sie verschuldet sind. Die Kreditklemme, die die Wirtschaft in den späten 2000er-Jahren lahmlegte, ist letztlich der Konflikt zwischen dem Lustprinzip und dem Realitätsprinzip. Narzissmus arbeitet nach dem Lustprinzip – er sieht toll aus und bekommt, was er will, aber er schadet langfristig anderen Menschen und sogar dem Selbst.[52]

Sie weisen auch auf den interessanten Umstand hin, dass Narzissten im Bullenmarkt bessere Anleger sind. Damit belohnt der Nullzinsboom den Narzissmus: Das übertriebene Selbstwertgefühl erleichtert den Fokus auf die Gegenwart. Dennoch bleibt Narzissmus eine Form von Kapitalkonsum: Ein gutes Gefühl wird konsumiert zulasten der Selbsterkenntnis, der Realitätseinschätzung, der Verlässlichkeit, der Bereitschaft, einen bescheidenen Beitrag zu leisten. Immer mehr Menschen wollen Aufmerksamkeit und Anerkennung im Voraus – nicht als später Verdienst.

Das ist in einer Zeit der Entwertung nachvollziehbar. Es wäre also völlig verfehlt, jungen Menschen heute die Leviten zu lesen. Ihre Einstellung ist näher an der verzerrten Realität der Gegenwart als die ihrer Eltern. Sie erkennen unbewusst, dass eine Phase des Kapitalkonsums eine Zeit des Vordrängens ist, denn sonst geht man leer aus. Was als Narzissmus diagnostiziert wird, könnte also durchaus nur die nüchterne Reaktion auf die wirtschaftlichen Verhältnisse sein. Aufmerksamkeit wird zu einer immer wichtigeren Währung und das Streben nach Aufmerksamkeit damit zu einem funktionellen Karriereweg.

Verbunden ist damit auch der zunehmende Materialismus. Wenn junge Menschen möglichst hohe und stabile Gehälter als Selbstzweck erstreben, ist das womöglich eine pragmatische Reaktion auf die Geldentwertung. Es kommt zu einer Lebenslaufhektik, bei der möglichst schnell möglichst viele Zeilen im Lebenslauf erworben werden. Tatsächlich erworbene Kenntnisse treten in den Hintergrund. Wohl auch, weil diese Kenntnisse in vielen Positionen immer weniger relevant werden. Gelernt wird ohnehin alles Wesentliche am Arbeitsplatz. Die feste Anstellung bei ausreichend hohem Gehalt wird so zur Voraussetzung des Erwerbs relevanter Kenntnisse – eine völlige Umkehrung der Reihenfolge, die nur durch Vorfinanzierung erklärbar ist. Der Gegensatz dazu ist nämlich Vorleistung und deren Notwendigkeit schwindet beim Nullzins.

Anstelle des verdienten Erfolgs tritt das Bedürfnis nach sofortiger Geltung. Viele Jugendliche träumen davon, »entdeckt« zu werden. Superstar zu sein, wird zum Berufswunsch – allerdings ohne Leistung. Auch Prominenz ist heute oft kreditartige Vorausbekanntheit – und hängt immer öfter am Zugang zu Aufmerksamkeitskartellen. Durchschnittliche bis unterdurchschnittliche Menschen mit großem Aufmerksamkeitsbedürfnis schaffen es immer öfter, zur Belustigung der Masse »entdeckt« zu werden. Oder die Prominenz fällt mühelos denen zu, die an die vorfinanzierten Medienjobs mit direktem Öffentlichkeitskontakt gelangt sind. Nachrichtenableser aus dem staatlichen Rundfunk können dann zu den Vorzeigeintellektuellen eines Landes mit der größten Twitter-Reichweite werden, wenn sich Aufmerksamkeit noch mit zeitgeistigen Positionen verbindet, die es in besonders reichweitenstarke Filterblasen schaffen. Die öffentliche Bekanntheit lässt sich dann in materiellen Erfolg ummünzen, durch Buchveröffentlichungen – immer öfter von Ghostwritern der Verlage geschrieben –, Musik – die andere komponieren, einspielen und zurechtmischen – oder bezahlte Auftritte – zur Aufhübschung von Konzernevents, in den zunehmenden Fernsehsendungen der B-Prominenz oder gleich in der Politik.

Die schleichende Trennung von Leistung, Kenntnissen, Fertigkeiten und Erfolg führt zur Abwertung Ersterer. Besonders deutlich werden diese Entwicklungen im Bildungsbereich. Dort geht heute Niveausenkung paradoxerweise mit steigendem Druck einher. Die Studenten befinden sich in einem Zertifikatewettlauf, bei dem Inhalte völlig sekundär werden. Noch nie wurde so viel Geld für »Bildung« ausgegeben wie heute und doch war die Enttäuschung noch nie so groß über die Bildungsergebnisse.

Bildungsblase

Der Nullzins erlaubt die schuldenfinanzierte Bildung in fast beliebig hohem Ausmaß, während die erwartete Produktivitätssteigerung immer weiter in der Zukunft liegen kann. Mangels Zins werden auch die fernsten Ergebnisse gleich behandelt wie gegenwärtige, wodurch sie so weit in Ferne rücken, dass sie unüberprüfbar werden. Die Schuldenfinanzierung der Bildung erfolgt entweder privat, wie in den USA, oder staatlich, wie in Europa. Doch die Trennung von privat und Staat schwindet beim Nullzins. Ob die Bildung durch direkte Transfers, direkte Institutionenfinanzierung, Subventionierung von Krediten oder schlicht Vergünstigung von Krediten durch Geldschöpfung und Zinsintervention erfolgt, ist für das Ergebnis relativ unerheblich. Die Folge ist jedenfalls immer geringere Rechenschaft der Bildungsinstitutionen auch dort, wo sie privat sind und im Wettbewerb stehen.

Bildung als Element individueller Kapitalbildung wird durch Nullzins und Verzerrung der Kapitalstrukturen besonders stark verändert. Eine Zertifikateinflation entwertet Abschlüsse und erhöht zugleich den Druck – völlig analog zur Geldmengeninflation. Tatsächlich sind die Bildungsausgaben in den USA der stärkste Treiber der Teuerung, wie das folgende Diagramm zeigt:

Abbildung 3-5: Preisanstieg ausgewählter Güter und Dienstleistungen, USA, Januar 2002 = 100, 1996–2018
Quelle: Bureau of Labor Statistics

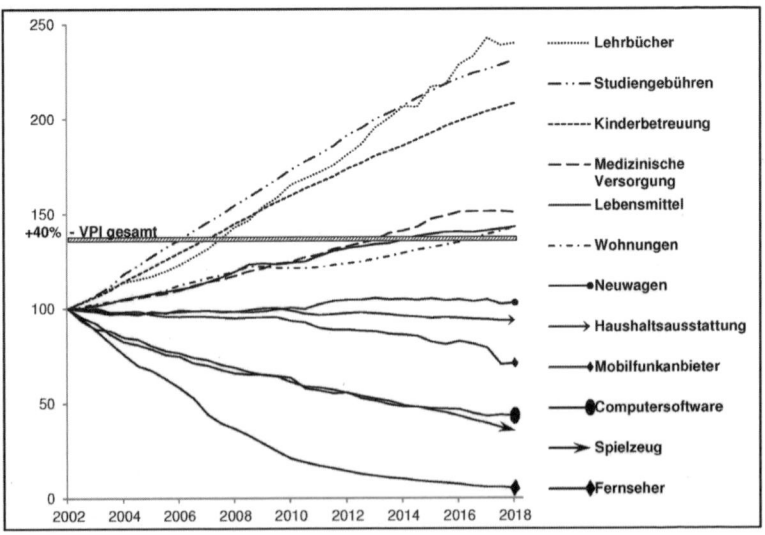

Die Kausalität ist aber umgekehrt: Nicht Bildung treibt Inflation, sondern Inflation bläht Bildung auf. Moderne Ausbildung ist ein Kapitalersatz, genauso wie der geschaffene Kredit. Wo die Verbindung zwischen Kredit und Bildung eine direkte ist, wie etwa in den USA, wird die Dynamik offensichtlich. In anderen Staaten ist die Kostenexplosion in Budgets versteckt. Damit ist sie weniger sichtbar, da die direkte Intuition genau gegenläufig ist: Aufgrund des Entwertungsdrucks überwiegt im Bildungsbereich ein ständiger Eindruck zu knapper Mittel. In Europa haben viele den Eindruck, dass die Bildung »zu Tode gespart« wird. Zugleich sind Bildungsausgaben quer durch alle politischen Lager sakrosankt.

Wo es noch einen Wettbewerb durch private Bildungsanbieter gibt, sind diese meist akkreditierte Zertifikateanbieter. Ihre Kunden sind die Zertifikateerwerber. Viele dieser Anbieter sind heute im Besitz von Fonds. Ihre kurzfristige Kundenorientierung führt zu einem laufenden Druck der Niveauabsenkung. Am liebsten wäre den »Kunden«, die fern jeder Kostenwahrheit nachfragen, der Erhalt der Zertifikate direkt per App auf das Mobiltelefon – möglichst ohne Mühe. Daher florieren Anbieter des Fernunterrichts. Der Unterricht ist durch den Zertifikatedruck aber völlig entwertet, sodass große Universitäten ihre Kurse bereits kostenlos ins Netz stellen. Sie wissen, dass sie ihr Geld durch Verkauf von Zertifikaten verdienen, nicht durch Bildung – deren Resultate nicht beliebig skalierbar und quantifizierbar sind. Entscheidend ist der Markenwert der Bildungsanbieter, dafür wird ohne Hemmnisse das historische Kapital von bestimmten Standorten konsumiert. Amerikanische Eliteuniversitäten »investieren« in Sportler und die nötigen Sportanlagen sowie in einen prunkvollen Campus. In Europa ist der Kapitalkonsum versteckter, greift aber weiter: Standorte mit großer Geschichte werden entsprechend gemolken.

Zertifikate werden zum Geltungskonsum – ein weiterer Grund, warum Bildung so eine Kostenexplosion zeigt. Nassim Taleb erkannte völlig richtig, welche Dynamik hinter dem anhaltenden Markenwert der bekanntesten Universitäten steht, die wie die bekanntesten Börsentitel durch die Rekognitionsheuristik Gewinner der Nullzinsentwertung sind:

Eliteuniversitäten haben ja mittlerweile in den Augen der neuen asiatischen und amerikanischen Oberschicht den Status von Luxusgütern. Harvard ist wie eine Tasche von Louis Vuitton oder eine Uhr von Cartier. Es wird ein gewaltiger Druck auf Mittelschichteltern ausgeübt, die immer größere Anteile ihres Ersparten in diese Institutionen schaufeln und ihr Geld Verwaltern, Immobilienhändlern, Professoren und anderen Vermittlern übertragen. In den Vereinigten Staaten findet eine Akkumulation von Studienkrediten statt, die au-

*tomatisch auf diese Rentenabschöpfer übergehen. In gewisser Hin-
sicht ähnelt es einer Erpressung: Man braucht den Abschluss von
einer namhaften Universität, um im Leben weiterzukommen; dabei
wissen wir, dass die Gesellschaft insgesamt keine Fortschritte macht,
die auf das organisierte Bildungssystem zurückzuführen wären.*[33]

Kurzfristigkeit, verbunden mit dem Erfolgsdruck, führt dazu, dass
Studenten kaum noch inhaltliches Interesse in Vorlesungen zeigen.
Die häufigste Frage, die man von ihnen zu hören bekommt, lautet:
Kommt das zur Prüfung? Insbesondere in den Massenstudien geht
es um das Belegen möglichst vieler Multiple-Choice-Prüfungen in
möglichst kurzer Zeit. Dieses Bulimielernen führt dazu, dass Studien
keine langfristig nachweisbaren Inhalte mehr vermitteln, nur kurzfristig wertvolle Abschlüsse. Massenstudien sind solche, die besonders gute Kompetenzfassaden vermitteln, etwa Wirtschaftsabschlüs-
se – denn »Wirtschaft« hat ja wohl immerhin etwas mit Wirtschaft
zu tun und berechtigt zu Arbeitsplätzen. Da das Lernen ohnehin im
Job erfolgt, fällt der Bluff nicht auf. Für die Unternehmen ist es ein
ausgelagerter Filter, für den sie nichts bezahlen müssen: Zertifikate
dokumentieren, dass die Studenten eine gewisse Alphabetisierung,
Disziplin, Unterordnungsbereitschaft und Angestelltengesinnung
mitzubringen. Das ist nicht viel, da es aber ein kostenloser Indikator
ist, greift man im Nullzinsumfeld gerne darauf zurück. Insbesondere
in den HR-Abteilungen großer Konzerne, die rein formalistisch operieren.

Da der Abschluss immer mehr jungen Leuten offensteht, sind
oberhalb der Grundmotivation, sich durch die Prüfungen zu quälen, Kompetenz- und Fleißunterschiede zunehmend irrelevant. Das
schlägt sich in einer lockeren Studentenkultur nieder, in der Konsum besonders wichtig ist. Subventionierte Auslandssemester dienen vorwiegend dem Feiern unter hohem Alkoholkonsum. Obwohl
sie Dauerstress empfinden, wenden Studenten heute durchschnitt-

lich gerade 14 Stunden pro Woche für das Studieren im engeren und eigentlichen Sinne auf.[54]

Die Evaluierung der Vortragenden durch die Studenten ist mittlerweile relevanter als die Evaluierung der Studenten durch die Vortragenden. Erstere kann Karrieren beenden, bei Letzterer ist besonders bei privaten Zertifikatefabriken der Druck groß, möglichst alle Studenten am Ende durchzulassen – immerhin bezahlen sie dafür. Professoren stehen dabei im Weg. Der Trend geht in Richtung von abhängigen Jungakademikern, die von Projekt zu Projekt hechten und möglichst nicht viel Zeit an einem Ort verbringen sollen. Strenges Prüfen können sich nur noch ältere Professoren leisten und diese werden dann gerne durch politische Korrektheit aus dem Weg geräumt.

Hier ist eine der Triebkräfte auszumachen, die zum Ende der Gedankenfreiheit an der Universität geführt haben. Besonders ausgeprägt ist diese Entwicklung in den USA, aber auch Europa steht kaum nach. Ein enger Korridor zulässigen Denkens errichtet heute »safe spaces«, Räume der kritiklosen Behaglichkeit, um die Studenten. Das ist eine weitere Ausprägung der oben geschilderten Kokons. Doch dieser Kokon ist nur nach innen watteweich, nach außen ist er erstaunlich antagonistisch. Auf manchem Campus werden Diskussionen durch bürgerkriegsartige Ausschreitungen verhindert. Immer mehr akademische Karrieren enden heute am Überschreiten der engen Grenzen der politischen Korrektheit. Studenten zeigen ihre Professoren an, gegen die dann durch den sogenannten Mittelbau, die universitären Verwaltungsbediensteten, ermittelt wird. Die aggressive Verletzlichkeit der jungen Menschen ist Folge ihres Narzissmus – doch warum kann sich dieser so ungestört ausbreiten?

Der Grund ist einerseits das Missverständnis vieler Professoren ihrer eigenen Funktion. Viele hängen noch einem alten Ethos an, der die Universität mit einem Ort des freien Diskurses, der elitären Auswahl und der Forderung und Erziehung junger Menschen verwechselt. Das entspricht nicht mehr der Realität. Professoren, die sich in ihren Äußerungen nicht an den Grundkonsens der politischen Korrektheit halten können, halten sich meistens auch nicht an den Grundkonsens der erleichterten Zertifikatsvergabe. Kurzfristig betrachtet, zeigen sie dadurch ihre Feindschaft gegenüber den Studenten, die ja eigentlich Zertifikatekunden sind und ohnehin unter den steigenden Kosten bei sinkendem Wert dieser Güter leiden. Die mangelnde »Kundenorientierung« ihrer Professoren behagt ihnen nicht und es ist völlig rational und pragmatisch, dass solche Professoren dann auch nicht auf die Freundschaft ihrer Studenten zählen können. Ohne Freundschaft aber fehlt die Intimität des wirklich kritischen, ergebnisoffenen und kontroversen Diskurses. Der Geist der Feindschaft ist nicht die Schuld der Studenten, sondern die institutionelle Folge der Zweckentfremdung der Universität zu einem Mittel hochskalierter Zertifikateproduktion.

Insbesondere bei Universitäten, die staatliche Ämter oder private Konzerne sind, zeigt sich dasselbe Muster der Bürokratisierung wie in allen anderen Bereichen: Der wachsende Mittelbau sucht sinnvolle Aufgaben. Diese rationalisiert man sich in der Vermittlung zwischen Studenten und Professoren, dem Aufrechterhalten formaler Prozeduren und der Ordnungsmäßigkeit des Betriebs. Das lässt politisch korrekte Befindlichkeiten zu einer kafkaesken Gremienbeschäftigung eskalieren, ganz ohne böse Absicht oder Ideologie. Die Zunahme der politischen Korrektheit ist also eigentlich keine Folge der zunehmenden Bedeutung von Ideologie, sondern eher des Gegenteils: von Mitläufertum unter dem Nullzins, der kurzfristige Vorteile für bestimmte Gruppen von den langfristigen Folgen und den sozialen Kosten trennt. Dass Studenten heute an den Universitäten weiter infantilisiert werden, indem sie immer mehr Zeit in Kokons fernab der Realität nach schulischen Lehrplänen verbringen, die global gleichgeschaltet sind, anstatt eine Phase der Reifung durchzumachen, bleibt kurzfristig folgenlos, wenn sie dann einfach in die Kokons der Jobs im geschützten Bereich weitergereicht werden – Jobs, in denen aktuelle Wertschöpfung und Vorleistung keine Rolle mehr spielen.

Nostalgie

Wachsendes Mitläufertum, wachsender Anpassungsdruck und schwindender Sinn führen zu entsprechenden Gegenreaktionen. Zeiten großer Geldmengenausweitung sind stets Zeiten revolutionärer Aussteiger. So gewannen in der Weimarer Republik »Inflationsheilige« immer mehr Anhänger. Diese predigten die Abkehr von der bürgerlichen Gesellschaft, die dem Entwertungsdruck ohnehin kaum standhalten konnte. Bequeme Kleidung bis Nacktheit, Gesundheitskult, Vegetarismus, Barfußlaufen, reduzierte Körperhygiene, asketische Reduktion, Hinterfragen der Sexualmoral und viele andere Facetten dieser Gurus wirken erstaunlich aktuell. Diese vermeintlichen Heiligen waren aber in der Tat Abkürzungsheilige, sie wählten die einfachsten und schnellsten Wege, Eindruck zu schinden und Aufmerksamkeit zu erzielen. Überhaupt nicht heiligenhaft waren ihre ausgeprägte Egozentrik, der typische Narzissmus der Gurus, ihre Unduldsamkeit, ihr blinder Aktionismus und das Ausnutzen schwacher Naturen.

Die Sehnsucht nach der Abkehr vom sinnleeren Wettlauf um die Insignien bürgerlicher Existenz ist auch heute groß. Wenn das Eigenheim unleistbar scheint, weil die Vermögenswerte schneller steigen als die Einkommen, wächst die Sehnsucht nach dem einfachen Leben, dem Tauschen und Teilen, der »sharing economy«. Entsprechend reagiert auch die Wirtschaft darauf und erleichtert den Zugang zum Erlebnis anstelle des Eigentums: der kurzfristigen Miete von Wohnungen über *Airbnb*, der schnellen Fahrt mit einem *Uber*, der Nutzung eines Sportwagens über das Wochenende oder dem Konsum von arrangierten Erlebnispaketen, die möglichst viel Luxus in möglichst wenig Zeit packen. Aber auch das Bespielen der Sehnsucht nach dem einfachen Leben ist mittlerweile eine große Industrie. Es ist kein Zufall, dass ausgerechnet in der Endphase der griechischen Zivilisation, als der Kapitalkonsum am größten war, die philosophische Schule der Kyniker den größten Andrang genoss: Diogenes predigte das einfache Leben wie ein Hund in der Tonne.

Wirklich asketische Lebensstile weisen allerdings steigende Opportunitätskosten auf. Darum bleibt es meist bei der konsumtiven Askese auf Zeit, als teure Fastenkur, als alternatives Hobby, als Gärtnern in der Freizeit unter massivem Einsatz der Konsumgüter aus den Baumärkten, die geschickt als Kapitalgüter verpackt sind. Das antibürgerliche Mitläufertum, die Systemkritik als Pose ohne Konsequenz, das kennzeichnet die viel zitierten Bobos: Bourgeois-Bohemien. Das bedeutet, sich als künstlerischer Asket, als Revolutionär und Ästhet gefallen, ohne auf die Bequemlichkeiten bürgerlichen Wohlstands und bürgerlicher Stabilität zu verzichten. Für sie ist selbst die Konsumkritik ein Konsumgut. Antikapitalismus wird mit großem kommerziellen Erfolg unter die Leute gebracht.

Bohemien bezeichnet aber eben auch eine ästhetische Reaktion. Das Faible für das Handwerk, die Verdächtigung des Kommerzes, das Aufkommen von Retromoden – all dies sind kleine Aufstände gegen die wahrgenommene Hässlichkeit der modernen Welt. Nun scheint gerade das Schöne eine Geschmacksfrage zu sein. Dennoch fällt wieder eine Verdichtung auf, die merkwürdig ist. Obwohl gigantische Summen in die Baubranche fließen, ist den meisten modernen Bauten anzusehen, dass sie reine Zweckbauten sind. Das scheint merkwürdig. Gewiss, Beschränkung kann ästhetisch sein, weil sie diszipliniert und dazu führt, knappe Mittel optimal einzusehen. Doch scheint der Spardruck heute größer zu sein. Dieser Gegensatz ist typisch für die Nullzinswirtschaft. Es handelt sich um die Kapitalknappheit, die hinter der Kreditfülle verborgen ist. Liquide Mittel finden sich unter einem ständigen Entwertungsdruck und wachsenden Opportunitätskosten. Jedes nicht bei maximaler Rendite veranlagte Geld verliert dramatisch an Wert. Bei Gütern und Dienstleistungen muss also maximale Zahlungsbereitschaft mit minimalen Kosten verbunden werden. Das führt zu oft enttäuschenden Kompromissen. Schönheit hat allenfalls in billigen Fassaden Platz, in hochskalierten Kopien, in der Verwertung vergangener Muster.

Die »kritischen Konsumenten« der Nullzinszeit werden zu Recht immer misstrauischer. Ihr Biofleisch ist Massenware, ihr Fair-Trade-Kaffee schließt jene kleinen Lieferanten aus, welche die hohen Kosten des Etiketts nicht zahlen können, ihr *craftbeer* ist ein Massentrend aus den USA. Jugendsprache, hippe Musik, Weltverbesserungsrhetorik hübschen die Produkte auf, die ihre Sehnsucht nach dem Schönen und Guten hochskaliert befriedigen sollen.

Schönheit ist immer riskant, denn der Grat zum Kitsch ist schmal. Schönheit ist knapp. Schönheit drückt kurzfristig die Rendite. In einer Zeit, in der das Häuserbauen schon den meisten Einkommen entrückt ist, will man ans Bauen schöner Häuser gar nicht mehr denken. Der Nullzins führt zum maximalen Fokus auf Nominalwerte. Im Zusammenspiel mit einer falschen Art der Bilanzierung, die sich leider durchgesetzt hat, rechnen alle in »Marktwerten« – ohne die unterschiedliche Absatzfähigkeit der Güter zu betrachten. Schönheit hat kurzfristig kaum einen Einfluss auf diese Nominalbeträge. So gibt es eine Tendenz dahin, nur noch in das zu »investieren«, was unmittelbar den fiktiven Marktwert erhöht, und alles andere »einzusparen«.

Freilich ist die Nostalgie für die Formen der Vergangenheit selbst wieder Reaktion auf die Verzerrungen der Gegenwart und übertrieben. Die Umsetzung dieser Formen ist heute teurer, weil sie die Neuinszenierung einer vergangenen Welt bedeutet – und da ist der Aufwand immer höher. Diese Formen entsprachen mehr dem menschlichen Maß, das macht sie in einer Zeit der Überdehnung attraktiv. Doch die

Nostalgie darf nicht vergessen lassen, dass kaum jemand freiwillig den materiellen Wohlstand aufgeben würde, der erst jenseits der Vergangenheit kleiner Bauern und Handwerker möglich wurde.

Warum aber findet sich in modernen Formen so wenig Schönheit? Warum hat alles eine so karge Anmutung? Ein Aphorismus von Nicolás Gómez Dávila gibt eine mögliche Antwort:

Wenn wir wollen, dass etwas Bestand hat, sorgen wir für Schönheit, nicht für Effizienz.[55]

Die aufgrund des Entwertungsdrucks nötige Effizienz ist eine kurzfristige: Es handelt sich um den Zeitdruck, die gegenwärtig möglichen Renditen maximal zu erhöhen. Individueller Kapitalaufbau fließt immer mehr in anonyme, pragmatische Veranlagungen und mit der persönlichen Komponente schwindet auch die Ästhetik. Das hat zu einer Verschiebung künstlerischer Anstrengung geführt.

Die Ringstraßenbauten in Wien waren einst ebenso Kapitalanlage vermögender Schichten. Dennoch unterscheiden sie sich fundamental von den heutigen Wiener Immobilienprojekten, obwohl schon damals eine gewisse Angleichung durch Kreditausweitung stattfand – aber eben noch weit weg von einem Nullzins. Personalisierung, zeitlose Schönheit, Originalität finden sich heute eher im Bereich der Konsumgüter als im Bereich der Kapitalgüter. Dadurch verschiebt sich die Ästhetik aus dem öffentlichen in den privaten und virtuellen Raum. Die handwerkliche Qualität bei der künstlerischen Gestaltung heutiger Fernsehserien, Computerspiele und virtueller Welten hält vergangenes Niveau oder übertrifft es noch.

Doch der digitale Raum, in den heute so vieles – auch aufgrund des Drucks in der analogen Realität – ausweicht, ist weniger zeitlos und stärker fragmentiert. Wer nicht völlig in die virtuelle Realität abdankt, findet sich so zerrissen zwischen einer immer hässlicheren analogen Welt und immer widersprüchlicheren Versprechen und Deutungen in der digitalen. Am Ende steht das sogenannte *Cocooning* – nicht zufällig in Japan als »Hikikomori« am ausgeprägtesten. Gemeint ist damit der Rückzug aus der realen Welt, meist zugunsten einer eingeigelten Existenz vor dem Heim-PC. In Japan spielt Scham eine größere Rolle; das erklärt den Widerspruch zwischen Hikikomori und Narzissmus, wobei Ersteres meist mit niedrigerem Selbstwertgefühl, Letzteres mit überhöhtem verbunden ist. Wie kann beides Nullzinsfolge sein? Dazu muss in Erinnerung gerufen werden, dass diese Analyse Phänomene nicht monokausal deuten will, sondern nur bemerkenswerte Häufungen von Phänomenen betrachtet. Die sich häufenden Phänomene können durchaus gegensätzlich sein – und sind es auch oft, wie die bisherige Analyse zeigte.

Politische Auswirkungen

Die wirtschaftlichen und gesellschaftlichen Wirkungen des Nullzinses sind dadurch beschränkt, dass das Ausmaß der Kreditnahme begrenzt ist. Selbst bei einem Nullzins ist ja Rückzahlung nötig, was eine gewisse Kreditwürdigkeit voraussetzt. Das Drücken des Zinses unter den Marktzins führt sogar zur Kreditknappheit für viele potenzielle Kreditnehmer. Konsumkredite stehen zwar sehr breiten Kreisen zur Verfügung, aber Produktivkredite bekommen nur noch jene, die sie eigentlich nicht brauchen. Die Schwierigkeit, unter einem Nullzins noch qualifizierte Kreditnehmer zu finden, ist eine der wesentlichen Beschränkungen der Geldmengenausweitung, sodass auch unter einem Nullzins deflationäre Kräfte wirken können.

Es gibt nur einen nahezu unbeschränkten Kreditnehmer, dessen Bonität nicht an ihm selbst, sondern seinen Geldgebern hängt: den Staat. Dieser ist gewissermaßen der »spender of last resort«, der letzte verfügbare Ausgeber und Kreditnehmer, wenn alle anderen schon illiquide sind. Nullzins bedeutet also durch die unterschiedliche Kreditaufnahmefähigkeit stets eine Verschiebung von Vermögenswerten in Richtung Staat. Dieser inhärente Etatismus ist die wohl schlimmste Folge eines Nullzinses. Die paradoxen Dynamiken des Nullzinses führen nämlich zugleich zu einer stärkeren Legitimierung des Staates. Er tritt als Lückenfüller auf, wenn Private scheinbar versagen. Es kommt ihm zugute, dass ein immer größerer Teil der Wirtschaft nicht mehr der Marktdisziplin unterliegt und daher das Versagen zunimmt, das dann als »Marktversagen« gedeutet wird.

Staat ist monopolisierte Gewalt. Die Ausdehnung des Staates bedeutet trotz aller Bekenntnisse zu Demokratie, Rechtsstaat und Menschenrechten immer Ausweitung des Bereichs der Gewalt zulasten des Bereichs des Vertrags und der freiwilligen Kooperation. Wird die freiwillige Kooperation verdrängt, so führt dies wiederum zu einer selbstverstärkten Legitimierung staatlichen Zwangs. Die unter dem Nullzins grassierende Kurzfristigkeit und der Anlagedruck, der wenig Platz für wirklich karitatives und nachhaltiges gesellschaftliches und kulturelles Engagement lässt, stärken die Rufe nach dem Staat, der immer mehr gesellschaftliche Aufgaben übernimmt und scheinbar auch übernehmen muss.

Doch natürlich ist ein Staat, der überwiegend schuldenfinanziert ist, keineswegs weniger kurzfristig, als es die privaten Akteure sind, die er ersetzen möchte. Ganz im Gegenteil führen die kurzen Legislaturperioden, die mangelnde Möglichkeit realen Kapitalaufbaus durch Politiker und die Polarisierung zu einem noch gravierenderen Kapitalkonsum. Die Opportunitätskosten einer materialistischen Gesellschaft führen dazu, dass Politiker ihre persönliche Bereicherung rationalisieren. Doch da diese nur indirekt erfolgen kann, ist sie oft ineffizienter, als es die direkte Plünderung wäre. Politiker bereichern sich, indem sie Gunst durch politische Entscheidungen aufbauen, staatliches Prestige missbrauchen und alles danach ausrichten, nach der politischen Karriere »privat« zu verdienen. Sie dienen sich Lobbys an, was zum sogenannten Drehtürphänomen führt: dem nahtlosen Karrierewechsel zwischen Lobby und Politik. Sie betreiben Politik nach dem Maßstab, den eigenen Status zu erhöhen. Sie nutzen ihre Macht zugunsten von Interessengruppen, da diese sie auch mit Versorgungsposten auffangen. Mittlerweile sind reine Politikkarrieren Normalität: von der Hochschulgruppe über die Interessenvertretung direkt ins Parlament und dann der »Exit« in das Kartell der staatsnahen »Privatwirtschaft«, sofern man nicht in hoch bezahlte internationale Positionen »weggelobt« wird.

Gewaltzyklen

Unbeschränkte Kreditmittel stehen auch hinter den historischen Explosionen staatlicher Gewalt. Ohne Kreditschöpfung wären die Weltkriege wohl nach wenigen Monaten zu Ende gewesen, da den Kombattanten die Gelder ausgegangen wären. Die Kreditschöpfung, die bis zum Nullzins führen kann, ist natürlich die Folge eines staatlichen Privilegs: des gesetzlichen Zahlungsmittels, das durch Steuerforderungen künstlich aufgewertet wird. Unter einem Nullzins wird die einst absurde These der »Modern Monetary Theory« langsam Realität: Steuern wären nicht zur Staatsfinanzierung da, sondern zur Kontrolle der Geldzu- und -abflüsse.

Wenn Geldschöpfung die Mittel zur Kriegsführung erhöht, warum nehmen dann Kriege weltweit ab? Diesen Umstand hält etwa Steven Pinker[56] für einen der Indikatoren, nach denen es uns immer besser gehe – was die Kritik am Nullzins als altmodische Suada erscheinen lässt. Wenn materieller Wohlstand und Frieden weltweit zunehmen, müssten wir in der besten aller Welten leben, was im Rückschluss auch zur Würdigung der staatlichen Institutionen und des Finanzsystems führen würde.

Was den materiellen Wohlstand betrifft, so ist es keine Frage, dass die Ausweitung der internationalen Arbeitsteilung und die Mobilität von Investitionssummen immense Produktivitätsgewinne brachten und bringen. Das Problem sind die zyklischen Verzerrungen. Momentan sieht es so aus, als ob die Kurve, die durch die vergangenen Zyklen gelegt werden kann, nach oben zeigt. Dass also das Auf und Ab der Weltwirtschaft nur vor dem Hintergrund eines ständigen Aufwärtstrends geschieht. Doch es gibt keinerlei Gewissheit, dass es nach einer Korrektur immer wieder nach oben geht und neue Höchststände erreicht werden. Gewiss ist nur, dass fallen muss, was hoch steigt, nicht, dass steigen wird, was einmal gefallen ist. Die zyklischen Verzerrungen können zudem mit ihren gesellschaftlichen Folgen zu politischen Reaktionen führen, welche die Grundlage steigenden globalen Wohlstands untergraben. Schon heute hat die Marktwirtschaft nur sehr wenige prinzipienorientierte Vertreter. Das ist schon paradox: Es gab wohl noch nie eine Gesellschaftsordnung, die so vielen Menschen nützt und von so wenigen Menschen geschätzt wird.

Dafür gibt es mehrere psychologische und politische Gründe. Der wesentliche Grund sind die paradoxen Verzerrungen, die nahezu jeden Kritikpunkt an der Marktwirtschaft mit einem ausreichend wahren Kern füllen. Die Überdehnungen sind schon alt; der moderne »Kapitalismus« ging leider von Anfang an mit massiven Verzerrungen einher, sodass der Begriff selbst als Schimpfwort aufkam. Unter einem Nullzins steigt durch die kumulierten Verzerrungen nach und nach die Abneigung gegenüber der Marktwirtschaft und den vermeintlichen »Kapitalisten«. Einerseits steigt tatsächlich die Ungleichheit massiv – in erster Linie durch die aufgeblähten Vermögenswerte. Guido Hülsmann beschreibt diese Dynamik gut:

Selbst wenn jemand bereits sehr vermögend ist, kann er weiterhin hoffen, durch die Anlage seiner Ersparnisse in Immobilien und Wertpapieren auch eine ansprechende Kapitalverzinsung zu erzielen. Mehr noch: Gerade wenn er bereits sehr vermögend ist, kann er sich besonders leicht verschulden und die geliehenen Beträge zur weiteren Vermehrung seines Vermögens investieren. Die natürliche Ordnung der Dinge wird hier vollkommen auf den Kopf gestellt. Wachsender Wohlstand bedeutet wachsende Einkommensüberschüsse (Ersparnisse). [...] absorbieren gerade wohlhabende Leute die finanziellen Überschüsse anderer Leute, die sich nicht so sehr verschulden können oder verschulden wollen.[57]

Parallel zu den wirtschaftlichen Verzerrungen des Konjunkturzyklus gibt es auch zyklische politische Verzerrungen: den Gewaltzyklus.[58] Dieser erklärt auch den paradoxen Umstand, weshalb mehr Mittel zur Kriegsfinanzierung nicht unbedingt mehr Kriege bedeuten.

Offene Gewalt hat einen hohen Preis. Sie kostet nicht nur immense Mittel, sondern auch die Legitimität: die Bereitschaft, sich regieren zu lassen. Moderne Staaten meiden daher Gewalt. Doch wie lässt sich ohne Gewalt herrschen? Indem Konfrontationen nach Möglichkeit vermieden werden. Die unvermeidlichen Interessenkonflikte werden besänftigt durch materielle Transfers. Selbst einst staatsfeindliche Subkulturen wie die Punks wohnen heute in staatlich geförderten Punkheimen. Nahezu jede Neigungsgruppe findet irgendwie Förderungen, Vorrechte, Vergünstigungen. Es gilt immer mehr die Losung von Frédéric Bastiat: Der Staat ist die große Fiktion, durch die alle versuchen, auf Kosten aller anderen zu leben. Doch Kosten trägt niemand gerne – Verteilungskonflikte können in Gewalt enden.

Die Geldschöpfung, die indirekt eine immer weitere Ausdehnung staatlicher Verschuldung erlaubt, mindert diese Konflikte beträchtlich. Es kann nun mehr verteilt werden, als direkt sichtbar anderen genommen wird. Gewiss bleibt auch das Nehmen noch unvermeidlich, doch es ändert seine Funktion. Steuern sind mehr dazu da, die Schulden zu besichern, als die Ausgaben zu finanzieren. Der Kredit des Staates bemisst sich an seiner Fähigkeit, die Steuerleistung der Untertanen zu maximieren. Darum haben Staaten mit geringerer »Steuermoral« auch einen geringeren Kredit. Das würde normalerweise höhere Zinsen bedeuten, was wiederum die Kreditausweitung des Staates begrenzt.

In der Europäischen Union wurde dieser Mechanismus durch eine Geldschöpfungs- und Schuldenunion weitgehend außer Kraft gesetzt. Die Folgen der Niedrigzinsverlockung sind daher besonders verheerend in Staaten mit historisch niedriger »Steuermoral« wie Griechenland, Italien und Spanien. Wenn sich diese in der Krise befinden, welche Ausdruck der kreditfinanzierten Verzerrungen ist, dann gehen die Reformbemühungen stets in Richtung einer Hebung der Steuererträge. In einer Krise die Bevölkerung zu schröpfen, stößt allerdings nicht auf Gegenliebe – wodurch die vermeintlich »neoliberale EU« mit ihrem »Spardiktat« dann in genau jenen Staaten am meisten verhasst ist, die am stärksten von billigeren Krediten »profitiert« haben.

Das Zudecken von Konflikten durch Geldschöpfung führt zu Phasen höheren »sozialen Friedens«, der aber nicht nachhaltig ist. Die Friedlichkeit ist vorkonsumiert. Darum sind wirtschaftliche Korrekturen auch politisch noch brenzliger, als wenn es sich bloß um das Aufwachen aus einer Wohlstandstäuschung handelte.

Verschärft wird das Problem dadurch, dass auch die primäre Staatsfunktion, die Befriedung durch monopolisierte Gewalt, durch die Vorkonsumverzerrung zyklisch überdehnt ist. Die wachsende Kurzfristigkeit und der Kapitalkonsum schlagen sich darin nieder, dass die Vorteile des legitimierten Gewaltmonopols maximal ausgenutzt werden, während die Aufwände und Voraussetzungen reduziert werden. Die Regulierungsdichte, Steuerlast und Begünstigung von Interessengruppen wachsen weit über Bereitschaft und Fähigkeit hinaus, diese Herrschaftsvorteile durch Gewalt zu decken. Das geht gut, solange Gewalt gar nicht nötig ist, weil die Bevölkerung den Staatsorganen noch Furcht oder Respekt entgegenbringt. Verstärkt durch Zuwanderung von Neubürgern, bricht die Gesellschaft aber zunehmend in zwei Parallelstrukturen auseinander: Die Folgsamen tragen die gesamte Regierungslast, während parallel regierungsfreie Räume entstehen.

Ein Gewaltmonopol muss letztlich durch Gewalt oder Legitimität gedeckt sein. Warum also kann die mangelnde Gewaltdeckung nicht durch Legitimität kompensiert werden? Lange Zeit war das der Fall. Doch die nahezu grenzenlose Schuldenfinanzierung des Staates entbindet ihn zunehmend von der Zustimmung derjenigen, welche die Kosten des Staates tragen. Nullzins höhlt letztlich Demokratie aus, wenn darunter die Einbeziehung der Präferenzen der Regierten in die Regierung verstanden wird. Dann werden nämlich die Kosten beliebig weit in die Zukunft verschoben zulasten der noch nicht Stimmberechtigten oder gar der Ungeborenen. Da ein Zins zwischen den Interessen der Zukunft und der Gegenwart vermittelt und einen materiellen Ausgleich bietet, schwinden solche Rücksichten unter einem Nullzins. Dann fühlt sich Demokratie immer mehr wie die Inszenierung durch eine Elite an, deren Mittel immer weniger von der Zustimmung der Regierten abhängig sind.

Die Altersvorsorge in der Nullzinsfalle

Eng verwandt ist die Problematik der Altersversorgung. Der Nullzins hintertreibt nicht nur die wirtschaftliche Altersversorgung, indem die Vermögensanlage immer schwieriger wird. Nach der unglaublichen Zerstörung der Weltkriege ist die Altersversorgung in Europa heute politisch dominiert. Da ein Nullzins immer weitere Umverteilung von der Zukunft in die Gegenwart erlaubt, verhindert er eine Anpassung der Altersvorsorge an den demografischen Wandel.

Es ist ein Wandel, der sich allmählich, schleichend, jedoch mit absoluter Gewissheit vollzieht, aber in der allgemeinen Wahrnehmung bislang kaum angekommen ist. Er bedeutet ein Ungleichgewicht in der gesellschaftlichen Altersstruktur, das sich in einer Überalterung der Gesellschaft niederschlägt. Doch der demografische Wandel ist nicht nur altersbezogen, sondern umfasst zudem Aspekte der ethnischen, kulturellen und religiösen Zusammensetzung einer Gesellschaft. Seine Bedeutung für die Finanzmärkte und für den Vermögensaufbau ist kaum zu unterschätzen. Das deutsche Rentensystem wird in seiner heutigen Form die nächsten 20 Jahre mit großer Sicherheit nicht überdauern können. Gleichzeitig will das Thema in der gesellschaftlichen Aufregungsarena nicht wirklich Fuß fassen. 80 Prozent der Bundesbürger vertrauen weiterhin auf die gesetzliche Rentenversicherung. Nur etwa ein Drittel der Jugendlichen unter 27 sorgen sich überhaupt um die eigene Rente. Woher rührt dieses Missverhältnis zwischen Bedrohungsgrad und Aufmerksamkeit?

Die Antwort ist, dass es im Moment einfach zu gut läuft. Um das genauer zu verstehen, führen wir uns einmal vor Augen, wie das Rentensystem in den meisten westlichen Ländern funktioniert: nämlich nach dem Prinzip des Umlageverfahrens.[59] Dabei führen Erwerbstätige in Kooperation mit ihren Arbeitgebern sowie Selbstständige einen gesetzlich vorgeschriebenen Prozentsatz ihres Einkommens an die Sozialversicherung beziehungsweise den Staat ab. Diese Beträge werden allerdings nicht etwa als Ersparnisse auf dem Kapitalmarkt gegen Zinsen investiert, um längerfristig Kapitalgewinne zu erzielen, sondern umgehend als Rente/Pension ausgezahlt. Nimmt im Zuge der Überalterung der Anteil der Rentner/Pensionisten an der Bevölkerung sukzessive zu, hat dies eine immer höhere Belastung für die Erwerbstätigen zur Folge.

Mit den Problemen des demografischen Wandels sind viele Länder konfrontiert. Die Lebenserwartung steigt rund um den Globus und die Fertilitätsrate von etwa 2,1 Kindern pro Frau, die für eine bestandserhaltende Bevölkerung vonnöten ist, werden in fast keiner Industrienation mehr erreicht, wie das folgende Diagramm zeigt:

Abbildung 3-6: Geburten pro 1000 Einwohnern in den OECD-Ländern (2015)
Quelle: ifo Institut für Wirtschaftsforschung

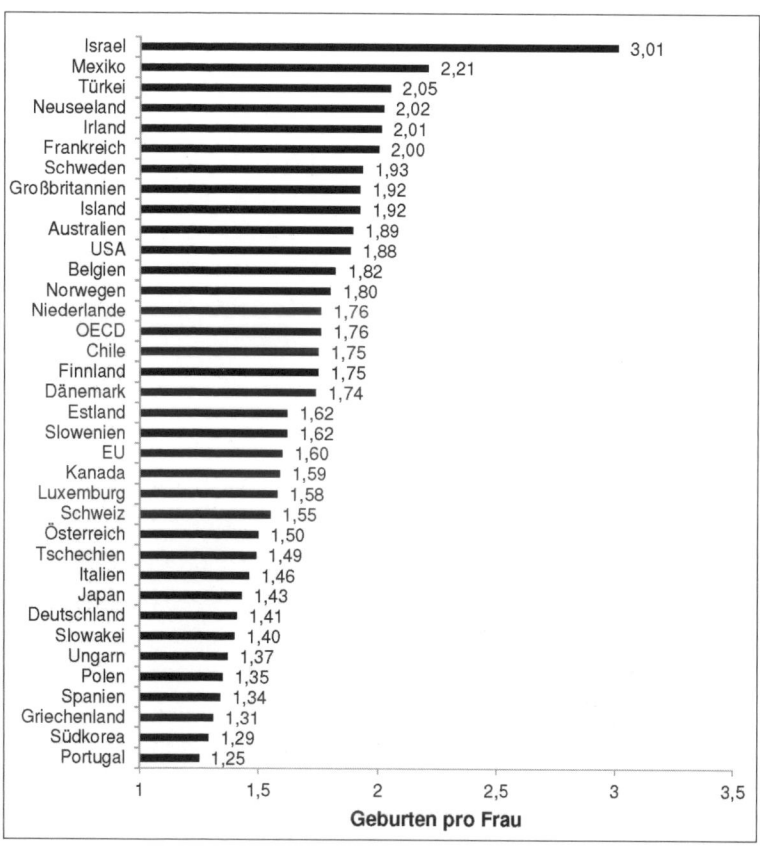

Europa hat heute die weltweit älteste Bevölkerung mit einem Median-alter von 42 Jahren. Das heißt: Wenn man alle Menschen Europas dem Alter nach geordnet in einer Reihe aufstellt, ist die Person in der Mitte 42 Jahre alt. Prognosen der Vereinten Nationen zufolge soll dieses mittlere Alter bis 2050 auf 46 Jahre ansteigen. Global gesehen, wird sich die Lebenserwartung von derzeit 70 Jahren auf 77 Jahre in

2045 bis 2050 und auf 83 Jahre in 2095 bis 2100 erhöhen. Der Anteil derjenigen, die 60 Jahre und älter sind, soll sich bis 2050 verdoppeln und bis 2100 verdreifachen, die Zahl der Über-80-Jährigen bis zur Jahrhundertwende sogar versiebenfachen.

Dieser Anstieg des Medianalters hat unmittelbare Auswirkungen auf den Arbeitsmarkt, genauer gesagt auf die dem Arbeitsmarkt zur Verfügung stehenden Arbeitskräfte. Bis Mitte des Jahrhunderts kommen auf 100 Personen im erwerbstätigen Alter 60 Rentner, wohingegen es zur Jahrtausendwende noch lediglich 24 waren. Der steilste Anstieg in der Altersabhängigkeit steht, wie aus nachfolgendem Diagramm (Abbildung 3-7) hervorgeht, noch unmittelbar bevor. Die Generation der Babyboomer, worunter der deutliche Anstieg der Geburtenrate nach dem Zweiten Weltkrieg verstanden wird, kommt nunmehr in das Ruhestandsalter:

Abbildung 3-7: Altersabhängigkeitskoeffizienten von Deutschland, USA, Japan und China (Anteil der Bevölkerung 65+ pro 100 Erwerbstätigen (20–64 Jahre)), 1950–2100
Quelle: esa.un.org

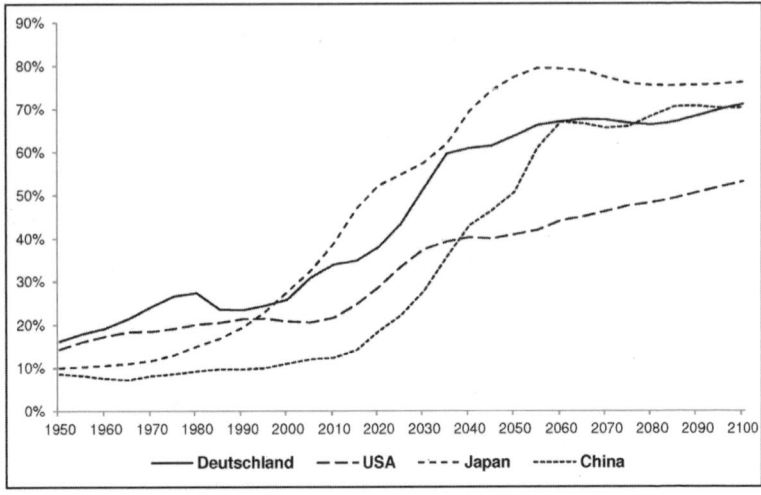

Dennoch bekommt der Staatshaushalt davon im Augenblick noch wenig zu spüren. Eher im Gegenteil. In Abbildung 3-8 ist die tatsächliche Bevölkerungspyramide Deutschlands gegenüber der bestandserhaltenden Altersverteilung abgebildet. Dabei sticht vor allem die Generation der Babyboomer ins Auge. Der springende Punkt ist, dass die meisten von diesen noch am Erwerbsleben teilhaben, aber, wie gesagt, nun kurz vor dem Ruhestandsantritt stehen. Das hat zur Folge, dass die Babyboomer gerade ein goldenes Zeitalter durchleben. Nicht nur, dass sie weniger Kinder als die Generationen zuvor zu ernähren haben, auch müssen sie nur verhältnismäßig wenige Rentner finanzieren, da ihre Eltern damals mehr Kinder bekommen hatten, als zur Bestandserhaltung nötig gewesen waren.

Die negativen Folgen der Überalterung sind heute also noch gar nicht wirklich spürbar. Die Menschen lassen sich vom Schein und von den Beschwichtigungsparolen der Politiker, wonach die Rente sicher sei, blenden. Das liegt auch an einer psychologischen Eigenart: Menschen neigen dazu, kurzfristigen Gegebenheiten mehr Gewicht zu geben als langfristigen (engl. »present bias«). Infolgedessen ist eine Zukunft, die stark von der Gegenwart abweicht, gedanklich nicht wirklich greifbar. Ein Blick auf das Diagramm zeigt das Problem klar und eindeutig: Das Verhältnis von (pensionierten) Babyboomern zu den Erwerbstätigen verschlechtert sich zusehends. Dennoch mag der Einzelne nicht (annähernd) erfassen, was das konkret bedeutet.

Für den Anleger ist wichtig zu realisieren, dass durch den demografischen Wandel auch das Geld- und Finanzsystem, wie wir es heute kennen, in immer größere Bedrängnis geraten wird.

Um das zu verstehen, führen wir uns einmal vor Augen, wie das Konsum- und Sparverhalten eines Menschen im Verlauf seines Alters typischerweise aussieht: In den Jugendjahren (18–25 Jahre) ist man eher gewillt, zu entsparen und sich zu verschulden. Die Zeit des aktiven Erwerbslebens (25–65 Jahre) wird dazu genutzt, die Schulden, die man vormals gegebenenfalls aufgenommen hat, wieder abzutragen und gleichzeitig Ersparnisse für später aufzubauen. Mit dem Eintritt ins Rentenalter kommt es erneut zum Entsparen. Der Konsum wird also über die Zeit geglättet, sprich, es wird auch in den Jahren konsumiert, in denen man kein Erwerbseinkommen hat, dafür wird Letzteres aber in den Erwerbsjahren auch nicht gänzlich verausgabt.

Abbildung 3-8: Tatsächliche und bestandserhaltende Altersverteilung für Deutschland (2015)
Quelle: Bundesinstitut für Bevölkerungsforschung

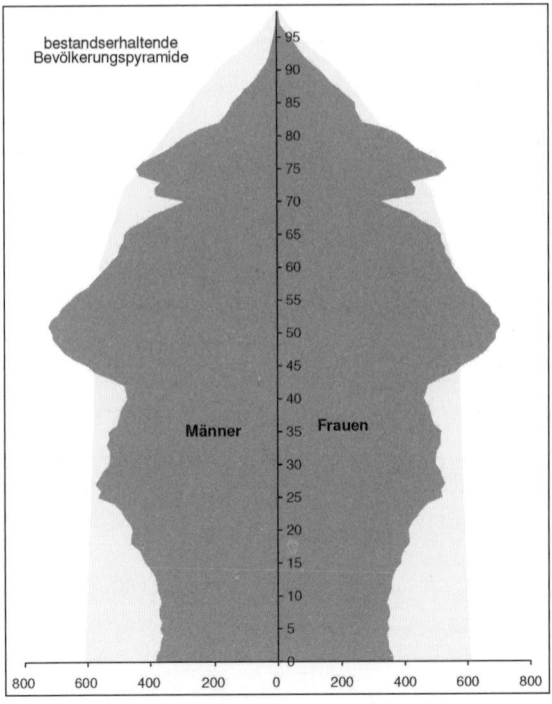

Das Geld, das im Erwerbstätigenalter zur Seite gelegt wird, kann entweder gehortet oder investiert werden. In Zeiten, als es noch kein funktionstüchtiges Kreditwesen gab, erfolgte der Vermögensaufbau hauptsächlich über die Hortung: Sachgüter, Lebensmittel oder (wertstabile) Tauschmittel wurden eingelagert und im Bedarfsfall griff man auf sie zurück. In den Zeiten, die wir kennengelernt haben, ist das Horten jedoch vollkommen aus der Mode gekommen. Stattdessen hat man das Geld investiert (auch wenn man es nur auf dem Bankkonto hat liegen lassen) und konnte im Gegenzug einen Zins einstreichen. Der Zins oder die Rendite, die aus einer Anlage resultiert, ermöglicht es Leuten, auch im Ruhestand noch Einkommen zu erzielen. Im besten Fall sind diese Zahlungen ausreichend. Wenn nicht, wird entspart, das heißt, Anlagen müssen liquidiert werden. Das führt zwar zu einer unmittelbaren Auszahlung, doch ist ein Vermögensgut erst liquidiert, wirft es kein weiteres Einkommen mehr ab.

Wenn nun aber das Zinsniveau immer weiter herabsinkt, wie wir es seit vier Jahrzehnten erleben, und nun nahe null verharrt, werfen die Anlagen der Ruheständler immer weniger Erträge ab. Die »yield purchasing power« – also die Zahlkraft, die von den Erträgen herrührt – hat rapide abgenommen. Ein Beispiel: Nehmen wir an, ein Rentner braucht 10.000 Euro pro Jahr, um mit dem Nötigsten über die Runden zu kommen, und der Zins seiner Anlage wirft 5 Prozent ab. Um seine Ausgaben alleinig durch Zinserträge decken zu können, müsste er 200.000 Euro veranlagt haben. Fallen die Zinsen hingegen auf 0,5 Prozent, das allgemeine Preisniveau bleibt aber gleich, so müsste die Anlagesumme 2 Millionen Euro betragen, damit die benötigten 10.000 Euro pro Jahr abfallen. Bei einem Zinsniveau von 0,1 Prozent wäre sogar eine Veranlagung von 10 Millionen Euro vonnöten. Dieses Beispiel verdeutlicht, in welch verheerendem Ausmaß die Niedrigzinspolitik den Sparern zusetzt, insbesondere jenen, die für das Alter ansparen.

Die Folge der Niedrigzinsen ist, dass Vermögenswerte im großen Stil liquidiert werden müssen und somit immer weniger Kapital produktiven Zwecken zur Verfügung steht. Es ist, als müsste sich ein Bauer direkt von seinem Saatgut ernähren, da ihm die Ernte nicht mehr ausreicht. Über kurz oder lang wird sich ein solcher Kapitalkonsum in einem wirtschaftlichen Abschwung bemerkbar machen. Zudem führt der Verkauf der Vermögenswerte zu einem Preisverfall ebendieser, wodurch die Kaufkraft der Altersvorsorge zusätzlich an Wert einbüßt.

Doch nicht nur den einzelnen Kleinsparern macht die anhaltende Zinsmisere zu schaffen, auch die Vorsorgesysteme, die großen institutionellen Investoren, geraten in die Bredouille. Bei diesen unterscheidet man zwischen beitragsorientiertem Leistungsplan und festgelegtem Leistungsplan. Die Berechnung der Auszahlungen für den festgelegten Leistungsplan der Babyboomer wurde vor ein paar Jahrzehnten vorgenommen, und zwar auf Basis der bis dahin bekannten Volatilitäten bei den festverzinslichen Produkten – nie und nimmer ging man damals davon aus, dass das Zinsniveau irgendwann einmal bei null liegen würde.

Erschwerend kommt hinzu, dass die Investitionsoptionen aufgrund von Regularien stark eingegrenzt sind: Weltweit halten die Pensionskassen etwa 30 Prozent ihrer Anlagen in Staatsanleihen, hauptsächlich aus dem einfachen Grund, weil sie dazu verpflichtet sind. Auch erstklassige Staatsanleihen brachten einst Erträge von 7,5 Prozent pro Jahr ein, wohingegen sie nun nahe der Nullgrenze rentieren. Die Pensionskassen sind also dazu gezwungen, Investitionen zu tätigen, mit denen sie die Erträge nicht mehr erwirtschaften können, die für eine Deckung ihrer langfristigen Verpflichtungen vonnöten wären. Für die Erwirtschaftung attraktiver Renditen sind ihnen die Hände gebunden – der Kapitalmarktstratege Philipp Vorndran bezeichnete Pensionskassen daher auch als die »Eunuchen« unter den Anlegern. Da das Geldsystem in der Nullzinsfalle feststeckt, ist keine Besserung in Sicht. Der Kollaps eines Pensionsfonds ist wohl nur mehr eine Frage der Zeit.

Viele Pensionskassen sind mittlerweile dazu übergegangen, Rentenauszahlungen zu kürzen. Da dies von enormer sozialer Brisanz ist, springen die Staaten ein, um die finanziellen Löcher zu stopfen. Schon jetzt stellen Rentenzuschüsse die größte Position im deutschen Bundeshaushalt dar. Die Kosten hierfür werden in Zukunft in die Höhe schießen und den Staat vor ein Finanzierungsproblem stellen, das auch durch weitere Verschuldung nicht in den Griff zu bekommen sein wird. Denn die Situation ist paradox: Um sich weiter zu verschulden, müssten neue Staatsanleihen ausgegeben werden. Diese wurden aber zu großen Teilen von den Pensionskassen aufgekauft und stehen gewissermaßen am Anfang dieses Teufelskreises. Die Katze beißt sich hier offensichtlich in den Schwanz.

Doch was, wenn dieser Teufelskreis durchbrochen wird? Was, wenn sich der Spieß umdreht und das Pensionskassensystem zu deren größtem Nettoverkäufer wird? Derzeit wird dies noch durch diverse Anlagevorschriften verhindert. Sollten diese aber im Zuge der sich verschärfenden Misere gelockert werden müssen, ist der Wandel vom Großinvestor zum Großliquidator recht wahrscheinlich. Das würde jedoch zu fallenden Kursen bei den Staatsanleihen führen und deren Zinsen in die Höhe treiben. In der Folge dürften die Staaten ihre Schuldenlast kaum noch stemmen können.

Gibt es eine Lösung? Arbeitnehmer müssen zwingend für sich selber vorsorgen und sich mit dem Thema Geldanlage vertrauter machen, um neue Sparalternativen zu erschließen. Sie werden nicht umhinkommen, den kurzfristigen Konsum zu bremsen und dafür langfristig ergänzende Sparguthaben für ihre Vorsorge aufzubauen.

Die systemische Krise, die derzeit latent vor sich hin brodelt, wird sich weiter zuspitzen. Die Zuschüsse zu den Leistungen aus der Sozialversicherung, insbesondere aus der Renten-/Pensionsversicherung, wird mit immer größeren Zuschüssen aus dem Budget gestützt. Im Grunde ist das beitragsfinanzierte System bereits als gescheitert anzusehen. Ehe die Krise die Titelseiten der Zeitungen füllt, wird das Vertrauen in den Sozialstaat jedoch nicht merklich schwinden. Mittlerweile haben in Deutschland jene Wähler, die hinreichend alt sind, um von Renten- und Beitragserhöhungen zu profitieren, mehr Gewicht als jene jüngeren Wähler, die dabei per Saldo (über das ganze Leben gerechnet) verlieren. Die Alterung hat also die Tendenz, eine strukturkonservative Politik zu begünstigen.

Eine solche Politik wird die unausweichliche Krise des Wohlfahrtsstaats beschleunigen. Der Ökonom und ehemalige Vorsitzende des Hamburger Weltwirtschaftsinstituts Thomas Straubhaar rührt die Werbetrommeln dafür, das Zeitfenster der Prosperität, in welchem sich die Bundesrepublik gerade noch befindet, zu nutzen, um eine fundamentale Reform des Sozialstaats durchzuführen. Er ist der Ansicht, das Rentensystem in seiner heutigen Form sei eine gute Antwort auf die Bedingungen des letzten Jahrhunderts gewesen. Im digitalen Zeitalter habe sich die Arbeitswelt jedoch stark verändert, viele Arbeitsstellen würden durch neue Technologien ersetzt und der Einzelne müsse immer wieder Phasen der Umorientierung durchlaufen und sich fortbilden, was das heutige Rentensystem, das auf Beitragsjahre pocht, bestrafe.

Es ist ja ein Treppenwitz der Geschichte, dass das wirtschaftlich wesentlich potentere Deutschland, wie wir gesehen haben, eine größere Nachhaltigkeitslücke aufweist als das viel gescholtene Italien, auch wenn die neue Regierung die ambitionierten Reformen zum Teil wieder zurückgenommen hat.

Scheitern des Wohlfahrtsstaats

Worauf ist es eigentlich zurückzuführen, dass immer weniger Kinder geboren werden? Dieser Frage wurde in den Sozialwissenschaften zur Genüge nachgegangen: Die Einführung der Antibabypille im Jahr 1960, die Emanzipation der Frau heraus aus ihrer häuslichen Rolle, ihre Integration in die Arbeitswelt und wachsende finanzielle Unabhängigkeit, die zunehmende Attraktivität kinderloser Lebensentwürfe, die Auflockerung gesellschaftlicher Konventionen, mehr und mehr instabile Beziehungen und Ehen oder die sich epidemisch ausbreitende Kultur der Selbstverwirklichung mögen hier einen kleinen Einblick in die Fülle der sozioökonomischen Rahmenbedingungen geben, die die klassischen Triebkräfte der Reproduktion zu einem gewissen Grad außer Kraft setzen.

Doch darüber hinaus spielt auch der Wohlfahrtsstaat und insbesondere das Rentensystem eine nicht zu unterschätzende Rolle. Die Versorgung im Alter wird durch das gesamtgesellschaftliche Umlageverfahren sichergestellt. Der existenzielle Grund, Kinder in die Welt zu setzen, um von ihnen unterhalten zu werden, wenn die eigenen Kräfte nicht mehr zum Erwerbseinkommen hinlangen, wurde somit weitestgehend ausgehebelt. Doch während das Einkommen im Alter unabhängig davon ist, ob man eigene Kinder hat, sind Kinder aus rein finanzieller Sicht für den Einzelnen ein Nachteil, da diese mit erheblichen Kosten verbunden sind und mitunter Abstriche bei der beruflichen Karriere verlangen. Kinder zu haben, ist für den Einzelnen finanziell nachteilig; keine Kinder zu haben, ist für die Gesellschaft ein finanzielles Problem. Die Ursache dafür, dass das Rentensystem in seiner heutigen Form nicht aufrechtzuerhalten ist, liegt demnach auch darin begründet, dass es in Sachen Reproduktion Anreize für ein Trittbrettfahrerverhalten gesetzt hat.

Es gibt viele Politiker, Journalisten und »unbesorgte« Bürger, die glauben, die gegenwärtigen Migrationsströme könnten mithelfen, das Verhältnis zwischen den alten Abhängigen zu den jungen Beitragszahlern einigermaßen im Gleichgewicht zu halten. Tatsächlich sind kurzfristige Wachstumsimpulse zu erwarten, da mehr Menschen im Land höhere Konsumausgaben mit sich bringen, die letztlich allerdings über den Staat finanziert werden. Ob Migranten jedoch den Sozialstaat in seiner jetzigen Form dauerhaft stützen können, ist stark umstritten. Problematisch dürften hauptsächlich sprachliche Barrieren sowie das allgemeine Qualifikationsniveau der neuen Mitbürger sein, das für die Stellen, die hierzulande zu besetzen wären, bei Weitem nicht ausreicht. Um diese Menschen in den Arbeitsprozess zu integrieren, muss zunächst sehr viel Geld in die Hand genommen werden, damit entsprechende Qualifizierungsmaßnahmen angeboten werden können. Sollte dies nicht gelingen, wird die Migration die Sozialsysteme zusätzlich belasten, da sie den Anteil der Abhängigen noch weiter vergrößert. Angesichts der Tatsache, dass Einwanderer gegenwärtig überwiegend aus muslimischen Ländern kommen und daher teilweise Frauen kulturbedingt nur schwerlich für den Arbeitsprozess zu gewinnen sein werden, dürfte der entlastende Effekt für die Sozialsysteme allenfalls ein mäßiger sein.

Überall dort, wo Sozialsysteme strukturell defizitär sind und die Einzahlungen geringer als die Auszahlungen, weswegen das Defizit dauerhaft durch Zuschüsse aus dem Budget gedeckt werden muss, ist eine Lösung der Finanzierungsprobleme der Sozialversicherung durch Zuwanderung schlichtweg nicht möglich, insbesondere dann, wenn die Zuwanderer schlecht qualifiziert sind.

Zu bezweifeln ist, ob tatsächlich so viele Stellen besetzt oder neu geschaffen werden können, damit so viele Menschen in den Arbeitsprozess integriert werden können, dass das Verhältnis zwischen Erwerbstätigen und Abhängigen einigermaßen gleich bleibt. Es ist eher zu erwarten, dass die Elastizität des Arbeitsmarktes eine kurzfristige Schaffung von nachhaltigen Arbeitsplätzen nicht wirklich zulassen wird. Das Gleiche gilt für ein höheres Renteneintrittsalter: Wenn ältere Arbeitnehmer länger im Arbeitsprozess eingebunden sind, werden ihre Arbeitsstellen nachkommenden Generationen von Arbeitnehmern nicht zur Verfügung stehen. Verstärkt wird diese Problematik durch die bevorstehende vierte industrielle Revolution (Industrie 4.0), da computergestützte Technologien und Robotik viele Jobs – vor allem auch der Mittelklasse – überflüssig machen werden. Kurzum: Die Vertiefung der Krise des Wohlfahrtsstaats in den nächsten zwei Jahrzehnten ist vorprogrammiert. Radikale Veränderungen sind unausweichlich.

Nachhaltigkeit

Als eines der gewichtigsten politischen Themen unserer Tage gilt die »Nachhaltigkeit«. Dabei ist selten die Altersversorgung oder der Wohlfahrtsstaat im Blick. Vielmehr geht die Sorge um, dass unsere Lebens- und Wirtschaftsweise die Lebensbedingungen der Menschen auf diesem Planeten nachhaltig ruiniert. Es heißt, westliche Produktions- und Konsumgewohnheiten seien nicht nachhaltig, denn sie führten schnurstracks zur Klimakatastrophe. Pflöge die gesamte Menschheit den Lebensstil westlicher Gesellschaften, würden wir ein Vielfaches unseres Planeten benötigen. Der Wirtschaft wohne durch ihren intrinsischen Wachstumszwang ein Ressourcenhunger inne, der nie und nimmer auf lange Sicht gestillt werden könne.

Inmitten der Behaglichkeit der Ersten Welt hat sich eine gesteigerte Sensibilität entwickelt, die sich in einer sozialen Empathie ausdrückt, welche, über den Tellerrand der eigenen Lebenswelt hinausblickend, das Wohlergehen von Menschen anderer Länder, anderer gesellschaftlicher Kontexte oder der kommenden Generationen nachzuspüren sucht. Viele Verfechter der Nachhaltigkeit zeichnen sich tatsächlich auch durch die Bereitschaft aus, Verantwortung für eine bessere Welt zu übernehmen und private Kosten, etwa die, die mit einem gewissenhafteren Konsumieren einhergehen, in Kauf zu nehmen. Viele probieren, ihr Umfeld für diese Themen zu sensibilisieren. Und viele werfen die Frage auf, wie unsere Wirtschafts- und Gesellschaftsordnung denn hin zu einer besseren und nachhaltigeren gewandelt werden könnte. Überwiegend wird dazu nach Politik und Interventionen gerufen, um den Planeten vor den Menschen zu schützen.

Die wahrgenommenen Symptome sind in der Tat mit einer gewissen Wirtschaftsweise verbunden. Doch entgegen der häufigen Vermutung ist die nicht nachhaltige Nutzung von Ressourcen und Umwelt kein inhärentes Problem der Marktwirtschaft. Die größten Umweltschäden wurden in Planwirtschaften in Kauf genommen, in denen alles der Industrialisierung untergeordnet wurde. Umweltbedenken galten den frühen Sozialisten als kleinbürgerlich und konservativ. Dabei war man aber noch davon ausgegangen, dass der im Sozialismus geschaffene, so viel größere materielle Wohlstand über Umweltschäden hinwegtrösten würde.

Die Sozialisten änderten ihre Strategie, nachdem aufgedeckt wurde, dass der Sozialismus nicht Wohlstand für alle, sondern Armut für alle außer einer kleinen Führungselite bedeutet. Sie werfen der Marktwirtschaft nun vor, dass sie zu viel Wohlstand schaffe – in einem Wachstumszwang, der die gesamte Welt mitreiße.

Das Wachstum des materiellen Wohlstands ist in der Tat beeindruckend. Weltweit hat die drückende Not der Ärmsten der Armen in historisch einmaliger Geschwindigkeit abgenommen. Milliarden Menschen wurden innerhalb einer Generation von Hungersnöten befreit und in den Mittelstand ihrer Länder gehoben. Doch leider ging dieses Wachstum mit einer Schuldendynamik Hand in Hand, die immer deutlichere Verzerrungsfolgen zeigt.

Wenn von Wachstumszwang die Rede ist, dann ist das zwar übertrieben. Doch im Nullzins ist der Wachstumsdruck nicht mehr zu leugnen. Ohne ständiges Wachstum würde aufgrund des Entwertungsdruck der reale Wohlstand sofort abnehmen. Diese Reaktion auf eine Wachstumsbremse wäre leider nicht kontinuierlich, sondern schockartig. Eine Stagnation des Geldmengenwachstums bedeutet Wirtschaftskrise. Der Nullzins führt zwar nicht zu einem unendlichen Kreditwachstum, aber zu einem dauerhaften Ausweitungsdruck.

Wachstum im Nullzins tendiert dazu, überwiegend quantitativ verstanden zu werden. Es geht um Nominalrenditen. Nur wer nominal noch Renditen erwirtschaftet, erhält dadurch einen Anteil an der laufenden Vermögensverschiebung. Qualitatives Wachstum, das sich nicht in Renditen ausdrückt, bedeutet, dass man im Umverteilungswettlauf der Vermögenswerte den Kürzeren zieht – und irgendwann auch die materielle Grundlage verliert, die qualitatives Wachstum ebenfalls benötigt.

Die renditebringenden Anlagen werden nicht nur hässlicher, sondern auch schädlicher. Massenparkplätze versiegeln die Böden, industrielle Landwirtschaft geht auf Kosten der Bodengesundheit und selbst die Erholungsräume ähneln Industriegebieten, in denen einem Massenpublikum Einkaufs- und Unterhaltungsfreuden geboten werden.

Gewiss erscheint solch ein Pauschalurteil reaktionär. Die pauschale Verurteilung der urbanen Dichte, der Umweltnutzung zugunsten des Menschen, der Renditen und der Technik ist auch verfehlt. Sie ist allerdings überwiegend eine Reaktion auf die Entfernung der Wirtschaftsstrukturen von den langfristigeren Interessen zugunsten der kurzfristigeren. Weil Produktionsstrukturen sich von den Präferenzen der Konsumenten und Sparer entfernen, kompensieren jene die aufkommende Enttäuschung durch Politisierung: durch den Ruf nach der Politik, um mittels Interventionen solche Entwicklungen aufzuhalten.

Die Marktwirtschaft ist eine Wirtschaftsordnung, in der die Konsum- und Sparentscheidungen der Menschen die Stimmen sind, die über die Produktionsstruktur entscheiden. Grundlage ist das Privateigentum: die Möglichkeit, Angebote abzulehnen und eigene Mittel zurückzuhalten beziehungsweise anders zu verwenden. Geldschöpfung hat diese Abstimmung hintertrieben: Im Nullzins erreicht die Entmachtung der Konsumenten und Sparer ihren bisherigen Höhepunkt.

Warum handelt es sich auch um eine Entmachtung der Konsumenten? Wollen diese denn nicht immer mehr kurzfristigen Konsum? Das Wollen und die Präferenz, die am Markt zu einer Stimme wird, sind unterschiedliche Dinge. Es geht um die konkreten Kaufakte. Wenn Konsumenten allein über die Produktionsstruktur bestimmten, würde das bedeuten, dass allein die gegenwärtigen Einnahmen die Ausweitung von Unternehmen finanzieren könnten. Nur Unternehmen, die gegenwärtig mehr einnehmen als ausgeben, könnten wachsen – und nur in dem Ausmaß dieser Eigenkapitalfinanzierung aus dem Cashflow.

Wenn auch die Sparer mitentscheiden, bedeutet das, dass eine Eigenkapitalfinanzierung auch aus eigenen und fremden Ersparnissen möglich ist – allerdings wiederum nur im Ausmaß dieser Ersparnisse. Unter einem Nullzins verschiebt sich die Finanzierung von Unternehmen immer weiter vom Eigenkapital zum Fremdkapital, dessen Dimension wiederum kaum mehr in Beziehung zu den real vorhandenen Ersparnissen steht. Die Kausalität dreht sich um. Das Einkaufszentrum entsteht überwiegend nicht deshalb, weil immer mehr Menschen am selben Ort ihr Geld ausgeben oder ihre Ersparnisse für dieses Projekt zur Verfügung stellen oder weil die Eigentümer sich ein Einkaufszentrum auf ihrem Grund wünschen. Das Einkaufszentrum entsteht ohne direkte Beziehung zu solchen Präferenzen und dann ist es nun einmal da – und zieht die Konsumenten an. Nun wäre das noch nicht so schlimm, wenn die Konsumenten, Sparer und Eigentümer im Nachhinein diese vorgegriffene Entscheidung als beste Mittelverwendung gutheißen. Das Problem ist die zyklische Überdehnung mit der folgenden Korrektur: Die in der Krise schließenden Zentren stehen dann als graue Industrieruinen herum – leider haben aber die anderen Nahversorger die Boomkonkurrenz nicht überlebt.

Es war wiederum der nüchterne Zyniker Joseph Schumpeter, der die Wirkung der Geldschöpfung auf die Wachstumsdynamik offen beschrieben hatte:

So wird die Kluft geschlossen, die in der Verkehrswirtschaft bei Privateigentum und Selbstbestimmungsrecht der Wirtschaftssubjekte sonst die Entwicklung außerordentlich erschweren, wenn nicht unmöglich machen würde.[60]

Das bedeutet, die Geldschöpfung ermöglicht ein Wachstum jenseits der Präferenzen der Menschen. Reale Menschen sind nämlich alles andere als die Modellmenschen des *Homo oeconomicus* der neoklassischen Ökonomik. Sie wünschen selten die völlige und ausschließliche Nutzung ihres Eigentums und ihrer Ersparnisse für die höchstmöglichen Nominalrenditen. Eigentum wird selbst genutzt oder darf ungenutzt bleiben – oder aber die Nutzung ist alles andere als wirtschaftlich. Es gibt auch einen *existence value,* wie es Ökonomen nachträglich bemerkten: den Wert des Bestandes einer Sache an und für sich. Der geerbte Wald hat Wert als Träger von Kindheitserinnerungen, das gebaute Haus hat Wert als Familienort, die gewohnte Fauna und Flora hat Wert als Naturgarten. Wenige individuelle Privateigentümer opfern einem kurzfristigen Nominalertrag den langfristigen Wert ihrer Güter.

Die tatsächlichen Präferenzen der Menschen stehen selten im Gegensatz zu nachhaltiger Nutzung von Naturgütern. Der beste Garant solcher Nutzung ist Privateigentum, denn dieses bedeutet die Möglichkeit, dass auch machtlose Menschen technokratischen Plänen im Weg stehen können. Zur künstlichen Förderung industrieller Entwicklung wurde und wird Eigentum oft eingeschränkt. Umweltschäden sind meist die Folge reduzierten Eigentumsschutzes durch beschränkte Einklagbarkeit oder gar der Enteignung für staatlichen Bedarf. Die Entmachtung der Eigentümer durch den Nullzins steht in einer langen Reihe von Interventionen mit ähnlicher Folgewirkung.

Der Begriff der Nachhaltigkeit entstammt eigentlich der Ökonomik. Hans Carl von Carlowitz hatte in seiner Abhandlung über Forstwirtschaft (*Sylvicultura oeconomica,* 1713) von der »nachhaltenden Nutzung« geschrieben und damit den Begriff geprägt. Tatsächlich ist dieser ein Gegensatz zur Kurzfristigkeit, die insbesondere Nichteigentümer kennzeichnet – aber unter dem Nullzins natürlich auch immer mehr Eigentümer erfasst.

Deutsche Pioniere des ökologischen Denkens waren Johann Wolfgang von Goethe und Alexander von Humboldt, die sich stark gegenseitig beeinflussten. Beide wandten sich gegen die Überspanntheit ihrer Zeit, die sich in der Hybris erzieherischer und politischer Pläne,

Disziplinierungen und Kontrollwünsche zeigte. Und beide reagierten eigentlich auf Phänomene, die eng mit dem Nullzins verwandt sind.

Goethe erkannte in *Faust II* die Verbindung von moderner Geldschöpfung und interventionistischer, »faustischer« Umweltzerstörung. An anderer Stelle prägte er den Begriff *veloziferisch* als Zusammenfügung von Velozität (Geschwindigkeit) und luziferisch (teuflisch), um die gefährliche Kurzfristigkeit eines geldschöpfungsgetriebenen Wachstumszwang zu beschreiben. Er erkannte früh die enge Verbindung wirtschaftlicher, moralischer und politischer Folgen:

So wenig nun die Dampfmaschinen zu dämpfen sind, so wenig ist dies auch im Sittlichen möglich; die Lebhaftigkeit des Handels, das Durchrauschen des Papiergeldes, das Anschwellen der Schulden, um Schulden zu bezahlen, das Alles sind die ungeheuren Elemente, auf die gegenwärtig ein junger Mann gesetzt ist.[61]

Humboldt beobachtete in Lateinamerika das Wüten des zentralistisch-absolutistischen spanischen Staates.[62] Dieser führte zur kurzfristigen Ausbeutung anstelle nachhaltiger Nutzung. Für Humboldt war das Zu-Tode-Schinden von Sklaven das gleiche Phänomen wie das rücksichtslose Roden der Wälder. Beides wurde für Plantagen im Auftrag der Krone betrieben.

Spanien finanzierte sich während dieser Zeit hauptsächlich durch das Plündern von Edelmetallen des neuen Kontinents, die per Schiff in das Mutterland gebracht wurden und dort wie eine massive Geldmengenausweitung wirkten. Diese Zufuhr großer Mengen an Gold und Silber brachte dem Staat eine von Steuern und Wertschöpfung unabhängige Einkommensquelle. Im ganzen Land stieg die Kurzfristigkeit. Die nach Lateinamerika entsandten Spanier agierten dort nicht als Unternehmer, sondern wie Politiker, die in kurzer Zeit das Maximum herausholen müssen. Sie kehrten meist nach wenigen Jahren wieder in ihr Heimatland zurück. Der geplünderte Wohlstand hielt nicht lange, er wurde verkonsumiert. Die Edelmetalle verließen Spanien schnell wieder im Tausch gegen Konsumgüter, und es schwand die Fähigkeit zu Kapitalaufbau und Produktion. Das einst führende Spanien fiel so im Vergleich zum übrigen Europa dramatisch zurück.

Das Thema Nachhaltigkeit und Umwelt ist nur ein Beispiel einer Reaktion auf Überdehnungen. Das zeigt sich sogar schon im engsten Bereich der Vermögensanlage, wo »nachhaltige Finanzprodukte« eine große Wachstumsindustrie sind. Da die Hintergründe der nicht nachhaltigen Verdichtungen selten verstanden sind, bewegen sich auch hier die Antworten meist auf der Oberfläche der Symptome. Das birgt die Gefahr eines ideologischen Zugangs. Oft handelt es sich bloß um willkürliche Filter der Unternehmensauswahl. Oder es wird nur eine inflationierte Berichtebürokratie mitfinanziert. Gerade die größten Unternehmen können sich »CSR« am ehesten leisten. Diese *Corporate Social Responsibility* ist meist nicht mehr als Marketing: bunte Prospekte mit viel »öko«, »fair«, und »sozial«. So wird stolz berichtet, dass »nachhaltige Fonds« genauso hohe oder höhere Renditen bringen. Der Grund ist wohl vorwiegend darin zu suchen, dass die Auswahl eben oft zugunsten der größten Unternehmen mit dem engsten Bezug zu Zeitgeist oder Politik geht.

Viel schlimmer noch ist es in der Politik. Die heutige Polarisierung ist gewiss dadurch vorangetrieben, dass auf die Überdehnung die Reaktion folgt – und damit wiederum die Überdehnung legitimiert. Auf die steigende Kurzfristigkeit der Märkte mit Marktfeindlichkeit, auf die sinkende Nachhaltigkeit mit Ökologismus, auf Ungleichheit mit Neid, auf globale Verzerrungen mit Protektionismus und auf Konsumismus mit Puritanismus zu reagieren, schüttet das Kind stets mit dem Bade aus und lässt die Kritik an der Gegenwart als reaktionären Unsinn erscheinen.

Polarisierung ist die Folge, wenn das rechte Maß verloren geht. Und der Maßverlust ist leider eng verbunden mit Nullzins und Geldschöpfung. Natürlich ist ein Nullzins nicht singuläre Ursache all dieser Phänomene, sondern das symbolische Ende einer Entwicklung, die eine Verdichtung von Phänomenen beschleunigte. All diese Phänomene hätte es auch ohne Erreichen des Nullzinses gegeben. Im symbolischen Endpunkt dieser Entwicklung allerdings wird eine Pattsituation überdeutlich – ebendie Nullzinsfalle. Die proklamierte Alternativenlosigkeit drückt den Deckel immer fester auf den Druckkochtopf – und erhöht damit nur noch weiter den Druck.

Der Druck zeigt sich nun schon langsam gesellschaftlich und politisch. Die wachsende Polarisierung verbindet sich mit anderen Nullzinsphänomenen: Infantilisierung, Unduldsamkeit, Ungeduld, Übersensibilität und geringe Frustrationstoleranz. Die »snow flakes« an den Universitäten, übersensible junge Menschen, die »safe spaces«, schützende Filterblasen, reklamieren, explodieren plötzlich zu roher Gewalt gegen Andersdenkende und liefern sich bürgerkriegsartige Schlachten gegen »Trolle« – digitale Eremiten anderer Filterblasen auf der Suche nach der ultimativen Provokation einer Gesellschaft von Mitläufern. Auch die Provokation steht dabei unter großem Entwertungsdruck. Einst reichte ein anderer Haarschnitt, nun gibt es kaum noch ein Tabu. Kommt die Tochter mit Tattoo und Piercing nachhause, macht es ihr die Mutter womöglich noch nach, um jung und cool zu wirken. Da bieten sich dann politische Extremismen an, um in einer Zeit der Alternativen- und Konsequenzenlosigkeit, des Mitläufertums und geltungsgeilen Hypermoralismus rare und wertvolle Aufmerksamkeit zu erheischen.

Provozierender Extremismus und Extremismuspanik, die nun überall Nazis aus allen Löchern kommen sieht, nähren sich dabei gegenseitig und zehren auch die letzten Reserven sozialen Kapitals auf. Nicht die Wirtschaftskorrektur schafft Extremismus – er fällt nur in den Korrekturphasen auf, dann, wenn die Mittel zum Übertünchen, die materiellen Abdeckpflaster, knapper zu werden scheinen. Darum die Angst vor der Korrektur, die zur Angst vor einem Abgehen vom Nullzins führt – und daher sitzen wir in der Nullzinsfalle.

Übersicht über die verheerenden Folgen der Niedrigzinspolitik

- **Verzerrung der Kapitalstruktur:** Das unternehmerische Handeln richtet sich mehr und mehr an den verzerrten Marktsignalen aus. Die Kapitalstruktur nimmt in der Folge eine Form an, die immer weniger im Einklang mit den Bedürfnissen der Menschen steht. Viele nicht nachhaltige Investitionsprojekte werden angestoßen und es kommt zu ausgeprägten Konjunkturzyklen (Boom-Bust-Zyklen).

- **Anfälligkeit der Vermögenspreise:** Da ein Investor stets vor der Wahl steht, sein Vermögen anstatt in einer riskanten Investition zum »sicheren« Marktzins zu veranlagen, sind Investitionen stets relativ zu ebendiesem Marktzins zu bewerten. Das gängige »discounted cash flow model« ermittelt den Wert von Investitionen durch die Summe aller abgezinsten künftigen Ausgaben und Einnahmen. Durch die Niedrigzinsen sind Anlagen heutzutage extrem hoch bewertet. Gerade bei langfristigen Investitionen haben geringfügige Änderungen des Zinssatzes erhebliche Auswirkungen auf die Bewertung von Finanzprodukten. Da so gut wie alle Vermögenspreise davon betroffen sind, haben Niedrigzinsen eine systemische Fragilität zur Folge.

- **Neue Preisblasen bei Immobilien, Aktien, Kunstgegenständen et cetera:** Investoren flüchten infolge niedriger Renditen bei festverzinslichen Produkten und der steigenden Vermögenspreise in Risikoprofile, welche sie bei normalen Zinsen niemals akzeptieren würden.

- **Fokus auf kurzfristigen Gewinn:** Die künstlich gedrückten Zinsen ermutigen zu exzessivem Gegenwartskonsum. Dadurch findet ein sukzessiver Kapitalverzehr statt, was bedeutet, dass die fetten Jahre, die wir gerade erleben, zulasten der Zukunft gehen. Zudem führt eine gewisse kreditfinanzierte Konsumzwanghaftigkeit, die zu beobachten ist, zu einem zunehmenden Verlust an Unabhängigkeit und einer modernen Form der Schuldknechtschaft.

- **Die Struktur der Finanzmärkte wird geschwächt, das System als Ganzes fragilisiert:** Die Finanzinstitute sind mittlerweile so groß geworden, dass sie selbst von Staaten schwerlich gerettet werden können. »Too big to fail« mag für die einzelne Bank ein erstrebenswertes Ziel sein, für die Wirtschaft als Ganzes ist es katastrophal. Im Extremfall wird diese tödliche Umarmung womöglich Staatspleiten auslösen, wenn Banken nicht mehr überlebensfähig sind.

- **Erhöhte Abhängigkeit von anderen Notenbanken:** Im Umfeld globaler Niedrigzinsen kann eine einzelne Notenbank kaum zur geldpolitischen Normalität zurückkehren, da dies zu einer signifikanten Aufwertung der Heimatwährung führte, die – zumindest kurzfristig – herbe Konsequenzen für die Exportwirtschaft hätte (siehe Schweiz).

- **Anreize für die Politik, bitter nötige Strukturreformen auf die lange Bank zu schieben:** Wären die Zinsen noch auf Vorkrisenniveau, müssten in den meisten Staaten radikale Reformen her, um die Schuldenlast noch irgendwie tragbar zu halten. Die Niedrigzinspolitik nimmt den Staaten hingegen diesen Reformdruck. Stattdessen setzt sie Anreize dafür, neue Schulden aufzunehmen, um Wahlversprechen zu finanzieren. Dadurch werden Staaten jedoch abhängig von den Niedrigzinsen.

- **Verhinderung einer bereinigenden Krise:** Niedrige Zinsen halten unproduktive und überschuldete Unternehmen und Banken künstlich am Leben. Banken können potenziell uneinbringliche Kredite schier unendlich verlängern und so ihren Abschreibungsbedarf verringern. Produktiven Sektoren werden so wertvolle Ressourcen entzogen.

- **Fehlen des klassischen geldpolitischen Instruments – der Zinssenkung – beim nächsten Abschwung:** Der nächste Abschwung kommt bestimmt, doch allen voran der Euroraum hat sich aufgrund des Aufschubs der Zinserhöhungen des geldpolitischen Mittels Nummer 1 zur Bekämpfung des Abschwungs – der Zinssenkung – selbst beraubt.

- **Schwindende Attraktivität für Banken, Produktivkredite an kleinere Unternehmen zu vergeben:** Mit dem Abfallen der Zinskurve – also dem überproportionalen Absenken der längerfristigen Zinsen – sind auch die Zinsmargen gesunken. Zudem haben Regulierungen, die das Bankensystem sicherer machen sollen, den administrativen Aufwand für die Vergabe von Krediten erhöht. Hinsichtlich der Kreditsummen, die kleinere Unternehmen benötigen, lohnt sich dieser Aufwand für die Banken oftmals nicht. Sie vergeben stattdessen lieber Hypothekarkredite.

- **Vorsorgesysteme geraten an ihre Grenzen:** Da Pensionsfonds regulatorisch dazu angehalten sind, einen Großteil ihrer Vermögen in Staatsanleihen zu veranlagen, fällt es ihnen aufgrund der Niedrigzinsen zusehends schwer, ihre Zahlungsversprechen einzuhalten. Verstärkt wird dieser Effekt durch den demografischen Wandel, der insbesondere Deutschland in naher Zukunft vor erhebliche Probleme stellen wird.

- **Zunehmende gesellschaftliche Polarisierung:** Mit niedrigen Zinsen lassen sich Vermögen hebeln. Dabei profitieren vor allem bereits Vermögende, die über Material zur Veranlagung verfügen und besonders kreditwürdig sind. Die Schere zwischen Arm und Reich öffnet sich weiter. Altersarmut könnte weite Teile der Bevölkerung im Ruhestand erfassen. Eine Gefahr für den sozialen Frieden geht auch von einem zunehmenden Druck auf die Sozialsysteme, den Euro oder auf das Geldsystem als Ganzes aus.

Kapitel 4: Vermögensaufbau trotz Nullzinsfalle?!

Überall nur Blasen – was tun?

Was kann der normale Sparer aus den vorangegangenen Kapiteln lernen? Eine Haltung des berauschenden Verkonsumierens des Ersparten kann es nicht sein. Gerade auch in einem nicht nachhaltigen Umfeld wie dem gegenwärtigen kann die nachhaltige, das heißt werterhaltende, womöglich auch wertsteigende Anlage gelingen.

Der Sparer lernt zum einen, dass die Flutung der Märkte mit billigem Geld zu neuen Rekordpegelständen in vielen Märkten geführt hat, bei denen vormals »sichere Häfen« untergegangen sind. Das Geld, das nach wie vor auf den Konten havarierter Banken oder bei Lebensversicherungen, denen das Wasser bis zum Hals steht, geparkt wird, könnte leicht in den Strudel geraten und mit in die Tiefe gerissen werden. Gleichzeitig überhitzen die Märkte für Vermögenswerte: Weite Teile der Finanzmärkte befinden sich in einem anderen Aggregatzustand als die Realwirtschaft und allerorts bilden sich Blasen, die, gefüllt mit heißer Luft, rasant in die Höhe steigen. Doch wer zu hoch steigt, fällt bekanntlich auch tief. Mit jähen Abstürzen muss der Anleger jederzeit rechnen.

Zudem hat der normale Sparer gelernt, dass eine gesunde Skepsis gegenüber den Empfehlungen seines Bankberaters nicht ganz unangebracht ist. Er weiß nun, dass Geld – sei es auf dem Girokonto, investiert in Staatsanleihen oder daheim verschlossen im Tresor –

nirgendwo »todsicher«[63] aufgehoben ist: Banken und Staaten gehen mitunter bankrott, und die Einleger beziehungsweise Gläubiger können dafür haften, das Bargeld im Tresor kann durch Inflation entwertet oder von Einbrechern gestohlen werden. Auf die althergebrachten Sparformen sollte man sich besser nicht mehr verlassen. Erst recht sollte man sich nicht darauf verlassen, dass das Rentensystem in seiner heutigen Form die Finanzkraft besitzt, zukünftigen Generationen im Alter die finanziellen Sorgen zu nehmen. Wer das böse Erwachen im Ruhestand vermeiden will, der kommt nicht umhin, sich ein gewisses finanzielles Grundwissen anzueignen und mit klassischen Sparparadigmen zu brechen.

Zentral ist zudem die Erkenntnis, dass unser Geldsystem, welches auf Schulden beziehungsweise auf deren Ausweitung beruht, nicht immerfort wird bestehen können und mittlerweile mehr und mehr an seine Grenzen stößt. Die Schulden sind nicht nachhaltig und bleiben nur durch ein gewisses Maß an Neuverschuldung tragbar. Doch das bedeutet andererseits auch, dass die Forderungen nicht nachhaltig sind: Mit dem Ausfall von Schulden schrumpfen auch die finanziellen Vermögenswerte. Diese oft vernachlässigte Dimension unseres Geldsystems sollte man sich jedes Mal in Erinnerung rufen, wenn von einem Schuldenschnitt oder Schuldenabbau die Rede ist. Die Aderlässe in Zypern und Griechenland sind Symptome dieser systemischen Nichtnachhaltigkeit, wobei mittelfristig mit einem häufigeren Auftreten dieser Symptome zu rechnen ist.

Von der Tatsache, dass sich die Märkte gut entwickeln, sollte sich der Anleger nicht einlullen lassen. Aus der Gefahrenzone sind wir nämlich längst noch nicht heraus. Wir wissen nicht, wann und in welchem Ausmaß das Schuldgeldsystem das nächste Mal von Grund auf erschüttert wird. Als Anleger sollte man jedoch weiterhin auf derartige Szenarien gefasst sein und dementsprechend umsichtig agieren. In einer Zeit, in der die Gefahr besteht, dass die Schulden und Guthaben in erheblichem Umfang abschmelzen, sollte man den realen Kapitalerhalt bereits als Erfolg ansehen. Denn der Anleger kommt nicht umhin, die Spielregeln des Status Quo als gegeben hinzunehmen.

Selbstverständlich darf der Leser an dieser Stelle keine todsicheren Tipps von uns verlangen, da solche notwendigerweise unseriös sind. Ein guter Investor zeichnet sich dadurch aus, bestimmte Hypothesen, die er hinsichtlich der Marktentwicklungen hat, jederzeit zu verwerfen, wenn ihn der Markt eines Besseren belehrt. Denn es geht nicht darum, recht zu haben, sondern darum, zumindest die Kaufkraft zu erhalten. Viele Hypothesen guter Investoren sind daher nicht von Dauer.

Wesentlich nachhaltiger als Anlagetipps sind Prinzipien und strukturelle Handlungsempfehlungen sowie einige Strategien, die den verschiedenen Zukunftsszenarien Rechnung tragen. Zugleich helfen sie dem Anleger, nicht bei jeder kleinsten Regung des Marktes hektisch alles, was gestern noch Gültigkeit zu haben schien, über Bord zu werfen. Ein prinzipien- und strategieloses Verhalten eignet sich nicht zum nachhaltigen Vermögensaufbau. Zudem ist der Anleger dann nur mehr ein Getriebener und nicht mehr Herr des Handelns.

Von Portfoliomanagern und Tradern

Wodurch zeichnen sich eigentlich erfolgreiche Portfoliomanager aus? Wie agieren sie auf den Märkten? Was sind ihre Methoden und Strategien? Im Gegensatz zu den Vorgehensweisen der Zentralbanken, die auf dem neuesten Stand der wissenschaftlichen Forschung beruhen, haben Trader, die ihre Strategien auf der modernen Finanztheorie aufbauen und komplexe mathematische und ökonometrische Modelle basteln, in den Märkten das Nachsehen. Im Oktober 1987 fielen Anleger, die die Portfoliotheorie von Nobelpreisträger Harry M. Markowitz blind angewandt hatten, auf die Nase. Im August 1998 ging der damals größte Hedgefonds, Long-Term Capital Management (LTCM), infolge eines inadäquaten Risikomanagements spektakulär pleite. Als Direktoren wirkten keine Geringeren als die für ihre Optionspreistheorie mit dem Nobelpreis ausgezeichneten Myron S. Scholes und Robert C. Merton. Trotz energischen Eingreifens der New Yorker Fed hatte LTCM einen Verlust von 4,5 Milliarden US-Dollar (rund 10 Milliarden in heutigen US-Dollar) zu verzeichnen, eine allgemeine Finanzkrise konnte gerade so verhindert werden. Auch die Finanzinnovationen und das Risikomanagement, die zu der Bauchlandung in Form der Finanzkrise ab 2007 führten, waren eine direkte Übertragung ökonomischer und finanzwissenschaftlicher Theorien auf die Praxis an den Finanzmärkten. Kurzum: Wer an den Märkten mit Strategien agiert, die durch den neuesten Stand der wirtschaftswissenschaftlichen Forschung gestützt sind, begibt sich auf Glatteis. Oder wie Friedrich Dürrenmatt meinte: »Je planmäßiger die Menschen vorgehen, desto wirksamer trifft sie der Zufall.«

Während an den volkswirtschaftlichen Fakultäten sowie in den Zentralbanken eine ziemlich ausgeprägte Falsifikationsresistenz hinsichtlich der Grundlagen der Geld- und Währungsordnung vorherrscht und weiterhin an fragwürdigen Theorien festgehalten wird, haben erfolgreiche Trader seit jeher einen kritischen Abstand zu solchen gewahrt. In der Praxis dominieren seit jeher Heuristiken. Darunter sind Methoden zu verstehen, die trotz beschränkten Wissens und erhöhten Zeitdrucks zu brauchbarem, weil wahrscheinlichem Handlungslösungen kommen. Und auch wenn viele erfolgreiche Trader mithilfe von Modellen operieren, so sind sie sich doch der Beschränkungen derselben bewusst und begehen nicht oder zumindest weitaus seltener den Fehler blinder Modellgläubigkeit.

Aber was noch wichtiger ist: Es gibt keinen allgemeinen Trading-Ansatz, der für jeden gleichermaßen funktioniert. Vielmehr ist es für jeden Trader wichtig, seinen ganz eigenen Stil zu finden, der für ihn persönlich funktioniert. Viele Trader nutzen beispielsweise einen systematischen Ansatz, das heißt, sie stellen im Vorfeld Regeln auf, die

die Vorgehensweise als Reaktion auf verschiedene Marktsituationen definieren. Andere arbeiten diskretionär, sie fällen ihre Trading-Entscheidungen aus Erwägungen heraus, die von außen nicht einsehbar sind. Wieder andere nutzen eine Mischform dieser beiden Ansätze.

Vergleichen wir einmal die Fähigkeit, makroökonomische Phänomene zu analysieren, mit der Fähigkeit, Klavier zu spielen. Tonleitern, Harmonien, Modulationen, Blattspiel, Triller, Improvisationstechniken, die Nuancierung des Anschlags und so weiter lassen sich erlernen und schlussendlich ist man fähig, Klavier zu spielen. Doch ist man damit schon ein Künstler? Nein. Ein Künstler zeichnet sich dadurch aus, seinem Klavierspiel eine individuelle Note zu geben, die technischen Fertigkeiten als Gestaltungsmittel zu nutzen und etwas Neues zu kreieren. Ähnlich verhält es sich beim Trader: Zu wissen, wie die makroökonomische Situation zu bewerten ist, reicht nicht aus. Ein Trader muss konkrete Trading-Ideen entwickeln, diese strukturieren und implementieren. Die Umsetzung seiner Ideen am Markt entscheidet darüber, ob er ein guter, mittelmäßiger oder ein schlechter Trader ist.

Nehmen wir einmal an, der Markt ist heiß gelaufen und befindet sich in einer Blase, die man durchaus als irrational empfinden könnte. Was macht ein guter Trader? Geht er short? Das könnte ziemlich in die Hose gehen, da es schwer vorauszusagen ist, wann genau eine Marktblase platzt. Oftmals legen Märkte gerade in der Endphase von Blasen noch einmal einen fulminanten Anstieg hin, ehe sie abrupt zusammenbrechen. Wer das Platzen der Blase zu früh erwartet und leerverkauft, kann – der richtigen Erkenntnis zum Trotz, dass der Markt einmal einbrechen muss – erhebliche Verluste einfahren. Eine Blase an sich mag irrational sein, doch es kann mitunter sinnvoll sein, die Blase nach oben hin mitzutragen – genauso, wie ein Bank-Run an und für sich genommen irrational sein kann, es für den Einzelnen aber durchaus von Vorteil ist, im Falle eines solchen als einer der Ersten am Geldautomaten zu stehen.

Um die Blase nach oben zu traden, bieten sich beispielsweise Optionen an, die das Verlustpotenzial begrenzen, falls dem Markt doch bereits an dieser Stelle die Luft ausgeht. Andererseits könnte man sich auch auf andere Märkte fokussieren, die von der Blase nur indirekt betroffen sind, in denen sich die makroökonomisch fundierte Hypothese jedoch besser traden lässt. Zu verstehen, was die Märkte fundamental antreibt, ist also eine Sache. Eine ganz andere Sache ist die Implementierung einer sich auf dieser Erkenntnis stützenden Trading-Idee.

Wie es auch Künstler oder Musiker gibt, die weder Klavier noch sonst ein Instrument spielen, die nicht malen oder bildhauern können und auch sonst über kein klassisches Handwerkszeug verfügen, aber dennoch dazu imstande sind, eindrucksvolle Kunstwerke zu erschaffen, gibt es auch hochgradig erfolgreiche Trader, die von makroökonomischen Vorgängen nichts verstehen oder sie bewusst ausblenden. Manch ein Trader hat über Jahre und Jahrzehnte hinweg seinen Blick auf die Kurse geschärft und trifft einzig aufgrund der dadurch erworbenen Erfahrungswerte seine Trading-Entscheidungen. Andere bauen ihre Trading-Strategie auf einer komplexen Software auf, die verschiedene Muster in den Daten aufspürt.

Viele Wege führen also nach Rom – und viele natürlich auch in den Bankrott. Der Zauber besteht aber gerade darin, dass sich erfolgreiche Vorgehensweisen niemals vollständig objektivieren und systematisieren lassen. Erfolgreiche Trader passen sich den Umständen an, sie haben gestern auf der Grundlage von Regeln agiert, die sie vielleicht heute schon brechen, da sich die Marktumstände geändert haben. Das darf aber nicht als Rückgratlosigkeit oder Strategielosigkeit verstanden werden. Entscheidend ist zu begreifen, dass Märkte hochkomplexe Gebilde sind, die man nicht durch die Modelle der modernen Finanztheorie versteht, die die komplexen Zusammenhänge in unangemessener Weise vereinfachen und trivialisieren. Gute Trader setzen gerade auch auf ihre Intuition, um der Komplexität zu begegnen. Und diese Intuition muss ein Trader über lange Zeit in der Praxis und an der Grenze zur Überforderung schulen, um in der Liga derer mitzuspielen, die über große Zeiträume hinweg den Markt schlagen. Der Außenstehende wird dabei nur schwerlich nachvollziehen können, was einen solchen Trader zu den einzelnen Schritten, die er ergreift, veranlasst. Nicht umsonst stehen die vielleicht aufschlussreichsten Werke der Trading-Literatur, in denen der Autor und Fondsmanager Jack Schwager Größen der Branche interviewt, unter dem Titel *Market Wizards* (dt. *Magier der Märkte*).

Gold und inflationssensitive Anlagen

Für den Staat ist die Inflation der attraktivste Ausweg aus der Schuldenfalle, da sie die reale Schuldenlast vermindert, die Enteignung nicht ganz offensichtlich stattfindet und der durchschnittliche Bürger sie eher wie ein Naturphänomen und weniger als Resultat einer bewusst betriebenen Politik betrachtet. Da sie in den letzten Jahrzehnten durch die Liberalisierung des weltweiten Handels sehr niedrig war und sie das letzte Mal vor vielen Jahrzehnten, nämlich in den 1970er-Jahren, ein größeres volkswirtschaftliches Problem darstellte, haben die meisten Finanzmarktakteure eine höhere und lang andauernde Inflation kaum auf dem Schirm. Das könnte sich als gefährlich erweisen. Wie das folgende Diagramm (Abbildung 4-1) zeigt, kann Inflation über Nacht zum bestimmenden Thema werden – und die Weichen hierfür sind von der Geldpolitik bereits gestellt.

Noch keine 100 Jahre ist es her, dass das damalige Deutsche Reich eine Hyperinflation durchlebte. Bis zum heutigen Tage wirken die traumatischen Erfahrungen nach. Viele erinnern sich sogar noch an die Schilderungen ihrer Großeltern, die in jenen Jahren ihr gesamtes Hab und Gut verloren.

Abbildung 4-1: US-Inflationsraten ausgewählter Jahre, in Prozent
Quelle: Federal Reserve St. Louis

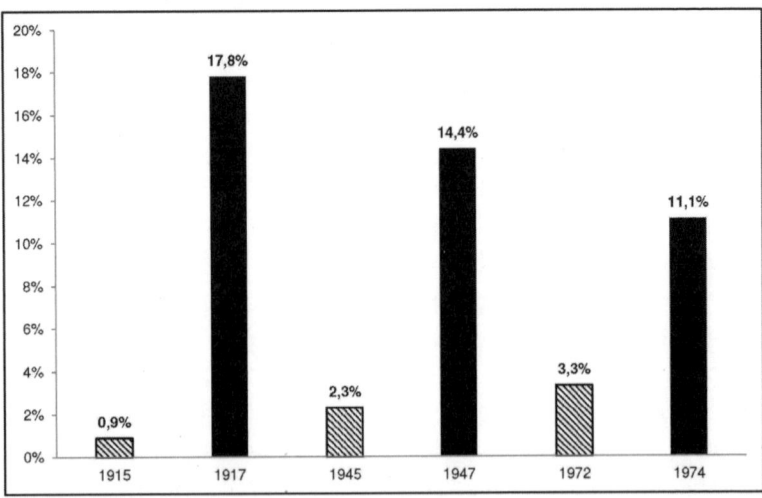

Doch man musste nicht zwangsläufig zu den Verlierern gehören, denn auch in Zeiten von starker Inflation oder gar Hyperinflation bieten sich für den Anleger Chancen. Anlagen, mit denen bei Inflation ein realer Wertaufbau gelingen kann, werden als »inflationssensitiv« oder als »Inflations-Hedges« bezeichnet. Hierzu zählen Rohstoffe, einige Aktien, inflationsgeschützte Anleihen und Immobilien.

Das Konsumverhalten in modernen Gesellschaften wird durch ein hochkomplexes logistisches System ermöglicht, durch den täglichen Transport von Zwischenprodukten, fertiggestellten Waren und Personen. Wenn die Preise der Produkte ansteigen, steigt auch Öl als derjenige Rohstoff, der der Treibstoff in diesem logistischen System ist. Generell sind Rohstoffe in Inflationszeiten für Investoren interessant, da ihre Preise zusammen mit dem allgemeinen Preisniveau anziehen. Ganz besonders trifft dies für die Edelmetalle Gold und Silber zu, die wir gleich noch näher besprechen werden.

Auch einige Aktien können bei Inflation profitieren oder zumindest Schritt halten. Einerseits sind da natürlich die Rohstoff- und Energieaktien zu nennen: Steigt beispielsweise der Goldpreis, erhöhen sich die zu erwartenden zukünftigen Erträge der Minenunternehmen, was sich in steigenden Aktienpreisen niederschlägt. Darüber hinaus können Unternehmen die steigenden Inputkosten an ihre Konsumenten weitergeben. Unternehmen, die Produkte herstellen, welche im Alltag nur schwer zu entbehren sind, wie Lebensmittel und Hygieneartikel, aber auch Alkohol und Zigaretten, die die Leute auch bei steigenden Preisen weiterhin kaufen, sind hierbei natürlich im Vorteil – auch ihre Aktienpreise werden sich einigermaßen im Gleichtakt mit der Inflation entwickeln.

Meist hat Inflation zur Folge, dass die Nominalzinsen anziehen. Dadurch fallen allerdings die Preise der ausstehenden Anleihen, die die alten, niedrigeren Zinsen abwerfen. Inflation verringert also den Wert der Anleihen in den Portfolios der Investoren. Um sich dagegen abzusichern, kann man inflationsgeschützte Anleihen kaufen wie beispielsweise die amerikanischen Treasury Inflation-Protected Securities (TIPS). Die »abgesicherte Inflation« ist aber natürlich stets nur die ausgewiesene Teuerungsrate.

Die Politik des billigen Geldes treibt die Immobilienpreise in die Höhe. Allerdings sind Immobilien nicht im repräsentativen Warenkorb, mit dem der Anstieg des allgemeinen Preisniveaus gemessen wird, enthalten. Den Kriterien zur Zusammenstellung dieses Warenkorbs ist es letztlich zu verdanken, dass in den letzten Jahren die offiziellen Inflationsraten niedrig waren. Was aber im Korb enthalten ist, sind die Mietpreise. Wenn Inflation also grassiert und auch die Mietpreise in die Höhe schnellen, steigt folglich auch der Wert von Immobilien. Da Immobilien auch dann, wenn sich die Krise in der Volkswirtschaft breitmacht, stets einen gewissen Wert haben, werden sie hin und wieder als »Betongold« bezeichnet.

Womit wir schließlich beim Gold angekommen wären. Um kaum ein anderes Investment ranken sich so viele Mythen wie um jenes, kaum ein anderes Investment spaltet die Meinungen wie das gelbe Edelmetall, kaum ein anderes Investment ist mit mehr Missverständnissen behaftet. Allgemein gilt Gold als ein wichtiges Investment, das einerseits gegen Inflation schützt und andererseits auch ein sicherer Hafen bei schweren Krisen, so auch bei einem möglichen Systemkollaps, ist. Es wäre demnach wie gemacht für die Szenarien, denen wir eine hohe Eintrittswahrscheinlichkeit beimessen. Zudem ist Gold eine Anlage, die sich jeder Anleger auf eigene Faust ins Portfolio legen kann.

Gold ist kein Rohstoff wie jeder andere. Die industrielle Nachfrage nach Gold ist äußerst gering, weshalb die Preisbildung primär auf dessen Rolle als Anlagegut beziehungsweise auf dessen monetären Eigenschaften beruht. Im Grunde genommen ist Gold nach wie vor Geld: eine Währung, die im Wechselkursverhältnis zu den anderen, offiziellen Währungen steht. Schon früh in der Geschichte hatten Gold und andere Edelmetalle diese Geldfunktion inne. So wurden Goldmünzen bereits um 640 v. Chr. auf dem Gebiet der heutigen Türkei geprägt. Man hatte damals entdeckt, dass dieses Metall besonders absatzfähig ist und daher zuverlässig einen Anspruch auf eine Gegenleistung verkörpert, die einem aufgrund einer eigenen Leistung zustand. Und nicht nur zum Tausch für den Moment eignete es sich. Man vertraute auch darauf, dass es seinen Wert behalten würde und man es auch zu einem späteren Zeitpunkt zum Tausch einsetzen könne. Gold haftete also das Vertrauen an, seine Tauschmittel- und Wertaufbewahrungsfunktion sicher zu erfüllen. Bis heute hält sich dieses Vertrauen. Denn auch seitdem es die offiziellen, vom Gold entkoppelten Währungen gibt, findet das Edelmetall als Zahlungsmittel universelle Akzeptanz und dient in Krisenzeiten als Fluchtwährung. Selbst Alan Greenspan war, bevor er als Fed-Vorsitzender völlig hingerissen von der Druckerpresse war, einst ein enthusiastischer Goldanhänger: »Gold repräsentiert immer noch die höchste Zahlungsform der Welt«, schrieb er in seinem 1966 erschienenen Artikel *Gold und wirtschaftliche Freiheit*. »Papiergeld wird, in extremis, von niemandem entgegengenommen – Gold dagegen wird immer angenommen.« Kurzum: Gold haftet ein historisch fundiertes Vertrauen an. Doch wie verlässlich ist dieses Vertrauen in Zeiten, in denen Gold kein offizielles Zahlungsmittel mehr ist, sondern lediglich ein Anlagegut, das keine Zinsen produziert und mit dem auch sonst kaum etwas hergestellt wird? Ist jenes Vertrauen vielleicht ein ziemlich wackliges Fundament?

Vertrauen ist eine notwendige Voraussetzung für sämtliche Geldformen. Unsere heutigen offiziellen Zahlungsmittel sind durch das Vertrauen in die sie emittierenden Staaten sowie in die Vermögenswerte gedeckt, die die Banken und Zentralbanken als Forderungen halten. Es ist letztlich ein Vertrauen darin, dass die hohen Institutionen schon wissen, was sie tun, und dass sie die Tauschmittel- und Wertaufbewahrungsfunktion des Geldes sicherstellen. Bei Bitcoin und anderen Kryptowährungen vertraut der einzelne Nutzer darauf, dass sich der zugrunde liegende Algorithmus dauerhaft so verhält wie beabsichtigt und dadurch die zuvor genannten Funktionen erfüllt werden. Das Vertrauen in Gold beruht auf dem Narrativ, das Edelmetall sei die ultimative Währung, die auch in Krisenzeiten von jedermann akzeptiert wird. Um nun ein Urteil darüber zu fällen, ob Gold heutzutage tatsächlich ein wertbeständiges Anlagegut ist, müssen wir hinterfragen, wie stark dieses Narrativ ist. Sind es lediglich ein paar entrückte Goldenthusiasten, die das Edelmetall nach der Jahrtausendwende auf völlig vermessene Höchststände gehievt haben? Ist der Preisverfall, der 2011 eingesetzt hat, einfach die notwendige Korrektur nach einem völlig irrationalen Höhenrausch? Oder ist davon auszugehen, dass der Goldpreis wieder nachhaltig anzieht?

Abbildung 4-2: Goldpreis pro Feinunze, in US-Dollar, 1971–2018
Quelle: Federal Reserve St. Louis

Auch wenn man sich davor hüten sollte, auf der Grundlage von Daten aus der Vergangenheit Prognosen für die Zukunft zu erstellen, darf die Jahrtausende währende monetäre Rolle des Geldes nicht unter den Teppich gekehrt werden. Sicherlich sind die Macht der Staaten, der Zentralbanken, der Wissenschaftsapparat, die Technologien – insbesondere die digitalen Technologien, die die Kryptowährungen möglich gemacht haben – Phänomene der jüngsten Vergangenheit, die Gold in der Rolle des Geldes schnell so anachronistisch erscheinen lassen wie Pferdekutschen außerhalb von Wien. Doch die Historie des Goldes ist ein wesentlicher Faktor, der das Narrativ von Gold als universellem und krisenfestem Zahlungsmittel stärkt.

Werfen wir einen Blick auf Abbildung 4-3, in der die Jahresperformance von Gold der des S&P 500 seit 1971 gegenübergestellt ist. Es lässt sich insgesamt eine inverse Beziehung erkennen. In den sechs stärksten Verlustjahren des S&P 500 konnte Gold nicht nur relativ, sondern auch absolut eine hervorragende Performance ausweisen; Hausse-Phasen am US-Aktienmarkt bedeuteten hingegen tendenziell kein gutes Umfeld für die Goldpreisentwicklung. Doch nicht immer verhält sich Gold kontrazyklisch: So stiegen in den Jahren 2002–2007 sowohl Gold als auch der S&P 500 und auch parallele Bewegungen nach unten gab es hin und wieder. Seinen größten Satz landete Gold im Jahr 1979, als auch der S&P 500 zulegte. Doch für den Untersuchungszeitraum lässt sich festhalten, dass schwere Stressmomente eine hinreichende Bedingung für ein Ansteigen des Goldpreises waren. Gold ist anscheinend vor allem dann gefragt, wenn das Finanzsystem fundamental erschüttert wird und Zweifel daran aufkommen, ob Gegenparteien ihre Zahlungsversprechen einhalten können. Denn Gold zeichnet sich auch dadurch aus, dass es, wenn es physisch erworben wird, keinem Gegenparteirisiko ausgesetzt ist.

Abbildung 4-3: Jahresperformance Gold versus S&P 500, in Prozent, 1971–2018
Quelle: Federal Reserve St. Louis

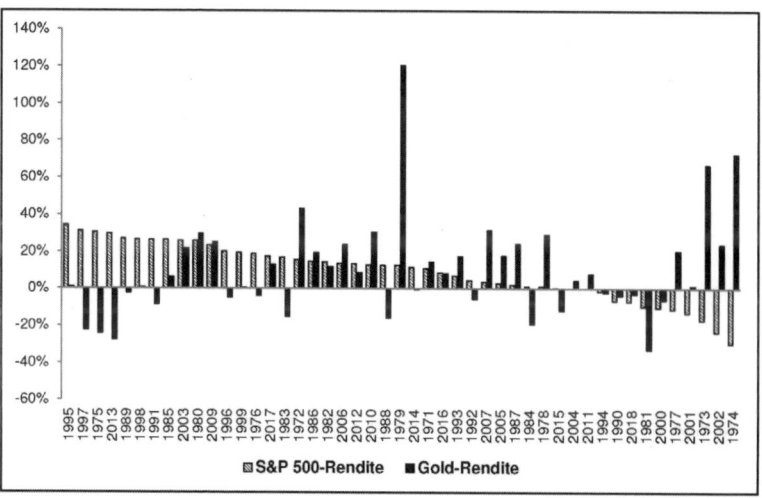

Kommen wir nun auf eine Charakteristik von Gold zu sprechen, die es vor allen anderen Edelmetallen, Rohstoffen, Waren und sonstigen als Geld infrage kommenden Dingen auszeichnet: Beständigkeit. Gold ist auf zweierlei Art und Weise beständig: Zum einen ist es unverderblich, Luft, Feuchtigkeit und die meisten Säuren, Laugen und Lösemittel können ihm nichts anhaben. Somit behält es seine physische Werthaltigkeit im Laufe der Zeit bei. Zum anderen ist der Gesamtbestand des Goldes stabil. Das rührt daher, dass es kein Verbrauchsrohstoff ist und sämtliches je geschürfte Gold – derzeit schätzungsweise rund 190.000 Tonnen – noch irgendwo auf der Welt vorhanden ist. Die jährliche Produktion von derzeit circa 3300 Tonnen[64] erweitert den Bestand also nur marginal. Man spricht von einer hohen »Stock-to-Flow-Ratio« (also einem hohen Verhältnis vom Bestand zum Zufluss), was gleichbedeutend damit ist, dass das Goldangebot weitgehend unelastisch ist – eine Eigenschaft, die gutes Geld ausmacht.

Der einzige andere Rohstoff, dessen Stock-to-Flow-Ratio einigermaßen hoch ist – wenngleich sie nicht einmal ein Drittel des Verhältnisses beträgt, das bei Gold vorherrscht –, ist Silber. Dieses wird hingegen in der Industrie vielseitig genutzt, etwa im Bereich der Fotografie, Elektronik, Nanotechnologie, bei Katalysatoren und Batterien. Wie Gold wird Silber auch zu Schmuck verarbeitet. Doch aufgrund des wesentlich höheren industriellen Verbrauchs, der sich wesentlich auf die Preisentwicklung des Edelmetalls auswirkt, und der Tatsache, dass Anlagezwecke nur knapp 50 Prozent der Nachfrage ausmachen, ist Silber ein Hybridmetall mit nur teilweise monetärem Charakter.

Abbildung 4-4: Stock-to-Flow-Ratio von Gold, Bitcoin und Silber, 2016–2020
Quellen: bitcoinblockhalf.com, World Gold Council

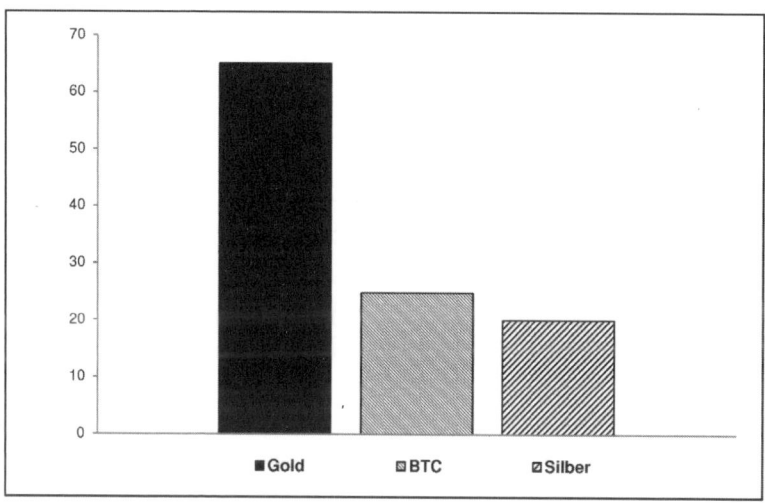

Wir sehen also, dass die Beständigkeit von Gold die wesentliche Charakteristik ist, die es von anderen Warengeldkandidaten abhebt und die das Vertrauen maßgeblich stärkt, das seiner monetären Rolle zugrunde liegt. Selbst wenn alle Minen der Welt auf vollen Touren produzierten, würde sich dies kaum auf die Stock-to-Flow-Ratio auswirken. Das Erschließen neuer Goldvorräte und die Inbetriebnahme von Minen sind überdies äußerst zeit- und kostenintensiv, sodass der Goldmengenexpansion enge Grenzen gesetzt sind. Damit unterscheidet sich Gold ganz grundlegend von unserem heutigen Papiergeld, das durch Kreditvergabe oder durch die Druckerpresse beliebig vermehrt werden kann und daher sehr elastisch ist. Das folgende Diagramm (Abbildung 4-5) zeigt, dass allein das Zentralbankgeld in den letzten knapp 50 beziehungsweise 100 Jahren jährlich um 7,17 beziehungsweise 9,95 Prozent angeschwollen ist, wohingegen die jährliche Wachstumsrate von Gold bei 1,5 Prozent lag.

Abbildung 4-5: Jährliche Wachstumsrate: Gold versus US-Basisgeldmenge, in Prozent, 1917–2014, 1971–2014
Quellen: Federal Reserve St. Louis, World Gold Council

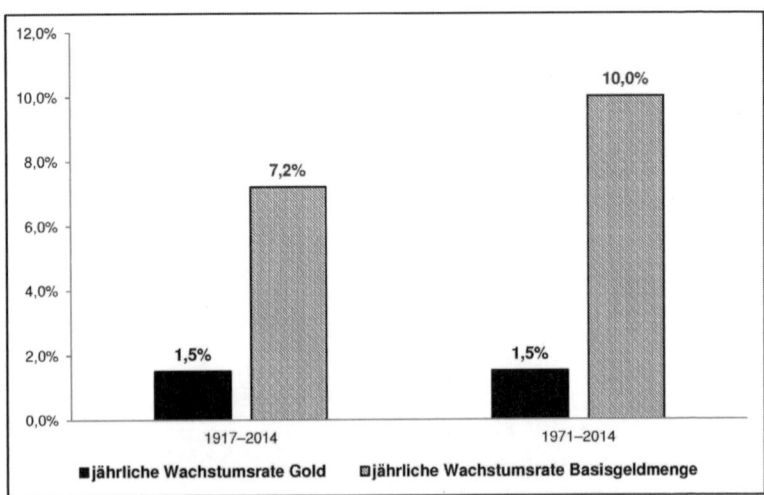

Um zu verstehen, warum der Goldpreis seit dem Schock infolge von Präsident Nixons Aufgabe der Golddeckung des US-Dollars 1971 langfristig im Steigen begriffen ist, empfiehlt es sich, den Spieß einmal umzudrehen und nicht Gold in US-Dollar zu messen (wie es gemeinhin getan wird), sondern Gold selbst einmal als das Maß der Dinge zu begreifen – schließlich ist Gold ja der stabilere Faktor in dieser Beziehung. Das folgende Diagramm (Abbildung 4-6) bildet das Austauschverhältnis von Gold und dem US-Dollar einmal umgekehrt ab, und es zeigt sich: Gegenüber dem Edelmetall hat der US-Dollar seit 1971 massiv an Wert verloren.

Abbildung 4-6: Milligramm Gold pro 1 US-Dollar, in mg Gold (logarithmische Skalierung), 1968–2018
Quelle: Federal Reserve St. Louis

Da mit Gold nichts Spektakuläres passiert, die Nachfrage von industrieller Seite her keine allzu große Bedeutung hat und der Gesamtbestand stabil ist, lassen sich steigende Preise eigentlich nur durch Spekulation erklären – vorausgesetzt aber, der US-Dollar, mit dem der Goldpreis gemeinhin gemessen wird, ist ein stabiles Maß. Das ist der Dollar aber nicht! Langfristig steigende Goldpreise sind also keine Gold-Story, sondern eine Dollar-Story, oder besser gesagt: eine Inflations-Story. Und die rigorosen Gelddruckprogramme der letzten Jahre im Zusammenspiel mit der jahrelangen Korrektur des Goldpreises von Mitte 2011 bis Ende 2015 legen den Schluss nahe, dass Letzterer hier einiges aufzuholen hat.

Doch wohingegen angesichts des auf Inflation geeichten Geldsystems langfristig mit steigenden Goldpreisen zu rechnen ist, werden kurzfristig immer wieder Schwankungen auftreten. So büßte der Goldpreis, nachdem er sich zwischen 1971 und 2011 mehr als verfünfzigfacht hatte, in den Folgejahren wieder 40 Prozent ein. Seit Anfang 2016 befindet sich Gold – zwar auch mit Rückschlägen – wieder in einem Bullenmarkt.

Um die Kursschwankungen genauer zu verstehen, werfen wir einen Blick auf die Nachfrageseite. Ein nicht ganz unerheblicher Teil der weltweiten Goldreserven wird von Zentralbanken gehalten, in deren Tresoren zusammengerechnet etwa 30.000 Tonnen lagern. Dabei hält das amerikanische Finanzministerium, das US Department of Treasury, mit 8700 Tonnen die größten Reserven. Die Tatsache, dass die Zentralbanken eine große Menge des Goldbestandes im Rahmen ihrer strategischen Währungsreserven halten, ist einerseits ein gutes Signal an Goldhalter: Auch die hohen Häuser vertrauen (wenngleich inoffiziell) auf Gold als ultimative Risikoversicherung und stärken somit das Goldnarrativ. Andererseits ist dadurch der Markt auch ein Stück weit politisiert. Da die Zentralbanken Gold als strategische Reserve halten (unter anderem dafür, um im Falle einer Neuausrichtung der internationalen Währungsarchitektur gegenüber anderen Staaten über mehr Verhandlungsmacht zu verfügen), ist nicht davon auszugehen, dass die Zentralbanken koordinierte Aktionen unternehmen, um den Goldpreis etwa in Krisenzeiten zu drücken. Und der überwiegende Teil des rund 190.000 Tonnen schweren Goldbestandes verteilt sich dann eben doch nicht auf die Zentralbanken, sondern auf unzählige Akteure, die über die ganze Welt verstreut sind. Diese handeln rege, weshalb Gold zu den liquidesten Anlagegütern der Welt zählt, das auch in Stresssituationen ohne signifikanten Preisabschlag liquidiert werden kann.

Darüber hinaus spielt Spekulation auch im Goldmarkt selbstverständlich eine Rolle. Gold dient als Inflationsschutz oder Krisenwährung, was sich 2018 in den krisengebeutelten Ländern Venezuela, Argentinien und der Türkei eindeutig bestätigte. Entsprechende Er wartungen und Wetten fließen in den Goldpreis klarerweise ein. So ist der Goldmarkt schließlich ebenso wenig wie jeder andere Markt gefeit vor Übertreibungen und Blasenbildungen. Mit der zunehmenden Bedeutung des automatisierten Handels ist auch hier mit größeren Ausschlägen nach oben wie auch nach unten zu rechnen. Eine Zunahme der kurzfristigen Volatilität scheint vor diesem Hintergrund unausweichlich.

Grundsätzlich sollte sich der Anleger die Frage stellen, was er mit dem Goldkauf bezwecken will. Möchte er Performancegold kaufen oder Sicherheitsgold? Performancegold eröffnet die Möglichkeit, an bestimmten Preisbewegungen teilzuhaben. Die Bandbreite dabei ist groß. Beispielsweise kann man hierfür Futures, Minenaktien, börsengehandelte Fonds – sogenannte Exchange Traded Funds (ETF) – oder Goldzertifikate erwerben. Zwar gelangt man dabei nicht in den physischen Besitz von Gold, kann dafür aufgrund der niedrigen Handels- und Lagerkosten aktiv traden und beispielsweise auf Inflationstendenzen spekulieren. Da Gold mit den meisten anderen Anlageklassen wenig oder gar negativ korreliert, kann eine Goldbeimischung, etwa über Goldzertifikate, die statistischen Portfolioeigenschaften deutlich verbessern. Minenaktien, die oft die gleiche Richtung wie der Goldpreis selbst einschlagen, aber viel stärker nach oben wie auch nach unten ausschlagen, also hochvolatil sind, sind dabei etwas für richtige Profis oder für Hasardeure. Doch auch bei Goldzertifikaten ist Vorsicht geboten: Zwar erwirbt man mit diesen einen Anspruch auf physisch hinterlegtes Gold, allerdings werden wesentlich mehr Zertifikate ausgegeben, als Gold tatsächlich in den Tresoren liegt. Hier wird also das gleiche Spiel betrieben wie bei einer Teilreservebank.

Wer Gold aus dem Grund kauft, sich gegen eine schwere Krise unseres Geldsystems abzusichern, sollte daher Sicherheitsgold, sprich physisches Gold, kaufen und es sicher, am besten außerhalb des Bankensystems (und eventuell sogar außerhalb des Landes), verwahren.

Sicherheitsgold ist ein Buy-and-Hold-Investment, eine Versicherung gegen einen Systemzusammenbruch. Der große Vorteil beim Erwerb von physischem Gold ist, dass es weder ein Laufzeitrisiko noch ein Rohstoffrisiko hat. Und vor allem: kein Gegenparteirisiko. Für den Papiermarkt hingegen sind die Versprechungen verschiedenster Gegenparteien elementar. Solange das Vertrauen hoch ist und die Konjunktur gut läuft, ist ein Gut ohne Gegenparteirisiko weitestgehend aus der Mode. Wenn sich jedoch die Sorgen um potenzielle Ausfälle mehren, können Güter wie Gold wiederum rapide an Bedeutung gewinnen. Die Attraktivität von Gold ist also eine inverse Funktion des Geldsystems. Und da dieses nicht nachhaltig ist und zusehends am seidenen Faden hängt, sind zumindest die Aussichten für Gold ganz gut.

Fonds: Das Geld Portfoliomanagern anvertrauen

Das Prinzip eines Investmentfonds ist ganz einfach: Das Geld, das die verschiedenen Anleger den Portfoliomanagern anvertrauen, bildet zusammengenommen ein Sondervermögen – den Fonds –, mit welchem Investitionen vorgenommen werden. Die Anleger sind entsprechend ihrer Einzahlung am Fondsvermögen beteiligt, wofür sie Anteilsscheine erhalten. Der Wert der Anteilsscheine entwickelt sich proportional zu der Veränderung des gesamten Fondsvermögens und im Idealfall hat der Anleger sein Geld bei einer positiven Renditeentwicklung und nach Abzug von Managementgebühren und Steuern vermehrt. Die Anteilsscheine können zudem an den einschlägigen Börsen erworben oder wieder veräußert werden.

In Zeiten, in denen Anleihen und Bankangebote, also die Investmentklassiker für Kleinsparer, kaum noch Zinsen abwerfen, und angesichts der Tatsache, dass Aktien als Einzelinvestments sehr volatil und Immobilien extrem teuer sind, ist die Anlage in Fonds eine bedenkenswerte Alternative. Auch mit kleinen Beträgen können Sparer derart an der Wertentwicklung eines breit diversifizierten Portfolios teilhaben.

»Nicht alles auf eine Karte setzen!« Dieser Grundsatz hat nicht nur beim Kartenspielen oder Wetten, sondern auch für das nachhaltige Investieren seine Gültigkeit, insbesondere im nicht nachhaltigen Umfeld, das mit seinen wiederkehrenden Übertreibungen zu riskanten Einseitigkeiten verführt. Grund ist, dass eine Einzelanlage, beispielsweise eine Aktie, sehr hohe Schwankungen aufweist und im günstigen Fall hohe Gewinne beschert, im ungünstigen Fall aber auch starke Verluste. Kombiniert man solche Investments hingegen mit anderen Anlageprodukten, die eine niedrige Korrelation aufweisen – das heißt, die Preise entwickeln sich weitgehend unabhängig voneinander und Verluste in der einen Anlage werden durch Gewinne in der anderen aufgewogen –, so hat man ein Portfolio, dessen Schwankungen geringer sind als die der Einzelinvestments.

Doch was in der Theorie ganz schön klingt, ist für den Kleinanleger nicht darstellbar, da der Kauf und der Verkauf von Wertpapieren mit Mindestgebühren verknüpft sind und infolgedessen erst ab einer höheren Investitionssumme pro Papier rentabel werden. In der Praxis steht ein Kleinanleger also mit einem weitaus weniger diversifizierten Portfolio da und der Verlust bei einzelnen Papieren setzt ihm mitunter ärger zu, als ihm lieb ist.

Fonds leisten hier Abhilfe. Da das im Fonds gesammelte Vermögen ungleich größer ist als jenes der einzelnen Kleinsparer, kann mit ihm eine breite Streuung auf unterschiedliche Wertpapiere, Märkte, Anlageklassen oder Regionen vorgenommen und so für jeden Anleger ein wesentlich besseres Rendite-Risiko-Profil erreicht werden. Dabei müssen (anders als etwa bei Aktien oder Anleihen) Anleger in den meisten Fällen nicht einmal ganze Anteilsscheine erwerben, sondern können jeden beliebigen Betrag investieren. Auch haben Fonds durch ihr großes Investitionsvolumen den Vorzug, bei Banken die attraktiven Zinskonditionen von Großanlegern zu erhalten. Nicht zuletzt hinsichtlich der Liquidität bieten Fonds enorme Vorteile: Normalerweise lassen sich höhere Renditen dadurch erzielen, dass man sein Geld über eine längere Laufzeit hinweg bindet, dadurch also an Liquidität einbüßt und ein höheres Ausfallrisiko in Kauf nimmt. Bei Fonds hingegen kann der Anleger sein Geld börsentäglich abziehen, gleichzeitig sind die mit dem Fondsvermögen getätigten Investitionen mitunter langfristige.[65]

Auch lassen sich mit Fonds bestimmte Anlagethemen abdecken. So kann der Anleger über Immobilienfonds beispielsweise an der Wertsteigerung von Immobilien teilhaben, ohne gleich ein ganzes Vermögen aufbringen zu müssen. Anleger, die nicht nur an der Nachhaltigkeit des Geldsystems und ihrer persönlichen Vermögensakkumulation interessiert sind, sondern auch an der Nachhaltigkeit der realen Projekte, die sie mit ihrer Anlage finanzieren, sehen sich einem aufstrebenden Markt an Fondsangeboten gegenüber, die verschiedenste Vorlieben abdecken. Die sogenannten ESG-Kriterien (»Environmental, social and corporate governance«), die ökologische und ethische Aspekte aufgreifen, finden immer mehr Niederschlag in Finanzanalysen.

Unterschieden werden mehrere Arten von Fonds, zum Beispiel offene versus geschlossene, ausschüttende versus thesaurierende und passiv gemanagte versus aktiv gemanagte. Der Normalfall ist der offene Fonds, bei dem die Zahl der Anteilsscheine und der Anleger nicht begrenzt ist und sich jederzeit neue Anleger am Fonds beteiligen können. Bei geschlossenen Fonds wird nur eine begrenzte Zahl von Anteilsscheinen ausgegeben und später einsteigen kann nur, wer einen Alteigentümer findet, der ihm die seinigen verkauft. Ausschüttende Fonds zahlen die erzielten Erträge in der Regel einmal jährlich aus, wohingegen thesaurierende Fonds diese einbehalten und reinvestieren.

Kommen wir nun zu der ganz wesentlichen Unterscheidung zwischen passiv und aktiv gemanagten Fonds. Bei einem passiv gemanagten Fonds beziehungsweise Indexfonds orientiert sich der Fonds-manager bei der Zusammenstellung seines Portfolios an einem bestimmten Index (zum Beispiel dem DAX, dem MSCI World oder bestimmten Branchen- oder Regionenindizes). Die Performance soll somit möglichst genau der des Index entsprechen. Da Indexfonds fast ausschließlich an der Börse gehandelt werden, werden sie auch als *Exchange Traded Funds* (ETF) bezeichnet. Während ETF um die Jahrtausendwende herum noch ein absolutes Nischenprodukt waren und ein weltweites Gesamtvolumen von weit unter 100 Milliarden Dollar hatten, sind sie mittlerweile sehr verbreitet und auf über 6 Billion US-Dollar[66] angeschwollen (Mai 2017; siehe Abbildung 4-7). Vor allem bei institutionellen Anlegern sind ETF der Renner, wohingegen viele Privatanleger von ihnen noch gar nicht Wind bekommen haben. Grund hierfür ist eine gewisse Zurückhaltung klassischer Bankberater, ihren Kunden ETF zu empfehlen, da diese – im Unterschied zu aktiv gemanagten Fonds – ihnen keine Provisionen einbringen. Doch auch für Privatanleger sind ETF natürlich interessant, liegen deren Vorzüge doch auf der Hand: Sie sind transparent, günstig und verhältnismäßig sicher. Allerdings trügt der Schein der Sicherheit ein wenig, da viele Fondsmanager in der Praxis den Vergleichsindex nicht eins zu eins kopieren – das würde bedeuten, sie müssten alle Werte kaufen, die in dem Index enthalten sind, und das noch in der gleichen Gewichtung. Da sich Aktien und Anleihen nicht beliebig stückeln lassen und jeder Zu- oder Abfluss von Anlegergeldern gleichmäßig auf alle Einzelwerte verteilt oder von ihnen abgezogen werden muss, ist diese Vorgehensweise wenig praktikabel. Stattdessen stellen die Fondsmanager die Wertentwicklung des Index oft mithilfe von modernen Finanzinstrumenten wie Swaps nach, was allerdings mit gewissen Risiken verknüpft ist, die nicht jedem Anleger bewusst sind.

Abbildung 4-7: ETF-Volumen, in Billionen US-Dollar, Jahresendstand, 2003–2020
Quelle: statista.com

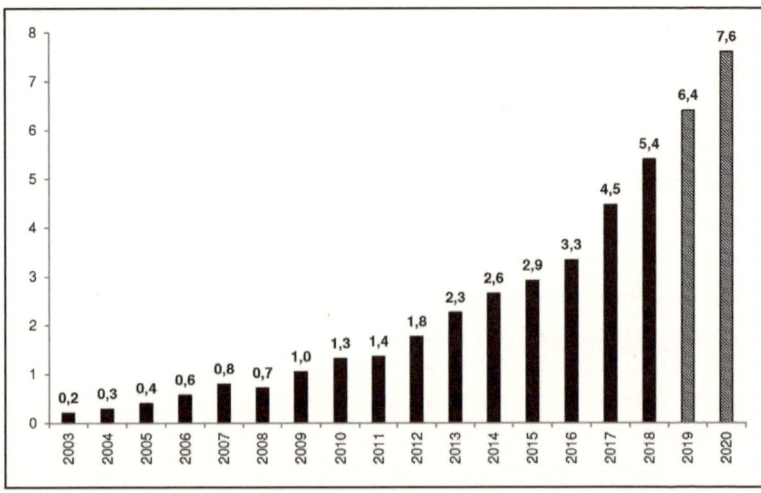

Bei aktiv gemanagten Fonds geht es darum, besser abzuschneiden als ein im Vorfeld bestimmter Referenzindex – es gilt, den Markt zu schlagen. Dies gelingt auf lange Sicht nur den wenigsten Fondsmanagern. Etwa indem sie auf gewisse im Vergleichsindex enthaltene Titel verzichten oder sie zumindest untergewichten. Für welche Titel sind die Aussichten nicht so rosig? Dies kann der Fondsmanager beispielsweise anhand von qualitativen Informationen, die er über die entsprechenden Unternehmen einholt, oder mithilfe von Kennzahlen herausfinden. Hat er die richtige Wahl getroffen und tatsächlich die Performancebremsen aussortiert, steht sein Portfolio schon einmal besser da als der Index. Analog kann er die erfolgversprechendsten Titel übergewichten. Auch das sogenannte »focus investment«, bei welchem sich auf wenige Einzelwerte konzentriert wird, die langfristig attraktive Ertragsaussichten haben und dem Fondsmanager als unterbewertet erscheinen, eignet sich hierfür. Die Konzentration auf wenige auserlesene Titel hat zur Folge, dass der Fondsmanager viel besser über seine Investments Bescheid weiß und auch Neuigkeiten besser im Auge behalten kann – etwas, was bei einem breit diversifizierten Portfolio weniger möglich ist. Philipp Fisher, der das Konzept des Focus Investments vor mehr als 60 Jahren entwickelte, war der Ansicht, dass es ein Zeichen von Inkompetenz sei, wenn jemand mehr als 20 verschiedene Aktien halte. Zu guter Letzt kann man einen Referenzindex auch dadurch outperformen, indem man versucht, von Kursschwankungen zu profitieren, also durch ein geschicktes Timing von Kauf- und Verkaufsentscheidungen.

Was Fondsmanager im Einzelnen unternehmen, kann, von außen betrachtet, mitunter recht undurchschaubar sein. Spätestens seit der Finanzkrise haftet jedwedem Marktakteur, der mit dem Geld anderer Leute hantiert, der Ruf des »Zockers« an. Um sicherzustellen, dass die »Zockerbanden« so wenig Unsinn wie möglich stiften, hat der Gesetzgeber etliche Regeln und Vorschriften erlassen, die das Kapital der Fondsanleger vor Manipulationen schützen sollen. So unterliegen in Deutschland Investmentgesellschaften laut dem Investmentgesetz (InvG) den gleichen Anforderungen wie Geschäftsbanken und werden auch von der Finanzaufsicht überwacht. Der Fonds selbst gilt als Sondervermögen und wird auf einem Sperrkonto bei einer unabhängigen Bank – der Depotbank – verwahrt. Die Investmentgesellschaft hat keinen direkten Zugriff auf das Fondsvermögen, sondern operiert lediglich als Treuhänder. Aufgabe der Depotbank ist es, an jedem Handelstag den Nettoinventarwert des Fonds zu errechnen sowie die Anteilsscheine auszugeben und zurückzunehmen. Darüber hinaus hält das InvG die Fondsmanager an der Kandare, indem es bestimmte Grundsätze zum Risikomanagement und zu den Informationspflichten vorschreibt. Fondsmanager müssen sich vor Lancierung ihres Fonds auf bestimmte Anlagegrundsätze festlegen, die sie in ihrem Verkaufsprospekt angeben müssen.

Etwas mehr Freiheit haben Manager von *Total-Return-Fonds*. Diese können zusätzlich zu Aktien und Anleihen noch in weitere Anlageklassen wie etwa Immobilien, Währungen oder Rohstoffe investieren. Das Ziel dieser Fonds ist, sich von der allgemeinen Börsentendenz freizumachen und in jeder Marktlage positive Renditen zu erwirtschaften.

Wem es lieber ist, dass seinem Fondsmanager die Hände möglichst wenig gebunden sind, der kann sein Geld auch den viel gescholtenen *Hedgefonds* anvertrauen. Bei diesen ist die Regulierung äußerst lax, in ihrem Tun und Handeln sind ihnen quasi keine Grenzen gesetzt. Auch das »shortselling« – also das Verkaufen eines Wertpapiers, das man zum Verkaufszeitpunkt nicht besitzt und erst später nachkauft – ist ihnen im Gegensatz zu normalen Investmentfonds gestattet. Zudem unterscheidet sich die Bezahlstruktur von derjenigen herkömmlicher Fonds. Sie ist so ausgestaltet, dass die Hedgefonds-Industrie die besten und versiertesten Fondsmanager überhaupt anzieht. Derzeit ist die Industrie etwas mehr als 3 Billionen US-Dollar[67] groß. Ihr Einfluss auf die Märkte dürfte jedoch noch deutlich stärker sein, als das bloße Anlagevolumen vermuten lässt, da Hedgefondsmanager weitaus aktiver traden als jene Manager, die herkömmliche Investmentfonds verwalten.

Während der Krise sind Hedgefonds in Verruf geraten. Einerseits eigneten sie sich aufgrund ihrer Intransparenz für Politiker, die von ihrem eigenen Versagen ablenken wollten, als perfekter Sündenbock. Wohingegen die Leute mit den Banken zumindest teilweise noch sympathische Gesichter ihrer Bankberater verknüpften, konnte man die weitgehend unbekannten Hedgefonds als Hort der Gier und der unmoralischen Spekulation verunglimpfen. Und tatsächlich gab es viele Hedgefonds – gerade auch jene, die sich mit den dubiosen Wertpapiertranchen der Zweckgesellschaften eingedeckt hatten –, die während der Krise pleitegingen und damit die ohnehin brenzlige Lage weiter zuspitzten. Allerdings waren sie nicht, wie oftmals behauptet wurde, der Grund für die Krise, sondern allenfalls ein Katalysator.

Weitgehend wird allerdings übersehen, dass die Hedgefonds-Industrie insgesamt ganz gut durch die Krise gekommen ist. Den Managern von knapp einem Viertel der im Dow Jones Credit Suisse Hedge Fund Index[68] enthaltenen Hedgefonds ist es 2008 sogar gelungen, Gewinne zu erwirtschaften. Insgesamt gab der Index 2008 lediglich um 19 Prozent nach, wohingegen der S&P 500 37 Prozent einbüßte. Generell schneiden Hedgefonds auf lange Sicht besser ab als Aktienindizes und normale Investmentfonds. Dabei sind ihre Renditen nicht unbedingt viel höher. Ihr besseres Abschneiden begründet sich vor allem auf einer deutlich geringeren Volatilität und weniger drastischen Kurseinbrüchen. Damit werden Hedgefonds dem Bestimmungswort in ihrem Namen entgegen aller Unterstellungen, hier spiele sich der Spekulationswahnsinn in Reinkultur ab, gerecht: »hedge« bedeutet so viel wie »absichern«. Die meisten Hedgefonds verfolgen ein sehr ausgereiftes Risikomanagement und sind somit eigentlich konservativer als viele traditionelle Investments. Gute Hedgefondsmanager zeichnen sich vor allem durch einen intelligenteren Umgang mit Unsicherheit aus: Anders als jene Manager, die sich auf die neuesten und kompliziertesten Methoden zur Berechnung von Risiken verlassen, sind sie sich dessen bewusst, dass eben nicht alle Risiken berechenbar sind und die Modelle, die oftmals zur Anwendung kommen, höchst irreführend sein können.

Fassen wir zusammen: Fonds sind das Anlagevehikel, mit dem der Kleinsparer obsolet gewordenen Sparformen den Rücken zuwenden und zu guten Konditionen systematisch investieren kann, ohne sich allzu tief in die Materie der Geldanlage einarbeiten zu müssen. Doch das Angebot an Fonds ist groß und wächst fortwährend an. Ein gutes Fondsinvestieren erfordert zum einen die Emanzipation vom Bankberater, zum anderen eine gewisse Eigenrecherche, um aus der Angebotspalette das für sich Richtige herauszupicken. Der Anleger sollte sich hinsichtlich seiner Anlagekriterien im Klaren sein, er sollte die Strategien der verschiedenen Fonds versuchen nachzuvollziehen, nach den Risiken fragen und sich natürlich – wie bei jedem Produktkauf – nicht blenden lassen. Dem Anleger sei angeraten, seinen Anlagemanager so gewissenhaft auszusuchen wie seinen Arzt. In beiden Fällen ist man, sofern man nicht selbst vom Fach ist, darauf angewiesen, einem Experten zu vertrauen. Persönliches Vertrauen zum Anlagemanager und eine Übereinstimmung in den grundsätzlichen Kriterien des Investierens (die der Leser vielleicht sogar auf Grundlage des vorliegenden Buches für sich ausmacht) ist die Basis gelingenden Vermögensaufbaus. Im Folgenden möchten wir eine kleine Anregung für vielversprechende Fondskonzepte geben.

Das Permanente Portfolio

Wenn die Ökonomie und die modernen Finanzmärkte eine Komplexität erreicht haben, die für den Einzelnen nicht mehr rational zu durchdringen ist, wie kann man dann systematisch investieren? Diese Frage stellt sich erst recht, wenn da draußen auch noch unbekannte, nicht berechenbare Risiken schlummern. Vermögensverwaltende Produkte, die auf quantitativen Prognosen der Manager aufbauen, sind meist genau der Versuch, lineare Zusammenhänge zu konstatieren, wo eigentlich Komplexität, die sich durch nichtlineare Zusammenhänge auszeichnet, vorliegt. Diese Vorgehensweise ist enorm anfällig, denn wenn die Dinge doch einmal nicht nach Plan verlaufen sollten, drohen in den meisten Fällen herbe Verluste. Insofern sind Portfoliomanager gut beraten, sich stets die Worte des Perikles in Erinnerung zu rufen: »Es ist nicht unsere Aufgabe, die Zukunft vorauszusagen, sondern auf sie gut vorbereitet zu sein.«

Daraus ergibt sich für ein sicheres Kerninvestment der Anspruch, für alle denkbaren Szenarien gerüstet zu sein. Der amerikanische Investmentanalyst Harry Browne entwickelte in den 1970er-Jahren ein Konzept für solch ein situationselastisches Portfolio, das marktunabhängig eine langfristig attraktive Rendite bei reduzierter Volatilität und unter Vermeidung größerer Verluste ermöglicht: das Permanente Portfolio. Die Grundidee dabei ist ein diversifiziertes Portfolio, das zu gleichen Teilen in vier Anlageklassen investiert ist, die sich unter verschiedenen ökonomischen Szenarien gegenläufig entwickeln. Zu je einem Viertel wird das Vermögen auf Gold, Bargeld, Aktien und Anleihen aufgeteilt. Die vier ökonomischen Szenarien, die dadurch abgedeckt werden sollen, sind:

- ▶ Inflationäres Wachstum: günstig für Aktien und Gold
- ▶ Disinflationäres[69] Wachstum: günstig für Aktien und Anleihen
- ▶ Deflationäre Stagnation: günstig für Cash und Anleihen
- ▶ Inflationäre Stagnation: günstig für Gold und Cash

Die folgende Tabelle zeigt, welches wirtschaftliche Umfeld sich jeweils positiv beziehungsweise negativ auf die betrachteten Anlageklassen auswirkt:

	Positives Umfeld	Negatives Umfeld
Aktien	Wirtschaftlicher Aufschwung	Steigende Teuerungsraten
	Wachsende Zuversicht	Deflationärer Schock
	Monetäre Inflation wirkt auf Vermögens-preise	Phasen von großer Angst und Vertrauensverlust et cetera
Anleihen	Allgemein nicht-antizipierter wirtschaftlicher Abschwung	Allgemein nicht-antizipierte steigende Teuerungsraten
	Umfeld fallender Zinsen	Erhöhtes Kreditrisiko
	Monetäre Inflation wirkt auf Anleihen-preise	Allgemein nicht-antizipiertes steigendes Zinsniveau
Cash	Angespanntes Kreditumfeld	Hohe Teuerungsraten
	Deflation	Wirtschaftsaufschwung
	Steigendes Zinsumfeld	
Gold	Steigende Teuerungsraten	Fallende Teuerungsraten
	Deflation	Deutlich positive (beziehungsweise steigende) Realzinsen

Doch die Kombination der vier Bausteine im Permanenten Portfolio führt nicht nur zu langfristig stabilen Renditen, die Prognoseunabhängigkeit befreit Investoren auch aus der »Kurzfristigkeitsspirale«, in der sie oft gefangen sind.

Um diese Kurzfristigkeitsspirale genauer zu verstehen, halten wir uns vor Augen, dass Investmentprofis in der Regel Agenten derer sind, die ihr Kapital für die Veranlagung zur Verfügung stellen. Dabei kann es zu Interessenkonflikten zwischen den beiden Parteien kommen: Die Sparer sind in erster Linie daran interessiert, über ihren (meist langen) Anlagehorizont hinweg gute Erträge zu erzielen, und bevorzugen es mit Blick auf den langfristigen Trend, durch die schwankungsintensiven Zeiten »hindurchzutauchen«. Portfoliomanager möchten hingegen zu keinem Zeitpunkt signifikant schlechter als der Markt abschneiden und nehmen das Auf und Ab der Märkte daher oftmals voll mit. Das hat mit Anreizstrukturen zu tun, die sie geradezu auf ein kurzfristig orientiertes Denken und Handeln eichen: Die meisten Portfoliomanager haben regelmäßig Berichte zu verfassen und müssen sich an einer Benchmark, beispielsweise an einem Aktienindex, messen lassen. Bleiben ihre Ergebnisse mehrere Quartale in Folge hinter dieser Benchmark zurück, ist ihr berufliches Überleben gefährdet. Auf den langfristigen Trend zu setzen und irrationale Übertreibungen an den Märkten einfach mal eine Zeit lang zu ignorieren, können sie sich daher schlichtweg nicht erlauben. So ist es für sie rational, im Fahrwasser der Märkte zu schwimmen. Erfolgschancen, die sich aus einem Abweichen von der Benchmark ergäben, werden somit oft liegen gelassen, denn für sie gilt: Besser gemeinsam zu irren, als alleine recht zu haben.

Je volatiler die Märkte sind, desto ausgeprägter ist dieser Interessenkonflikt zwischen Sparern und Portfoliomanagern. Die komplexe Anlegerwelt von heute ist aber von zunehmender Volatilität geprägt – einzelne, lokale Ursachen können in komplexen Systemen große Auswirkungen haben. Wie in dem illustrativen Beispiel des Meteorologen Edward N. Lorenz ein Schmetterling in Brasilien durch seinen Flügelschlag einen Tornado in Texas entfachen kann, kann die Zahlungsunfähigkeit eines so kleinen Staates wie Griechenland oder ein unbedacht gewähltes Wort von Jerome Powell oder Mario Draghi heftige Turbulenzen an den internationalen Finanzmärkten zur Folge haben. Alles hängt irgendwie zusammen und die langfristigen Konsequenzen der Entscheidungen sind häufig nicht absehbar. Das schürt Verunsicherungen, die im heutigen Marktumfeld voll durchschlagen. Mehr und mehr Fonds setzen daher auf volatilitätsreduzierende Strategien, was aber auch bedeutet, dass sie in negativen Marktphasen verkaufen, weshalb sich im Markt wiederum entsprechende Kursausschläge verstärken. Des Weiteren wirkt sich die Rundumbeschallung durch die Medien, die naturgemäß ihren Fokus auf die tagesaktuellen Ereignisse richten, trendverstärkend aus.

Investoren, die in einem traditionellen Marktumfeld ihre Kenntnisse und Fertigkeiten erworben haben, fahren daher zusehends auf Sicht, müssen Entscheidungen oft revidieren und Anlagen umschichten. Vieles spricht dafür, dass dies dem langfristigen Erfolg abträglich ist. Paul Andreassen kam bereits Ende der 1980er-Jahre in seiner Studie *On the Social Psychology of the Stock Market: Aggregate Attributional Effects and the Regressiveness of Prediction* zu der Schlussfolgerung, dass Investoren, die keine Nachrichten über ihre Aktieninvestitionen empfingen, im Schnitt bessere Ergebnisse erzielten als jene, die die Überschriften lasen. Die zugrunde liegende Theorie dabei ist einfach: Investoren zeigen auf kurzfristige Nachrichten, die nicht im Zusammenhang mit dem langfristigen, fundamentalen Trend stehen, zum Teil heftige Überreaktionen. Seither hat die Masse der täglich auf Investoren eintreffenden Nachrichten noch deutlich zugenommen, wodurch der Effekt, den Andreassen in seiner Studie aufzeigte, heutzutage wahrscheinlich noch ausgeprägter ist.

Dem langfristigen Erfolg wäre es zuträglich, könnten Portfoliomanager kurzfristige Schwankungen einfach aussitzen. Das Permanente Portfolio ist hierfür eine mögliche Lösung. Es ist so angelegt, dass es sich den Zwängen der modernen Finanzwelt ein Stück weit entzieht und weitestgehend immun gegenüber den Sirenengesängen der Finanzmedien und den hysterischen Reaktionen der Marktteilnehmer ist. Dies wird durch eine regelbasierte Umschichtung erreicht. Das Portfolio muss nämlich immer wieder wertmäßig ausgeglichen werden, da sich mit der Zeit aufgrund unterschiedlicher Wertentwicklungen in den einzelnen Anlageklassen deren relative Gewichtung verschiebt. Für die Umschichtung gibt es mehrere Möglichkeiten. Beispielsweise könnte man diese regelmäßig an bestimmten Stichtagen vornehmen und so sich kurzfristig aufschaukelnden Stimmungen entgehen. So würden auch der Wartungsbedarf sowie die Transaktionskosten, die normalerweise erheblich ins Gewicht fallen, aufgrund der niedrigen Transaktionshäufigkeit gering gehalten. In Harry Brownes ursprünglichem Konzept wird der Wertanteil einer Anlageklasse, sobald er 35 Prozent überschreitet oder 15 Prozent unterschreitet, auf 25 Prozent ausgeglichen. Konkret wird also beispielsweise die bei 35 Prozent stehende Komponente reduziert, bis ihr Wertanteil wieder bei 25 Prozent liegt, und die unter 15 Prozent liegende Komponente auf 25 Prozent aufgebaut.

Das Permanente Portfolio ist ein Vehikel, mit dem der Sparer sein Vermögen verhältnismäßig risikoarm durch turbulente Zeiten manövrieren kann. In den Jahren 1972 bis 2018 generierte es sogar eine durchschnittliche Rendite von 8,8 Prozent pro Jahr, was normalerweise nur deutlich riskanteren Portfolios vorbehalten ist.

Kapitel 5:
Wege aus der Nullzinsfalle?

Im Herbst 2008 befand sich das globale Finanzsystem auf Messers Schneide. Durch eine Fülle von Kreditausfällen drohte eine Kontraktion der Geldmenge, die für weite Teile des Banken- und Versicherungswesens die Insolvenz bedeutet und eine massive Rezession nach sich gezogen hätte. Doch anders als Ende der 1920er-Jahre erkannten die Regierungen und Zentralbanken die Gefahr der Stunde. Mit einer Kombination aus staatlichen Rettungspaketen, Nullzinsen sowie quantitativer und qualitativer Lockerung konnte das Schlimmste abgewendet werden – oberflächlich zumindest.

Doch die neue Schicht an Sozialhilfeempfängern, die in Gestalt von Banken und Versicherungen auf den Plan getreten war, trieb die Staaten hinsichtlich ihrer Schuldentragfähigkeit an ihre Belastungsgrenze – und teils sogar über diese hinaus. Seither straucheln die Staaten, einige mehr als andere, doch eine deutliche Rückführung der ausstehenden Schuld ist – von einigen wenigen Ausnahmen abgesehen – bislang nicht in Sicht. Darum stellt sich die Frage, wie es weitergeht. Gibt es Wege aus der Nullzinsfalle?

Eine klare Antwort vorweg: Jeder Weg aus der Nullzinsfalle, der das Problem grundlegender angeht und sich nicht mit einer oberflächlichen Symptombekämpfung begnügt, ist mit Schmerzen verbunden.

Das alte Lied der Inflation

Die für alle Beteiligten angenehmste Lösung der Überschuldungsproblematik ist sicherlich das Anspringen des Wachstums. Unternehmen würden Investitionen vornehmen, aus den Einnahmen die Schulden ohne Probleme zurückbezahlen können und der Staat könnte mit höheren Steuereinnahmen die ausstehende Schuld nach und nach zurückbezahlen. Doch die Unternehmen hielten sich mit produktiven Investitionen zurück. In Österreich zieht etwa erst seit dem 4. Quartal 2016 die Kreditnachfrage der Unternehmen merklich an,[70] in Deutschland erreichte die Kreditvergabe an Unternehmen im 3. Quartal 2018 den höchsten Wert seit dem Jahr 2000, nachdem die Kreditvergabe lange Zeit zurückhaltend war.[71] Der Rückgang lag aber nicht zuletzt auch an den Banken, die vor der Vergabe produktiver Kredite zurückscheuten.

Die Geldpolitik versuchte, diese Lücke zu schließen und die Wirtschaft wieder auf den gewohnten kreditinduzierten Wachstumskurs zu bringen. Allerdings kann die Geldpolitik von Haus aus bestenfalls kurzfristige Nachfrageimpulse setzen. Weder ist es ihre Aufgabe, noch liegt es in ihrer Macht, die bestehenden Strukturprobleme zu lösen. Dies wäre allerdings die notwendige Voraussetzung für nachhaltiges Wachstum. Die lockere Geldpolitik als Dauereinrichtung, wie wir sie derzeit erleben, wird daher mit aller Wahrscheinlichkeit keine Entschuldung durch Wachstum herbeizaubern können. Vielmehr wird sie die strukturellen Probleme vertiefen und dadurch langfristig die Schuldtragfähigkeit der Staaten vermindern.

Eine weitere Möglichkeit ist ein teilweiser Schuldenschnitt, der oft mit dem englischen Begriff »haircut« (Haarschnitt) bezeichnet wird. Gläubiger lassen sich mitunter auf derartige Vereinbarungen ein, wenn sie befürchten müssen, dass die andernfalls drohende tatsächliche Zahlungsunfähigkeit einen noch größeren Verlust mit sich bringt. Für den Ruf eines Schuldners ist ein solcher mehr oder we niger erzwungener Forderungsverzicht jedoch verheerend und für das derzeitige Geldsystem potenziell stark deflationär, weil bilanzverkürzend. Alternativ kann der Staat auch vermögende Bürger mit einer Vermögensabgabe belasten – ein Vorgehen, das zumindest die Kapitalmärkte schonen würde. Im seit dem Herbst 2018 schwelenden italienischen Schuldenstreit hat allerdings die Bundesbank mit einem Vorschlag aufhorchen lassen. Sie schlug eine Zwangsanleihe für wohlhabende Italiener vor. Diese wären verpflichtet, diese Solidaritätsanleihe in der Höhe der Hälfte der derzeitigen italienischen Staatsschuld zu zeichnen. Im Falle eines Staatsbankrotts müssten diese dann den Verlust tragen.

Für die Politik ist der Königsweg aus der Verschuldung daher die Entwertung der Schulden in Form von Geldentwertung, gemeinhin bezeichnet als Inflation. Wenn der Wert des Geldes vermindert wird, fällt auch der Wert bestehender Schulden und Forderungen. Inflation ist also eine Umverteilung von den Gläubigern hin zu den Schuldnern und somit für den Altmeister aller Schuldner, nämlich den Staat, ein willkommener »free lunch«. Aber – und das macht es für den Staat so attraktiv – diese Umverteilung findet im Vergleich zu Steuererhöhungen weniger offensichtlich statt. Die Bevölkerung hat sich daran gewöhnt, dass die Güterpreise stetig ansteigen und dass die Zentralbanken Inflationsziele verfolgen, um einen Sicherheitspuffer gegen fallende Konsumentenpreise zu haben.

Die inflationäre Grundausrichtung der Geldpolitik im Euroraum ist durch das Urteil des Europäischen Gerichtshofs (EuGH) vom 10. Dezember 2018 gestärkt worden. Der EuGH hat geurteilt, dass die Anleihenkäufe der EZB rechtmäßig sind. Mit diesem Urteil hat der EuGH der EZB einen Persilschein für weitere Runden der Quantitativen Lockerungen (QE) in die Hand gegeben. Anleihenkäufe sind somit zu einem gewöhnlichen Instrument der Geldpolitik im Euroraum geworden. Dass dieses Instrument im Fall der Fälle großzügig eingesetzt werden wird, ist so sicher wie das Amen in der Kirche.

Das Phänomen fallender Preise würde aus Sicht der Konsumenten sicherlich begrüßt und nicht verachtet werden. Allerdings wird die Deflation mit den Erfahrungen der Großen Depression assoziiert, und zwar in der Weise, dass die auf breiter Front sinkenden Preise den deutlichen Rückgang der US-amerikanischen Wirtschaftsleistung verursacht hätten. Doch empirische Untersuchungen konnten mit Ausnahme der wirtschaftlichen Verwerfungen infolge des Börsenkrachs vom Oktober 1929 einen direkten Kausalzusammenhang zwischen fallenden Preisen und schlechter Wirtschaftslage bislang nicht untermauern. Wie dem auch sei, solange sie ein gewisses Maß nicht überschreitet, ist die Inflation für den Staat ein hervorragendes Mittel, um die eigene Schuldenlast ein Stück weit zu lindern und die Bevölkerung ohne die Gefahr größerer Proteste dafür zur Kasse zu bitten.

Doch auch wenn die Zentralbank eine Zielinflationsrate anvisiert, wäre es verfehlt zu glauben, sie könnte die Inflationsrate präzise steuern. Die umlaufende Geldmenge ist sicherlich ein bestimmender Faktor für die Inflation. Jedoch ist der Anteil der von der Zentralbank direkt gesteuerten Geldmenge M0, gemessen an der gesamten Geldmenge, trotz des starken Anstiegs im Nachhall der Großen Finanzkrise 2007/08 nahezu verschwindend gering. Der Löwenanteil der Geldmenge wird von den Geschäftsbanken durch die Vergabe von Krediten erzeugt. Da sich die Banken aber, angeschlagen durch die Krise und gebändigt durch die strengere Regulierung, bei der Kreditvergabe zurückhalten, steigt das Geldangebot tendenziell langsamer. Mit QE und Nullzinsen sind die Zentralbanken zwar in die Bresche gesprungen, doch sie konnten die Effekte mangelnder Kreditvergabe nicht ganz aufwiegen. Nicht unberücksichtigt bleiben darf, ob das Geld tatsächlich für die Güter des täglichen Bedarfs, deren Preise für die Berechnung der Inflationsrate herangezogen werden, ausgegeben wird oder nicht. Sitzt das Geld locker oder halten es die Verbraucher zurück? Darüber gibt die »Umlaufgeschwindigkeit des Geldes« Auskunft und diese ist seit der Finanzkrise stark zurückgegangen. Die diesem Rückgang zugrunde liegende wachsende Konsumzurückhaltung vermindert ebenfalls den Preisauftrieb. Dämpfend auf die Preisentwicklung hat zudem die Globalisierung seit den 1980er-Jahren gewirkt und den Zusammenhang zwischen »Geld drucken« und Inflation mehr und mehr aufgeweicht. Diese monetären wie nichtmonetären Entwicklungen haben dazu geführt, dass die Zentralbanken trotz massiver Ausweitung der (Zentralbank-)Geldmenge ihre Inflationsziele in den letzten Jahren regelmäßig verfehlten, und zwar von unten. Nicht nur einmal hat EZB-Präsident Draghi die Verlängerung des QE damit begründet, dass die Inflationsrate in der Eurozone weiterhin zu niedrig sei.

Doch in den letzten Jahren haben nicht nur die inflationären, sondern auch die deflationären Kräfte stark zugenommen. In nachfolgender Tabelle sind sie einander gegenübergestellt. Einerseits hallte die Finanzkrise noch stark deflationär nach. Doch die Zentralbanken versuchen, den deflationären Kräften die Stirn zu bieten, indem sie eine präzedenzlose Inflationierungspolitik betreiben. Die aufschaukelnde Wechselwirkung zwischen den deflationären und inflationären Kräften, die unter einer scheinbar stabilen Oberfläche niedriger Inflationsraten gegenseitigen Druck aufbauen, beschreibt zutreffend der Begriff der »monetären Tektonik«. Es ist nicht unwahrscheinlich, dass es im Zuge des sich stetig aufstauenden Drucks zu »Eruptionen« kommen wird, die die Inflationsrate aus ihrem behaglichen Korridor herausschießen lassen. Anders gesagt: Das auf den ersten Blick widersprüchlich erscheinende gemeinsame Auftreten von inflationären und deflationären Kräften ist bei näherem Hinsehen lediglich der besorgniserregende Ausdruck der zunehmenden Fragilität des Geldsystems.

Inflationäre Kräfte	Deflationäre Kräfte
• Nullzinspolitik • Kommunikationspolitik (»forward guidance«) • Quantitative Lockerung • Qualitative Lockerung • Operation Twist u. Ä. • Währungsabwertungen (»Währungskrieg«)	• Bilanzverkürzungen: Unterkapitalisierte Banken sind restriktiv bei der Kreditvergabe • Verbraucher und Unternehmen reduzieren ihre Kreditlast (»deleveraging«) • Verschärfung der Eigenkapitalvorschriften (zum Beispiel Basel III, IV) • Restrukturierung von Schulden (Griechenland, Bail-in) • Aktuell geringe Umlaufgeschwindigkeit • Geringe Inflationserwartungen • Produktivitätssteigerungen, insbesondere infolge technologischer Innovation

In unserem Geldsystem ist eine Geldmengeninflation während der Aufschwungsphase des Kreditzyklus unumgänglich: Privatpersonen und Unternehmen geben mehr Geld aus, wodurch die Einkommen anderer steigen, die dadurch kreditwürdiger werden und die von den Banken daher mehr Geld geliehen bekommen, welches sie wiederum verausgaben und so erneut Einkommens- und Preissteigerungen anstoßen. Inflation ist dabei das Nebenprodukt des Booms.

Doch Inflation muss nicht an einen Boom gekoppelt sein. Vorstellbar ist auch, dass die zusätzlich injizierte Geldmenge die Wirtschaft nicht anspringt, die Aufblähung der Geldmenge die Preise dennoch steigen lässt. Dieses Phänomen einer stagnierenden Wirtschaft, gepaart mit einem ausgeprägteren Preisauftrieb, wird in der Literatur als »Stagflation« bezeichnet. Phasen der Stagflation waren beispielsweise die 1970er- und die frühen 1980er-Jahre.

Fazit: Inflation[72]

Machbarkeit: mittel bis hoch, doch nicht zuverlässig kontrollierbar
Politische Durchsetzbarkeit: für Schuldnerländer hoch, Widerstand
der Gläubigerländer zu erwarten
Realisierungswahrscheinlichkeit: mittel bis hoch
Verlierer: alle Geldvermögensbesitzer (Sichteinlagen, Anleihen, Lebens-
versicherungen)

Finanzielle Repression

Doch nebst Inflation gibt es noch weitere Mittel und Wege, wie der
Staat die Kosten, die ihm aus der Verschuldung entstehen, auf andere
abwälzen kann. Er hat es nicht nur selbst in der Hand, das reale Ausmaß seiner Schulden zu reduzieren, er kann darüber hinaus auch seine Finanzierungskosten auf ein Niveau herabsenken, das weitaus niedriger ist, als es unter rein wettbewerblichen Bedingungen wäre. Der
Begriff der »finanziellen Repression«, den die Stanford-Ökonomen Edward S. Shaw und Ronald I. Kinnon 1973 prägten, umfasst sämtliche
staatlichen Maßnahmen, mit denen die Finanz- und Kapitalmärkte so
zurechtreguliert werden, dass finanzielle Mittel aus dem Privatbereich
zum Staat umgeleitet werden.

Auch bei den geldpolitischen Maßnahmen wie Niedrigzinsen
oder QE handelt es sich um finanzielle Repression. Da der Vermö-
genstransfer (wie auch bei der Inflation) verdeckt vonstattengeht,
spricht man hierbei von einem »schleichenden Sparverlust« oder von
»schleichender Enteignung«.

Wie geht das im Fall der Niedrigzinsen vonstatten? Durch das systematische Aufkaufen von Staatsschulden drücken die Währungshüter
das Zinsniveau künstlich nach unten. Liegt das Zinsniveau unter der
Inflation, ist der Realzins negativ, sprich, die reale Höhe der ausstehen-

den Schulden verringert sich. Wie wir gesehen haben, wären viele Staaten ohne diese Schuldenentwertungspolitik längst zahlungsunfähig oder gefährlich nahe an der Zahlungsunfähigkeit. Die Kosten dafür, dass sich die Staaten mittels der Niedrigzinsen bequem über Wasser halten können, tragen die Sparer. Vor allem Kleinsparer sind betroffen, da ihnen weniger Spielraum zur Umschichtung ihrer Vermögen bleibt. Aber auch das Geschäftsmodell der institutionellen Investoren wie Lebensversicherungen und Pensionskassen wird durch die Niedrigzinsen untergraben. Diese sind regulatorisch dazu angehalten, große Teile ihrer Gelder in Staatsanleihen zu veranlagen, deren Zinsen allerdings niedriger sind als die Garantiezinsen, die sie erzielen müssen. Hier braut sich einiges Unheil zusammen, vor dem bereits der Internationale Währungsfonds (IWF) und die Europäische Versicherungsaufsicht (EIOPA) nach erfolgtem Stresstest eindringlich warnten. Und auch in der Schweiz gerät die zweite Säule der Pensionsversicherung, die kapitalgedeckte Säule, zunehmend unter Druck. Leidtragende einer möglichen Krise im Bereich der Pensionskassen und Lebensversicherungen werden deren Kunden sein, das heißt tendenziell Kleinsparer, die ihr Leben lang auf einen Lebensabend ohne finanzielle Probleme hingearbeitet und ihre Ersparnisse äußerst konservativ – und damit vermeintlich sicher – angelegt haben.

Angesichts des Ausmaßes, in welchem selbst Staaten verschuldet sind, die gemäß ihrem Rating als solide wirtschaftend gelten, deren Schuldentragfähigkeit aber auch ganz erheblich von den derzeitigen Niedrigzinsen abhängt, stellt sich die Frage, ob es so etwas wie »todsichere« Staatsanleihen, die einen »risikolosen Zins« abwerfen, überhaupt noch gibt. Wir hegen hieran erhebliche Zweifel. Anleger, die heute noch nach Staatsanleihen Ausschau halten, holen sich in unseren Augen statt eines »risikolosen Zinses« eher ein zinsloses Risiko ins Portfolio.

Allerdings beruht das ganze herkömmliche Konzept des konservativen Investierens auf Staatsanleihen. Um Anleger vorgeblich davor zu schützen, dass Portfoliomanager mit ihren Geldern windige Geschäfte machen, wurden etliche Regulierungen erlassen, die die Finanzindustrie dazu anhalten, Staatsanleihen zu kaufen, obwohl deren Renditen gering sind. Exemplarisch zählen hierzu die Basel-III-Regeln für die Banken sowie die Solvency-II-Regeln für Versicherungsunternehmen. Laut diesen Vorschriften müssen Staatsschuldtitel nicht mit Eigenkapital unterlegt werden – eben weil sie angeblich vollkommen sicher seien. Des Weiteren sehen die Liquiditätsvorschriften von Basel III vor, dass Banken einen bestimmten Vermögensanteil in hochgradig liquiden Aktiva halten. Was in diese Kategorie fällt, hat der Gesetzgeber auch festgelegt: Unternehmensanleihen tun dies nicht, Staatsanleihen hingegen schon.

Staatsanleihen werden also gegenüber anderen Assets wie beispielsweise Grundschulddarlehen, Mittelstandskrediten oder Aktien systematisch bevorzugt. Der Staat kann sich so über günstige Refinanzierungsbedingungen freuen, obgleich es immer mehr Anlegern dämmert, dass vom »risikolosen Zins« immer weniger die Rede sein kann. Doch viele Anleger sind sich darüber gar nicht im Klaren, wenn sie in Staatsanleihen investieren: So erwerben Zeichner von Lebensversicherungen, Riester-Sparer oder Berechtigte einer betrieblichen Altersversicherung auf indirektem Weg unwissend vorwiegend Staatsanleihen.

Im Klaren sind sich viele Anleger dann erst recht nicht über eine Klausel, die sogenannte »Collective Action Clause« (CAC), mit der mittlerweile alle europäischen Staatsanleihen, die eine Laufzeit von mehr als einem Jahr haben, begeben werden. Vereinfacht gesagt, legt diese Klausel fest, dass bereits eine einfache Mehrheit der Gläubiger eine verbindliche Änderung der Anleihebedingungen erwirken kann. Kleinere Gruppen aufmüpfiger Gläubiger können sich somit nicht mehr gegen eine Schuldenrestrukturierung (zum Beispiel in Form von Zinsherabsetzungen, Verlängerungen der Laufzeit et cetera) stemmen. Da aktuell alle auslaufenden Bonds durch neue CAC-Bonds ersetzt werden, wird die CAC-Klausel in einigen Jahren die Norm bei Staatsanleihen im Euroraum sein.

Ein weiterer Trick, den viele Staaten derzeit anwenden, ist die stetige Verlängerung der Laufzeiten für ihre Anleihen. Je länger die Laufzeiten sind, desto besser gelingt der Schuldenabbau durch unerwartete Inflationierung. Beim Blick auf die Eurozone wird das Ausmaß dieser Strategie schnell klar: Mittlerweile haben 45 Prozent aller emittierten Staatsanleihen eine Laufzeit von zehn Jahren oder mehr, 2009 waren es noch lediglich 6 Prozent. Die Begebung von Century-Bonds ist ebenfalls ein Ausdruck dieses Zugs in die lange Frist.

Das nachhaltige Ansparen wird durch solche Maßnahmen systematisch erschwert. Da Sparen aber die Voraussetzung von Kapitalbildung darstellt und diese wiederum für ein nachhaltiges Wachstum unerlässlich ist, versetzt eine solche Politik nicht nur dem Sparer einen Tiefschlag, sondern schmälert darüber hinaus die Aussichten für die gesamte Volkswirtschaft, erfolgreich aus der Krise herauszuwachsen. Doch gerade in Anbetracht der weltweiten Schuldenstände ist mit einer forcierteren monetären Planwirtschaft, wiederholten Enteignungsrunden sowie mit einem weiteren Abschnüren der Atemwege der Wirtschaft zu rechnen. Schauen wir uns hierfür einige Beispiele an, die sich in den letzten Jahren in Europa zugetragen haben.

Im März 2012 setzte Griechenland einen Schuldenschnitt durch, welcher die Voraussetzung für ein zweites staatliches Hilfspaket war. Die Gläubiger, zu denen viele europäische Banken zählten – darunter auch die staatliche Kreditanstalt für Wiederaufbau –, verzichteten dabei auf 53,5 Prozent des Nennwerts ihrer Forderungen. Im Gegenzug erhielten sie neue Anleihen mit längeren Laufzeiten und einer niedrigeren Verzinsung. Das war aber für die Gläubiger nicht ganz unattraktiv, denn viele dieser Papiere wurden vom Rettungsfonds EFSF (Europäische Finanzstabilisierungsfazilität) garantiert – ihr Forderungsverzicht wurde also durch eine höhere Sicherheit kompensiert. Von einer möglichen Pleite Griechenlands hatten die

Gläubiger nichts mehr zu befürchten. Für die Steuerzahler der EU aber brachte die Absicherung der Privatgläubigerbeteiligung enorme Zusatzkosten mit sich. Besonders kritisch war im Zuge jenes Schuldenschnitts, dass die griechische Regierung eine Zwangsklausel aktivierte: Da etwa 85 Prozent der Gläubiger dem Forderungsverzicht zustimmten, lag die Quote so hoch, dass die restlichen Gläubiger, die Anleihen nach griechischem Recht hielten, zu dem Forderungsverzicht gezwungen werden konnten. So wurden schließlich Staatsanleihen mit einem Nennwert von fast 200 Milliarden Euro umgetauscht, wodurch die nominale Schuld Griechenlands um 105 Milliarden Euro sank. Es handelte sich somit um die größte Umschuldung eines Staates seit dem Zweiten Weltkrieg.

Da sich die griechische Wirtschaft aber in einer tiefen Rezession befand, kletterte die Schuldenquote in Prozent des BIP bereits im Herbst 2012 wieder auf das Niveau von vor dem Schuldenschnitt. Seither stieg sie auf über 180 Prozent des BIP an, 2007 waren es lediglich 103 Prozent. Die Finanzminister der Eurozone legten daher im November 2012 gleich noch ein weiteres Hilfspaket auf, das Zinssenkungen sowie eine Streckung der Laufzeiten für die Hilfskredite und zudem einen kreditfinanzierten Schuldenrückkauf umfasste. Laut Berechnungen des Münchner Ifo Instituts bedeutete dies einen verdeckten Schuldenschnitt, der den Gegenwartswert der öffentlichen Forderungen um 47 Milliarden Euro verringert habe; allein den deutschen Steuerzahlern entgingen Einnahmen von 14 Milliarden Euro.

In den Jahren vor der Finanzkrise waren die Zinsen griechischer Staatsanleihen fast auf das Niveau von Bundesanleihen gefallen – der Markt erachtete die Veranlagung in griechische Staatspapiere also quasi als »risikolos«. Der Schuldenschnitt im März 2012 war daher ein Paukenschlag: Die Marktteilnehmer mussten realisieren, dass Staatsanleihen eben nicht zwangsläufig sicher sind. Eine weitere jähe Erschütterung erfuhr das Glaubenssystem der Anleger genau ein Jahr später, als die Einlagen bei zyprischen Banken zu deren Rettung herangezogen wurden. »Cash [in Form von täglich fälligen Sichtguthaben, Anm.] zu halten, ist auf einmal nicht mehr risikolos«, sagte damals der Chefökonom der UBS, Andreas Höfert.

Zypern hatte einen Bankensektor, der so aufgebläht war, dass die Bilanzsummen der Banken das BIP des Landes um das Achtfache überstiegen. Auch da die Banken stark in Griechenland investiert waren und im Rahmen des Schuldenschnitts einen gehörigen Forderungsverzicht hinnehmen mussten, gerieten sie – und damit der gesamte Inselstaat – ins Straucheln. Die Abschreibungen der Vermögenswerte auf der Aktivseite der Bankbilanzen erforderten entsprechende Anpassungen auf deren Passivseite. Doch wie allerorten war Eigenkapital kaum vorhanden und klassische Bankschuldverschreibungen gab es in Zypern nur wenige. Den Löwenanteil der Passiva machten die Einlagen der Sparer aus. Diese wurden über Nacht staatlich konfisziert. Und zunächst wurde sogar ein Rettungsplan propagiert, der einen eklatanten Rechtsbruch dargestellt hätte. Erst in der Finanzkrise hatte man sich in der EU darauf geeinigt, dass Einlagen bis 100.000 Euro von der staatlichen Einlagensicherung geschützt sind. Wenn eine Bank bankrottging, so war es Aufgabe des jeweiligen Staates, die Einlagen zu ersetzen. Im Falle Zyperns wollte man aber auch die Einlagen unterhalb der 100.000-Euro-Grenze mit 6,75 Prozent besteuern beziehungsweise in Aktien der jeweiligen Bank umwandeln. Letztendlich kam es doch nicht so weit; lediglich die Einlagen oberhalb dieser Grenze wurden belastet. Aber die Art und Weise der Rettung hatte einen enormen Vertrauensverlust zur Folge und sie zeigte, dass der Staat im Zweifelsfall die Sparer zur Kasse bittet.

Das Signal an die Märkte, dass die Einbeziehung von Großsparern und Gläubigern ein Modell für zukünftige Rettungsmaßnahmen im Euroraum sein würde, war fatal. Der Vorsitzende der Euro-Gruppe, Jeroen Dijsselbloem, bekräftigte damals diesen Modellcharakter in Interviews mit der *Financial Times* und Reuters. Dafür erntete er heftige Kritik, denn die anderen Politiker fürchteten, dass derartige

Äußerungen Bank-Runs in anderen Krisenstaaten provozieren könnten, da Sparer sich ihrer Bankguthaben nicht mehr sicher wähnen könnten. Die Ansteckungsgefahr versuchte man zu mindern, indem man Zypern zum »Spezialfall« erklärte und so tat, als handele es sich bei den betroffenen Gläubigern vorrangig um reiche russische Geldwäscher. So gelang es, dem Publikum die Gläubigerbeteiligung schmackhaft zu machen.

Dabei geschah in Zypern genau das, was lange Zeit gefordert worden war, nämlich dass nicht immer nur die Steuerzahler für die finanzielle Sanierung in Schieflage geratener Banken herangezogen werden, sondern zunächst einmal die Gläubiger der Banken. Doch ist diese Vorgehensweise wirklich so viel besser? Darüber sind sich auch die Ökonomen nicht einig. Die heutigen Banken sind keineswegs Verwahranstalten, bei denen das Geld der Einleger sicher in den Tresoren ruht, sondern Institute, die nur einen winzigen Bruchteil der Einlagen als Reserven halten und mit dem großen Rest Kreditschöpfung betreiben. Da sie zudem nur wenig Eigenkapital einsetzen, liegt es auf der Hand, dass die Einlagen keineswegs sicher sind. Deshalb sind Sparer nichts anderes als Gläubiger ihrer Banken – schließlich bekommen sie für den vorübergehenden Verzicht auf ihre Kaufkraft Zinsen, zumindest theoretisch – und Gläubiger haben normalerweise bei der Insolvenz eines Unternehmens geradezustehen. Viele Ökonomen sind daher der Ansicht, dass es zu den grundlegenden Pflichten eines Gläubigers beziehungsweise eines Einlegers gehört, sich in angemessenem Umfang Gedanken über das Ausfallrisiko zu machen, wenn man einer Bank Geld leiht.

Andere Ökonomen vertreten hingegen die Auffassung, dass zumindest für den durchschnittlichen Kleinsparer das Bankkonto eine sichere Größe darstellen solle, da dieser in der Regel nicht über das nötige Finanz-Know-how verfüge, um sich ein verlässliches Bild von der Kreditwürdigkeit seiner Bank zu machen. Die Allgemeinheit solle deshalb die Bankguthaben, die heutzutage die einfachste und konservativste Form des Sparens darstellen, zu einem gewissen Grad garantieren. Auch die geplante EU-weite Einlagensicherung (Edis), die Bankeinlagen lediglich bis 100.000 Euro versichert, trägt diesen Argumenten letztlich Rechnung. Allerdings hat eine derartige Versicherung der Einlagen auch ihre Nebenwirkungen: Die Banken tendieren dann eher dazu, höhere Risiken einzugehen, während die Anreize für die Sparer sinken, eine umsichtige Geschäftsgebarung ihrer Bank einzufordern. So scheiterte der ursprüngliche Plan für eine EU-weite Einlagensicherung gerade auch daran, dass Deutschland und Österreich nicht einsahen, warum ihre Sparer die aufgrund des hohen Anteils an faulen Krediten gefährdeten Einlagen bei italienischen Banken notfalls hätten finanzieren sollen. Folglich forderte EZB-Präsident Draghi einen stärkeren Abbau der faulen Kredite als Vorleistung für Edis.

Nichtsdestotrotz zeigt der Fall Zypern, dass es eine hundertprozentige Sicherheit in unserem derzeitigen Finanzsystem nicht gibt. Für die breite Masse bedeutet es gewissermaßen einen Paradigmenwechsel, dass nun auch für gewöhnliche Spareinlagen das Risiko wie bei Anleihen und Aktien kalkuliert werden muss. Und der Fakt, dass die Einlagensicherung der EU nur wenige Jahre nach ihrer Einführung kurz davorstand, angesichts einer Notlage ausgehebelt zu werden, hinterlässt tiefe Spuren im Gedächtnis der Sparer.

Die Liste von Beispielen finanzieller Repression ließe sich ohne Mühe fortschreiben. Die Botschaft wäre immer wieder dieselbe: Wenn es hart auf hart kommt, droht der Staat die Kosten für sein Misswirtschaften auf andere abzuwälzen und im Zweifel auch gegen geltendes Recht zu verstoßen. Schuldenschnitte, Inflation oder Währungsreformen sind die drei wesentlichen Strategien, mit denen sich Staaten in der Geschichte immer wieder aus der Verantwortung gestohlen haben. Die Suppe haben letztlich immer andere ausgelöffelt. Die obigen Beispiele sind allesamt Symptome eines nicht nachhaltigen Geldsystems, das zusehends an seine Grenzen stößt.

Fazit: Finanzielle Repression

Machbarkeit: hoch
Politische Durchsetzbarkeit: hoch
Realisierungswahrscheinlichkeit: hoch
Verlierer: Gläubiger, einfache Sparer

Säkulare Stagnation und Bargeldverbot

Die fiskalpolitischen Spritzen zur Bekämpfung der letzten Rezession haben die Verschuldung der Staaten auf ein so bedrohliches Niveau gehievt, dass von der Warte aus kaum noch konjunkturbelebende Impulse gesetzt werden können. Zugleich macht die Schuldenlast eine Rückkehr zur geldpolitischen Normalität sehr unwahrscheinlich, da in der Folge der steigende Zinsendienst die Staaten reihenweise an den Rand des finanziellen Zusammenbruchs bringen würde. Bräche jetzt eine Rezession herein, würde diese mit voller Wucht einschlagen, denn weder geldpolitisch noch fiskalpolitisch wäre ihr etwas entgegenzusetzen. Das Erzeugen steigender Preise gemäß ihrer Zielinflationsrate gelingt den Zentralbanken in etwa so gut wie dem Ministerrat der DDR die kontinuierliche Versorgung der Bevölkerung mit Bananen – und so liegen die Preissteigerungen schon seit etlichen Jahren weit hinter dem Plan zurück. Die Wirtschaft kam lange Zeit nicht auf Trab. Es braucht den großen Befreiungsschlag – doch woher soll der kommen? Es scheint, als wäre die Geldpolitik mit ihrem Latein am Ende.

Angesichts des Nullzinsniveaus machten sich namhafte Ökonomen wie Paul Krugman, Larry Summers, Willem Buiter sowie Peter Bofinger aus Sorge um das richtige Funktionieren der Geldpolitik für eine Abschaffung des Bargeldes stark. Nur ohne Bargeld wäre es möglich, die genannte »zero lower bound«, die Null-Prozent-Untergrenze für nominelle Zinssätze, nach unten zu durchbrechen. Ohne Bargeldverbot würde bei einem Negativzins die Bevölkerung allerdings in größerem Ausmaße auf das Bargeld ausweichen, das im Unterschied zum Bankkonto nicht mit Negativzinsen belegbar ist.

Ob die Belebung der Wirtschaft mithilfe von Negativzinsen gelingen kann, darf bezweifelt werden. Negativzinsen wären lediglich eine höhere Dosis desselben Medikaments, das erst in diese missliche Lage geführt hat, getreu dem Motto: »Es funktioniert nicht? Dann nehmt mehr davon!«

Die Wirtschaft krankt aber viel mehr am staatlichen Dirigismus. Die bereinigende Krise (»schöpferische Zerstörung«) ist nach der Finanzkrise nicht zugelassen worden, stattdessen haben die Zentralbanken mit einer Druckorgie auf die Krise geantwortet. So werden seither viele unproduktive Altunternehmen mit großem Ressourcenhunger künstlich am Leben gehalten und es wird verhindert, dass genügend junge Unternehmen aufblühen, die der Wachstumsmotor der Zukunft wären. In einer Antwort an Carl Christian von Weizsäcker hält Hans-Werner Sinn in der Analyse der wirtschafts- und geldpolitischen Fehler Japans, deren Wiederholung er in der Eurozone vermeiden will, fest: »Was wie eine säkulare Stagnation [...] aussieht, die keynesianisches Demand Management verlangt, ist in Wahrheit ein hausgemachtes Siechtum, das durch ein Übermaß an geld- und fiskalpolitischer Intervention erzeugt wurde.«[73]

Negativzinsen würden die Probleme also vermutlich nicht lösen, sondern das »Siechtum« lediglich fortsetzen. In anderen Worten: Mit Negativzinsen würde man für die Aufrechterhaltung eines Systems bezahlen, das nicht nachhaltig ist. Und für die Sparer würde diese ineffektive Maßnahme letztlich bedeuten, nicht nur wie bislang real, sondern auch nominell Vermögen einzubüßen. Die Abschaffung des Bargeldes und die damit verbundene Möglichkeit einer allgemeinen Implementierung von Negativzinsen – nicht nur für die Einlagen der Geschäftsbanken bei der Zentralbank – ist die logische Konsequenz der seit Jahrzehnten umgesetzten asymmetrischen Geldpolitik. Denn dann, und nur dann, kann die Null-Prozent-Untergrenze für nominelle Zinssätze nach unten durchbrochen werden. Der gewöhnliche Sparer würde die Zeche bezahlen, sofern die Geldpolitik diesen Weg aus der Nullzinsfalle einzuschlagen versucht.

Des Weiteren entsprächen Negativzinsen nichts anderem als einer Enteignung, die elektronische Aufzeichnung sämtlicher Zahlungsvorgänge einer totalen Überwachung. »Geld ist geprägte Freiheit«, schrieb Dostojewski – diese Freiheit wäre dann dahin. Kurzum: Die Abschaffung des Bargeldes würde dem Bürger sämtliche Ausweichmöglichkeiten nehmen und ein Zeitalter der fortgeschrittenen monetären Planwirtschaft und finanziellen Repression *in extenso* einläuten.

Fazit: Negativzinsen und Bargeldverbot

Machbarkeit: mittel, die Erfolgsaussichten (Stichwort: selbsttragender Aufschwung) sind allerdings gering

Politische Durchsetzbarkeit: kurz- und mittelfristig niedrig, Widerstand aus der Bevölkerung ist zu erwarten

Realisierungswahrscheinlichkeit: kurz- und mittelfristig niedrig

Verlierer: alle, bis auf die Schuldner, sofern die Geldmenge nicht kontrahiert

Helikoptergeld

Ein weiterer Vorschlag, wie die Geldpolitik die Misere beheben und Inflation sowie Wachstum auf Trab bringen könnte, ist das sogenannte »Helikoptergeld«. Dieses wurde vor einiger Zeit auf allen Kanälen heiß diskutiert, doch von den meisten Kommentatoren als Spinnerei abgetan. Der ehemalige Chefvolkswirt der EZB, Otmar Issing, bezeichnete das Konzept sogar als »totale Geistesverwirrung«[74]. Doch deshalb ist

das Thema nicht vom Tisch. Peter Praet, der aktuell die Stelle des Chef-
volkswirts bei der EZB besetzt, bekundete gegenüber der italienischen
Tageszeitung *La Repubblica,* dass dieses »extreme Instrument«[75] prin-
zipiell als eine Art Ultima Ratio anwendbar sei. Und EZB-Präsident
Mario Draghi äußerte in einer Pressekonferenz, dass das Konzept des
Helikoptergeldes »sehr interessant«[76] sei. Grund genug, uns einmal
genauer anzusehen, worum es sich dabei handelt.

Die Metapher »Helikoptergeld« geht auf Milton Friedman zurück,
der zur Veranschaulichung seiner monetären Theorie des Geldes
meinte, man müsse sich eine Geldmengenerhöhung so vorstellen,
als flöge ein Helikopter über eine Modellgemeinde und würde Geld
abwerfen, welches die Leute dann aufsammelten. Damit wollte Friedman illustrieren, dass dann zwar alle Menschen mehr Geld hätten,
aber auch die Preise entsprechend anstiegen und sich letztlich jeder
genau das Gleiche leisten könnte wie zuvor. Es mache keinen Unterschied, ob man 10 US-Dollar zur Verfügung hat oder 20 US-Dollar,
wenn im letzteren Fall auch alles doppelt so viel kostet.[77] Laut dem
Monetaristen Friedman hat Inflation also keine realen Auswirkungen, außer dass die Preisschilder geändert werden müssen. Wir erinnern uns aber, dass diese einfache Vorstellung die Realität nicht
treffend widerspiegelt. Denn Inflation ist keineswegs neutral, sondern verzerrt immer auch das Verhältnis zwischen den Preisen und
Einkommen, wodurch den einen Kosten und den anderen ein »free
lunch« entstehen.

Heute wird darunter die gezielte zins- und kreditlose Ausweitung
der Geldmenge durch direkte Transferzahlungen an den Staat oder
die Bürger verstanden. Zweck dieser Maßnahme ist es, Nachfrageimpulse zu setzen und die Teuerung anzufachen. Das neu geschaffene Zentralbankgeld wird also nicht wie bisher erst über die Banken,
denen man Anleihen abkauft oder einen Kredit gewährt, in den Wirtschaftskreislauf eingespeist, sondern möglicherweise in einer oder
mehreren der folgenden Spielarten:

▶ Zentralbanken kaufen Staatsanleihen oder zahlen schlichtweg bestimmte Summen in den Staatshaushalt ein und erhöhen damit die Geldbasis: Das eröffnet Spielraum für fiskalpolitische Stimuli oder Steuersenkungen.

▶ Schuldenschnitte für ausstehende Schulden, die die Zentralbank als Forderungen in ihrer Bilanz hält: Dies kann eine einmalige Maßnahme sein, aber auch regelmäßige »haircuts« wären denkbar. (Das Aufkaufen von negativ rentierenden Anleihen stellt de facto bereits eine solche Maßnahme dar.)

▶ Transferzahlungen an die Bürger: Zentralbanken überweisen Bürgern einen bestimmten Betrag auf ihr Girokonto.

Wie ausführlich besprochen, blieben die bisherigen Maßnahmen der Zentralbanken recht erfolglos. In unserem zweistufigen System der Geldproduktion stellen die Geschäftsbanken sich seit der Finanzkrise quer und die Zentralbank kämpft mit ihren bisherigen Maßnahmen gegen Windmühlen. Helikoptergeld wäre ein taugliches Mittel, um den Bankensektor bei der Geldmengenausweitung zu umgehen, und wird daher auch hin und wieder als »Quantitative Easing für das Volk« bezeichnet.

Umstritten ist, ob das Helikoptergeld rechtlich möglich ist. Die EZB, die eigentlich als unabhängige Institution angedacht ist, würde so direkte Staatsfinanzierung betreiben beziehungsweise – da Inflation ja nicht neutral ist – reale Vermögenstransfers zwischen den Bürgern vornehmen, was eigentlich dem demokratischen Staat obläge. So meint etwa Bundesbank-Chef Jens Weidmann: »Die Notenbanken haben dazu kein Mandat, auch weil damit eine massive Umverteilung verbunden wäre.«[78] Der gesetzliche Auftrag, die Geldwertstabilität zu sichern, könne bei einer Staatsfinanzierung über die Notenpresse längerfristig nicht gewährleistet werden, da die Inflationsdynamik leicht außer Kontrolle zu geraten drohe. Die Geldpolitik dürfe keinesfalls mit der Fiskalpolitik vollends vermengt werden.

Doch bei näherer Betrachtung gelangen viele Ökonomen zu dem Schluss, dass die rechtlichen Hürden niedriger seien als allgemein angenommen. Einige meinen, es läge keine Mandatsüberschreitung vor, wenn die Notenbanken aus eigenem Antrieb und ausschließlich aus der Motivation heraus handelten, ihre Inflationsziele zu erreichen. Die Autoren einer Studie der Deutschen Bank (*Helicopter 101: Your Guide to Monetary Financing*) kommen zu dem Ergebnis, dass die institutionellen Rahmenbedingungen der Notenbanken sehr vage seien und großen Interpretationsspielraum zuließen – insbesondere die sehr unkonventionelle Variante direkter Transferzahlungen an die Bürger sei rechtlich unproblematisch. Ausschlaggebender als die technischen und rechtlichen Rahmenbedingungen sei letztlich der politische Wille. Spätestens während der nächsten Rezession könnte die Emission von Helikoptergeld auf die Tagesordnung kommen.

Wie würde sich Helikoptergeld denn auswirken? Im idealen Fall würde es sowohl das Wachstum als auch die Inflationserwartungen anheizen. Das würde es den Zentralbanken erlauben, die Zinsen wieder nach und nach anzuheben, wodurch wieder Spielraum für konventionelle geldpolitische Maßnahmen entstehen würde. Zudem würden Sparer und Rentenversicherungen aufatmen. Schließlich könnte Helikoptergeld zur Rückzahlung von Schulden verwendet werden, ganz gleich, ob der Staat oder ob die Bürger die Erstempfänger des neuen Geldes sind. Wenn im Fall einer wiederholten Helikopterladung stets ein Teil für die Begleichung von Schulden verausgabt würde, könnten somit theoretisch sämtliche Schulden von Nichtbanken eliminiert und durch Zentralbankgeld ersetzt werden.

Dabei müsste allerdings verhindert werden, dass die Inflation aus dem Ruder läuft. Das aber dürfte nur schwer zu kontrollieren sein, da Inflation von mehreren Faktoren abhängt: Wie viel Geld wird gehortet? Wie viel wird für Vermögenswerte verausgabt? Wie reagieren die Preise, falls die gesamtwirtschaftliche Nachfrage tatsächlich ansteigt? Die Feindosierung der Inflation setzt ein Wissen voraus, das die Planer nie und nimmer haben können. Die Notenbanken können bei der Festlegung der Höhe der Helikopterladung also lediglich nach dem Versuch-und-Irrtum-Prinzip vorgehen – und dies gleicht bei einer so komplexen Angelegenheit einem Blinde-Kuh-Spiel im Minenfeld.

Angemerkt sei, dass sich für die Zentralbanken tatsächlich Spielraum für Zinserhöhungen eröffnen würde, wenn die Inflation anspringt. Allerdings würden lediglich die nominellen Zinsen steigen, die Realzinsen – also die nominellen Zinsen abzüglich der Inflation – blieben im Keller.

Und was den vom Helikoptergeld ausgelösten Wachstumsimpetus angeht, so dürfte dieser hinter den Erwartungen zurückbleiben. Sollte Helikoptergeld zur Staatsfinanzierung genutzt werden, könnte es Strukturreformen eher behindern als fördern, indem die Politik marode und nicht zukunftsfähige beschäftigungsintensive Industrien mit Geldspritzen vor dem Zusammenbruch bewahrt und dadurch den Prozess der schöpferischen Zerstörung untergräbt. Natürlich muss das nicht unbedingt so sein: Denkbar wäre auch, dass die Politik sinnvolle Infrastrukturinvestitionen tätigt und schmerzhafte Einschnitte zur Verbesserung der Wettbewerbsfähigkeit zuließe. Realistischer dürfte jedoch das Szenario einer verhängnisvollen Subventions- und Fütterungsspirale sein, wobei dem Helikoptergeld die Funktion zukäme, die nötigen Strukturreformen so lange wie möglich hinauszuschieben.

Ein prominenter und einflussreicher Befürworter von Helikoptergeld ist der ehemalige Vorsitzende der britischen Finanzmarktaufsicht Adair Turner, der im Oktober 2015 das Buch *Between Debt and Devil* veröffentlichte. Turner legt dar, dass in den vergangenen Jahrzehnten Kredite vornehmlich für Konsumzwecke vergeben worden seien oder um bereits existierende Vermögensgegenstände wie etwa Immobilien zu finanzieren. Die für das Wachstum so nötigen Produktivkredite hätten das Nachsehen gehabt. So hat das langfristige

Wachstum der Industriestaaten vor der Finanzkrise jährlich 4 Prozent betragen, wohingegen die Privatverschuldung um 10 bis 15 Prozent gewachsen ist.

Die Folgen dieser Kreditvergabepraxis sind bekannt. An den Vermögensmärkten bildeten sich Blasen, deren Platzen zur Finanzkrise geführt hat. Um diese abzufedern, sind die Regierungen eingesprungen, die nun ihrerseits bis über beide Ohren verschuldet sind. Die hohen Schuldenstände dämpfen den Effekt, den die Fiskalpolitik und die konventionelle Geldpolitik unter normalen Umständen hätten – schwache Wachstumsraten sind die Folge. Zudem stellt Turner fest, dass die Nachfrage zu gering sei und man diese ein wenig ankurbeln müsse.

Die Lösung liegt für Turner im Helikoptergeld. Dieses würde der Nachfrage auf die Sprünge helfen, die wiederum die Produktion und die Inflation beflügelte. Turner sieht allerdings auch die von uns angeführten Gefahren. So könne die Inflation sprunghaft ansteigen und schwer zu bremsen sein. Auch die Politik könne Gefahr laufen, sich ans Helikoptergeld als bequemes Problemlösungsinstrument zu gewöhnen. Der Einsatz müsse daher sehr vorsichtig erfolgen.

Im angloamerikanischen Raum ist Helikoptergeld vorrangig mit Hinblick auf den Staatshaushalt im Gespräch. Die Zentralbanken würden also Staatsanleihen kaufen oder einfach nur Geld drucken, das sie zum Staatshaushalt beisteuern, und die Regierungen könnten Infrastrukturprogramme zur Stimulierung der Wirtschaft auflegen. In der Eurozone wäre diese Variante mit größeren Problemen verbunden, da es keine koordinierte Fiskalpolitik gibt. Direkte Transferzahlungen an die Bürger sind daher wahrscheinlicher. Doch was würden die Menschen tun, wenn Geld wirklich wie Manna vom Himmel fiele?

Für eine Studie des Flossbach von Storch Research Institutes (*Wenn Negativzinsen und Helikoptergeld deutsche Sparer erreichen*, 2016) wurden Bürger befragt, was sie tun würden, wenn man ihnen

Helikoptergeld auszahlte. Gemäß den Absichtserklärungen der Befragten würden bei einer Einmalzahlung von 2000 Euro pro Haushalt durchschnittlich 46,5 Prozent verausgabt werden. Bei einer regelmäßigen Auszahlung meinten 30,5 Prozent der Befragten, sie würden ihre Konsumausgaben erhöhen, und 20,3 Prozent gaben an, sie würden mehr sparen. Die Autoren schließen, dass das Helikoptergeld eine stark inflationäre Wirkung entfachen könnte, die tendenziell noch ausgeprägter wäre, falls der Helikopter regelmäßig seine Runde dreht.

Fazit: Helikoptergeld

Machbarkeit: hoch
Politische Durchsetzbarkeit: mittel bis hoch
Realisierungswahrscheinlichkeit: mittel, aber wenn, dann erst während einer der nächsten Krisen
Verlierer: falls Inflation die Folge, dann alle Geldvermögensbesitzer; falls fiskalische Zügellosigkeit die Folge, dann auf lange Sicht alle

Umbau des Geldsystems

Mit Helikoptergeld wird Kaufkraft geschaffen, ohne dass die Kreditmenge ausgeweitet wird oder der Staat sich verschulden muss. Ganz im Gegenteil: Neu geschaffenes Zentralbankgeld könnte nach und nach sogar Schulden ersetzen. Ist Helikoptergeld daher das Instrument, mit dem die Geldpolitik im Schuldensumpf das Ruder herumreißen könnte?

Wie zu vermuten war, hat die Sache einen Haken. Das in den Wirtschaftskreislauf neu eingespeiste Zentralbankgeld erscheint in der Bilanz der Zentralbank wie das Eigenkapital auf der rechten Seite, während die linke Seite die Vermögenswerte wie Gold und Staatsanleihen ausmachen. Da bei der Ausgabe von Helikoptergeld keine Schuldtitel im Gegenzug gekauft werden, vollzieht sich der Geldschöpfungsprozess zulasten des Eigenkapitals. Dieses ist natürlich endlich und könnte schließlich sogar negativ werden, sodass es hinüber auf die Aktivseite der Bilanz springt. Für jedes gewöhnliche Unternehmen würde das den Bankrott bedeuten. Für die Zentralbank jedoch wäre dies problemlos möglich, da diese in der einzigartigen Situation ist, ihre Verbindlichkeiten nicht zurückzahlen zu müssen.

Was aber passieren könnte, wäre, dass die Bürger ihr Vertrauen in das Geld verlieren, da es nicht mehr durch Aktivpositionen gedeckt wäre. Doch wie wahrscheinlich wäre das? Beruht die Wertstabilität unseres Geldes tatsächlich so sehr auf den Aktiven der Notenbanken? Thomas Mayer vertritt die Auffassung, es sei unwahrscheinlich, dass aufgrund eines schwindenden und sich ins Negative verkehrenden Eigenkapitals der Notenbank die Inflation außer Rand und Band gerate. Vielmehr wandle sich der Charakter des Geldes durch diese Eigenkapitalrochade: Das Geld wäre dann nicht mehr Kreditgeld, sondern durch das Vertrauen der Bürger gedecktes »Reputationsgeld«.[79] Ludwig von Mises nannte diese Geldform »Zeichengeld« und hielt sie für theoretisch möglich, aber die praktischen Vertrauensprobleme für allzu groß.[80]

Kryptowährungen scheinen die Möglichkeit zu bestätigen, ein Geld zu schaffen, das weder Forderung noch materiell wäre. Doch die fehlende Angreifbarkeit ist irrelevant. Bitcoin und viele andere Kryptowährungen unterscheiden sich von Zeichengeldern in der algorithmischen Beschränkung der Gelderzeugung. Es ist also gerade kein Vertrauen in eine Institution nötig. Die Nachfrage nach Kryptowährungen und damit einhergehende Zahlungsbereitschaft, die zu ihrem Marktwert führt, ist zudem rein freiwillig – was ein dramatischer Unterschied zu staatlichem Zeichengeld wäre. Die meisten Kryptowährungen imitieren also eher ein Sachgeld, als dass sie bloßes Zeichengeld darstellen.

Gewiss wäre es denkbar, dass eine Zentralbank eine Kryptowährung ausgibt. Das wäre für diese interessant, da die Geldpolitik ganz auf den Bankensektor verzichten könnte: Die Zentralbanken würden Helikoptergeld dann direkt an die Bürger verteilen und damit das verfahrene und ineffiziente System der öffentlich-privaten Partnerschaft bei der Gelderzeugung aufgeben. Dafür wäre die Blockchain-Technik aber eigentlich nicht nötig. Beschneidet sich eine Zentralbank der Änderungsmöglichkeit eines einmal festgelegten Geldschöpfungsalgorithmus, könnte man sie gleich völlig durch das neue Kryptogeld ersetzen. Im Sinne einer politischen Zentralbank wäre eher ein digitales Vollgeld, das in der Tat nur so gut sein kann wie das Vertrauen in die Zentralbank und deren Unabhängigkeit. Dieses Vertrauensproblem wird man wohl hinter Blockchain-Technik zu verstecken versuchen, was im besten Falle zum Selbstläufer werden könnte: einer tatsächlichen Selbstentmachtung von Zentralbanken in einem neuen Währungswettbewerb.

In diesem Fall könnte der Wandel des Kreditgeldes hin zu einem Zeichengeld den Weg zu einem Geldsystem ebnen, in welchem die staatlich emittierte Währung mit anderen staatlichen und privaten Kryptowährungen im Wettbewerb stünde, während die Geldschöpfung durch die Banken unterbunden würde. Die Idee eines Geldsystems, in welchem Währungswettbewerb vorherrscht und die Bürger sich für jene Währungen entscheiden, die in ihren Augen am zuverlässigsten sind, geht auf den Ökonomen Friedrich August von Hayek zurück.

Allerdings ist davon auszugehen, dass die Staaten einiges unternehmen werden, um ihr Währungsmonopol aufrechtzuerhalten. Eine freiwillige Aufgabe dieses Privilegs ist kaum zu erwarten. Die Einführung von »Central Bank Digital Currencies« (CBDC) würde den Status quo aller Voraussicht nach stabilisieren. Die Frage nach der technischen Machbarkeit und die Abwägung der makro- wie mikroökonomischen Vor- und Nachteile werden von einigen wenigen Zentralbanken bereits intensiv debattiert. Die Ausgabe einer CBDC würde bedeuten, dass es ein digitales gesetzliches Zahlungsmittel gibt, das die beiden gegenwärtigen gesetzlichen Zahlungsmittel, die Banknoten und die Münzen, ergänzt.

Doch die wahrscheinliche Antwort der Politik auf eine neuerliche Krise wird eher in einer weiteren Zentralisierung liegen. Ein entscheidendes Instrument könnten die Sonderziehungsrechte sein, die der Internationale Währungsfonds emittiert. Erklärtes Ziel des Internationalen Währungsfonds (IWF) ist es, die Sonderziehungsrechte als globale Reservewährung zu etablieren. Das könnte schon im Fall der nächsten größeren Finanzkrise geschehen. Denn schließlich sind die Zinsen auf Niedrigstniveau und die Zentralbanken haben, ohne dass es eine akute Liquiditätskrise gegeben hätte, in den letzten Jahren Billionen über Billionen an Liquidität erzeugt. Wenn wieder eine Krise wie 2007/08 ausbricht, wenn es plötzlich an Liquidität fehlt, wie viel wollen die Zentralbanken dann drucken? Es gibt nicht wenige Experten, die davon ausgehen, dass das Problem dann eine Instanz nach oben verlagert wird und der IWF das Ruder übernimmt. Christine Lagarde, geschäftsführende Direktorin des IWF, schließt ebenfalls nicht aus, dass der IWF die als internationale Reservewährung fungierenden Sonderziehungsrechte eines Tages als Kryptowährung herausgeben wird.

Dieser Schritt würde allerdings nur die Probleme des ungedeckten, elastischen Geldes auf die nächste Stufe übertragen. Grundlage der Sonderziehungsrechte sind nämlich die üblichen verdächtigen Währungen: Heute sind der US-Dollar mit 41,7 Prozent, der Euro mit 30,9 Prozent, der Renminbi mit 10,9 Prozent, der Yen mit 8,3 Prozent und das Britische Pfund mit 8,1 Prozent im Währungskorb enthalten. Wahrscheinlich würden die Sonderziehungsrechte zu einer global noch stärker koordinierten Geldmengenexpansion führen. Der ehemalige französische Finanzminister und spätere Präsident Valéry Giscard d'Estaing bezeichnete sie deshalb einst als »monetäres LSD«.

Denkbar wäre allerdings auch, dass die Sonderziehungsrechte durch Gold oder weitere Edelmetalle materiell fundiert werden. Stimmen hierfür gibt es, auch wenn sie in der Minderheit sind. Durch eine solche Ausgestaltung der Sonderziehungsrechte könnte ein nicht beliebig vermehrbares Geldangebot hergestellt werden. Dadurch wäre die Gefahr geringer, dass die Geldmenge kontrahiert und Zahlungsausfälle zu einer wirtschaftlichen Depression führen können. Allerdings haften auch einer solchen Weltwährung die Probleme der Zentralisierung an, insbesondere die Manipulierbarkeit. Ähnlich wie die USA zu Zeiten des Bretton-Woods-Systems die offizielle Goldanbindung unterliefen, sähe sich der IWF der ständigen Versuchung ausgesetzt, ebenfalls zu viel von der Währung in Umlauf zu bringen.

Vielversprechender wäre ein dezentrales Geldsystem mit Währungswettbewerb. Wie die Politik sich einer auf mehr Beteiligung drängenden, dezentral organisierten Masse gegenübersieht; wie viele Großunternehmen Konkurrenz durch dynamische, sich in Netzwerken organisierende Kleinunternehmen bekommen; wie das Oligopol der Medien durch das Aufkommen der sozialen Netzwerke zusammengebrochen ist – so erhalten seit der Finanzkrise nun auch die Geschäfts- und Zentralbanken mit den Kryptowährungen Konkurrenz. Die Souveränität läge schlussendlich bei den Nutzern, die darüber entschieden, welche Währungen im Wettbewerb bestünden und welche nicht.

Fazit: Transformation des Geldsystems

Machbarkeit: mittel
Politische Durchsetzbarkeit: mittel
Realisierungswahrscheinlichkeit: niedrig, vermutlich erst bei systembedrohender Krise
Verlierer: wenn unelastisches Geldangebot die Folge, dann sind all diejenigen die Verlierer, die im derzeitigen Geldsystem die Profiteure sind

Fazit

Die breite Streuung der verschiedenen Szenarien lässt nur einen Schluss zu: Mit sehr hoher Wahrscheinlichkeit werden wir in den kommenden Jahren erhebliche Verwerfungen durchleben, die eventuell sogar einen Systemwechsel nach sich ziehen werden. Angesichts all dieser Unwägbarkeiten und Risiken ist es umso wichtiger, die Augen offen zu halten und die Ohren zu schärfen. Blindlings der Masse zu folgen, mag zwar den Eindruck einer relativen Sicherheit bieten. Sei es, weil man meint, die Mehrheit könne nicht irren (Schwarmintelligenz); sei es, weil man nicht fortwährend durch den Mainstream hinterfragt werden möchte. Doch spätestens wenn die Märkte großflächig nachgeben oder außergewöhnliche Maßnahmen wie ein Schuldenschnitt oder ein Bail-in – über Nacht – beschlossen werden und der Großteil der Anleger auf dem falschen Fuß erwischt wird, macht sich die eigenständige, auf Nachhaltigkeit in einem nicht nachhaltigen Umfeld setzende Anlagestrategie bezahlt.

Der Anleger kommt daher nicht umhin, die Besonderheiten der gegenwärtigen Situation für die Ausgestaltung seiner Anlagestrategie zu berücksichtigen. Die entscheidenden Wesensmerkmale der Nullzinsfalle sind:

▶ Werden die Leitzinsen stärker angehoben, als sie im letzten Zinssenkungszyklus reduziert wurden,
  • droht eine Abkühlung der Wirtschaft beziehungsweise eine Verschärfung der Rezession;
  • droht ein Platzen der Alles-Blase, wodurch Aktien, Anleihen, Immobilien deutlich an Wert verlieren, durch Ansteckungseffekte sogar eine deflationäre Abwärtsspirale;
  • droht eine Vermögenspreisdeflation, die bei Banken, Unternehmen und privaten Haushalten jeweils den Nachschuss von Eigenkapital erfordert, welches für die betroffenen Wirtschafts-

akteure nicht aufzutreiben sein wird. Bankrotte sind die unausweichliche Konsequenz.

▶ Werden die Leitzinsen nicht oder nur schwach erhöht,
- hat die Zentralbank keinen beziehungsweise nur einen geringen geldpolitischen Handlungsspielraum, um den nächsten Abschwung zu bekämpfen,
- werden die bestehenden Blasen weiter ausgedehnt,
- wird die anziehende Inflation weiter angefacht werden.

Auch wenn es in den USA den Anschein hat, dass die Normalisierung gelingen könnte: Trotz zahlreicher Zinserhöhungen und der rückführenden Verkürzung der Notenbankbilanz (»Quantitative Tightening«) sind die USA noch immer ein gutes Stück von der Normalisierung entfernt. In einer Studie für die Bank of England berechnet Paul Schmelzing das Nominal- wie auch das Realzinsniveau seit dem Jahr 1311. Das Realzinsniveau lag im 700-jährigen Durchschnitt bei 4,78 Prozent, in den vergangenen Jahren mit 2,58 Prozent deutlich niedriger. Davon sind selbst die USA noch meilenweit entfernt, da das Nominalzinsniveau noch nicht einmal den niedrigeren Durchschnittswert der vergangenen 200 Jahre erreicht hat. Die Realzinsen sind selbst in den USA noch immer negativ, und das mit Ausnahme der Jahre 2006, 2007 und 2009 bereits seit mehr als 15 Jahren.

Kurzfristige Kurseinbrüche nähren immer wieder Zweifel an der Stabilität des Aufschwungs. Die sich wiederholenden erregten Attacken von Präsident Trump gegen die Federal Reserve sind Ausdruck der – berechtigten – Furcht, dass die Zinserhöhungen den Aufschwung gefährden könnten. Die offene Kritik an der Geldpolitik der Zentralbank zieht die Unabhängigkeit der Zentralbank in Zweifel. Dennoch ist es gut nachzuvollziehen, warum es zu diesen Attacken kommt. Sie sind nicht nur dem aufbrausenden Temperament Trumps geschuldet, sondern der Abhängigkeit gerade auch der USA von billigem Geld. Diese Abhängigkeit hat bereits im Jänner 2019 ihre Bestätigung erhalten, als die Federal Reserve keine weitere Zinserhöhung vornahm und betonte, dass die Federal Reserve geduldig genug sei, die weitere Entwicklung der Wirtschaft abzuwarten.

Die Eurozone steht hingegen überhaupt erst am Anfang der Normalisierung. Selbst ohne Betrachtung der unzähligen politischen und institutionellen Querelen sind die ökonomischen Herausforderungen als schwerwiegender anzusehen als in den USA. Anziehende Teuerungsraten, die Zinsdifferenz zu den USA und das Fehlen eines geldpolitischen Spielraums für den nächsten Wirtschaftsabschwung sprechen für deutliche Zinsanhebungen. Die missliche Lage der Staatsfinanzen der Südländer, insbesondere Italiens und Griechenlands, das schwache Wirtschaftswachstum in ebendiesen Ländern, die hartnäckig hohe Arbeitslosenrate und die steigende Anzahl an Zombieunternehmen in weiten Teilen des Euroraums sprechen gegen deutliche Zinsanhebungen. Überlagert werden die ökonomischen Debatten im Euroraum von den politischen Machtkämpfen zwischen Weichwährungs- und Hartwährungsländern, zwischen den Befürwortern der Vereinigten Staaten von Europa und den Befürwortern eines Staatenbundes sowie zwischen den Befürwortern einer bunten Multikultigesellschaft und den Befürwortern einer höheren kulturellen und ethnischen Homogenität der Bevölkerung.

Eine Fortsetzung der Niedrigzinspolitik würde die von ihr verursachten gesellschaftlichen und kulturellen Verwerfungen verfestigen. Sparen und Nachhaltigkeit wären die großen Verlierer, ein schuldenfinanziertes Leben nach der Devise »Nach mir die Sintflut« weiterhin das scheinbar vernünftige Maß aller Dinge. Auch wenn es Alternativen zweifelsohne gibt und der einzelne Mensch wie auch die Gesellschaft die Möglichkeit haben, einen anderen und besseren Weg einzuschlagen, so sitzen zumindest kurz- und mittelfristig die Zentralbanken in der Nullzinsfalle.

Epilog

Zurück auf der Cocktailparty in einer Bank

FAMILIENVATER: Habe ich das jetzt richtig verstanden? Die Nullzins-politik der Zentralbanken hat die strukturellen Probleme nicht gelöst, sondern nur geschickt kaschiert und in die Zukunft geschoben? Und die Nullzinspolitik bedeutet auch, dass die EZB all ihr Pulver verschos-sen hat und beim nächsten Abschwung nicht mehr reagieren kann?

SCHWANGERE FRAU: Ja, die sitzen in der Falle und scheinen selber nicht wirklich zu wissen, wie sie da herauskommen sollen. Aber angeblich gab es ja keine Alternative zu der Nullzinspolitik.

FAMILIENVATER: Korrekt, TINA ist eine falsche Grundhaltung.

SCHWANGERE FRAU: Tina? Was ist denn an unserer Tina falsch?

FAMILIENVATER: Nicht an unserer Tina. An der Behauptung »TINA – There is no alternative«. Das wollen uns doch viele einreden. In der Tat scheint es einige Alternativen zu geben. Diese Achterbahnfahrten der Wirtschaft und die ungerechte Einkommensverteilung sind kein un-abänderliches Naturgesetz.

SCHWANGERE FRAU und FAMILIENVATER *(zustimmend ni-ckend und zum LOKALPOLITIKER gewandt)*: Die Politik sollte sich dem Thema auch annehmen. Das wäre einmal Nachhaltigkeit ganz im Sinne der nächsten Generationen.

ZENTRALBANKER und GLÜCKSRITTER: Moment, Moment!

GLÜCKSRITTER: Seid umschlungen, Millionen! Bis sich irgend-etwas ändert *(beginnt den S.T.S.-Klassiker »Irgendwann bleib i dann dort« zu summen)*, lieg ich irgendwo am Strand, a Bottle Rotwein in der Hand und steck die Füß in' weißen Sand.

SCHWANGERE FRAU: Oder als Bettler unter der Brücke! Oder gar hinter schwedischen Gardinen.

GLÜCKSRITTER: Karibik oder Brücke, Châteauneuf-du-Pape oder Rotwein aus dem Tetra Pak – fast einerlei!

ZENTRALBANKER: So einfach ist das nicht, wie Sie sich das vorstellen. Oder glauben Sie, das Geld kommt einfach so aus dem Bankomaten? Und was hätten wir denn sonst tun sollen? Die Wirtschaft zusammenkrachen lassen, den Euro zerreißen lassen?

BABYBOOMER: 100 Prozent Zustimmung! Diese Weltverbesserer. Alles umstürzen wollen.

LOKALPOLITIKER: Da ist sie wieder, unsere TINA.

FAMILIENVATER *(zum BABYBOOMER)*: Sie haben seinerzeit auch alles auf den Kopf gestellt. Aber jetzt dem Strukturkonservatismus huldigen!

BANKER: Und was wird dann aus uns?

LOKALPOLITIKER *(zum BANKER)*: Banken werden wir immer benötigen, keine Sorge. Die Vermittlung von Krediten und die Abwicklung des Zahlungsverkehrs, ohne das ist unsere Wirtschaft nicht denkbar.

GLÜCKSRITTER *(zum BANKER und ZENTRALBANKER)*: I wo denn. Die Blockchain-Technik wird euch Bankern ordentlich einheizen. *(Beginnt den Johnny-Cash-Hit »Ring of Fire« zu pfeifen)* »And it burns, burns, burns.«

SCHWANGERE FRAU: Aber diese Zentralbankpolitik, die bringt offensichtlich mehr Schaden als Nutzen, gerade auch, weil sie ja jene rettet, die das ganze Schlamassel federführend verursacht haben.

FAMILIENVATER: Mir ist jetzt klar, dass die kommenden Jahre nicht einfach werden. Wenigstens kann ich mich jetzt besser darauf einstellen. Und die eine oder andere Möglichkeit gibt es ja durchaus, zumindest persönlich der Nullzinsfalle zu entkommen. Aber jetzt haben wir genug analysiert. Man soll schließlich auch die Feste feiern, wie sie fallen!

Anmerkungen

[1] http://www.spiegel.de/wirtschaft/unternehmen/jean-claude-trichet-haelt-finanzsystem-heute-fuer-so-verwundbar-wie-2008-a-1226516.html

[2] London Interbank Offered Rate

[3] European Interbank Offered Rate

[4] Das längerfristige Refinanzierungsgeschäft mit einer Laufzeit von drei Monaten wurde im Zuge der Finanzkrise eingeführt und wird einmal pro Monat abgewickelt. Es wurden jedoch auch zweimal längerfristige Refinanzierungsgeschäfte mit einer Laufzeit von 36 Monaten angeboten, die bezeichnenderweise »Dicke Berta« genannt wurden.

[5] Dass die Einlagezinsen im Euroraum und in einigen weiteren Ländern negativ sind, ist eine Anomalie.

[6] Einlagefazilität der EZB

[7] Aus Gründen der besseren Übersichtlichkeit wurden die 4 Positionen »3. Forderungen in Fremdwährung an Ansässige im Euro-Währungsgebiet«, »4. Forderungen in Euro an Ansässige außerhalb des Euro-Währungsgebiets«, »6. Sonstige Forderungen in Euro an Kreditinstitute im Euro-Währungsgebiet« und »8. Forderungen in Euro an öffentliche Haushalte« unter »Restliche Positionen« zusammengefasst.

[8] Zum Bilanzstichtag 31. Dezember 2017

[9] http://blogs.faz.net/fazit/2015/04/05/zwoelf-jahre-lang-insolvent-und-trotzdem-quietschfidel-was-bedeuten-verluste-fuer-zentralbanken-1-5501/

[10] https://www.snb.ch/de/mmr/speeches/id/ref_20110928_tjn/source/ref_20110928_tjn.de.pdf, S. 2.

[11] https://www.ecb.europa.eu/press/pr/date/2013/html/pr131031.en.html

[12] Seit der deutlichen Zinssenkung am 16. Dezember 2008 dient ein Zielband von 0,25 Prozentpunkten der Federal Reserve als geldpolitische Zielgröße. Der tatsächlich realisierte Leitzins innerhalb dieses Zielbandes wird »Effective Federal Funds Rate« genannt.

[13] MiFiD steht für »Markets in Financial Instruments Directive« (dt. »Richtlinie 2004/39/EG über Märkte für Finanzinstrumente«), die die weitere Harmonisierung der Finanzmärkte zum Inhalt hat.

[14] https://www.welt.de/finanzen/article182600780/Anleihenmarkt-Wenn-die-Konjunktur-dreht-droht-Amerika-ein-Schuldendesaster.html?wtrid=socialmedia.email.sharebutton

[15] https://www.handelsblatt.com/infografiken/grafik/unprofitable-unternehmen-achtung-zombies/23248848-all.html?

[16] https://www.tagesspiegel.de/wirtschaft/raetsel-der-produktivitaet-die-wirtschaft-waechst-wird-aber-kaum-effizienter/19736838.html

[17] Emittiert wurde die Anleihe zum Kurs von 90 Prozent, was einer effektiven Rendite von 7,9 Prozent entspricht.

[18] https://www.zerohedge.com/news/2016-06-04/why-fed-trapped-1-increase-rates-would-result-24-trillion-losses

[19] Elijah Brewer III und Julapa Jagtiani, *How Much Did Banks pay to Become Too-Big-To-Fail and to Become Systemically Important?*, FRB of Philadelphia Working Paper No. 09-34 (Februar 2010)

[20] https://www.handelsblatt.com/politik/international/europaeische-zentralbank-die-niedrigen-zinsen-machen-die-euro-staaten-handlungsfaehig-und-unvorsichtig/v_detail_tab_print/23839542.html?ticket=ST-1016288-iDf3xXNACAfessYie6vi-ap2

[21] »Ein kostenloses Mittagessen gibt es nicht«. Der Begriff des »free lunch« hat seinen Ursprung in einer Marketingidee US-amerikanischer Saloons. Diese offerierten ein – ordentlich gesalzenes – Gratisessen, sofern mindestens ein Getränk bestellt wurde. Die Betreiber der Saloons hofften, dass das gut gewürzte Essen den Kunden zum Konsum zahlreicher weiterer Getränke bewegen würde.

[22] www.welt.de/wirtschaft/article164769805/So-viel-kostet-die-Nullzinspolitik-die-deutschen-Sparer.html

[23] https://www.stiftung-marktwirtschaft.de/inhalte/presse-und-aktuelles/pressedetails/eu-nachhaltigkeitsranking-2018-konsolidierung-der-staatsfinanzen-in-europa-noch-nicht-ausreichend/show/News/

[24] https://www.welt.de/wirtschaft/article169549577/Die-Geldflut-der-Notenbanken-hat-fatale-Nebenwirkungen.html?wtrid=socialmedia.email.sharebutton

[25] https://www.welt.de/wirtschaft/article161752639/So-viel-ist-der-Euro-wirklich-wert.html

[26] Vgl. Daniel Gros, https://voxeu.org/article/italian-risk-spreads-fiscal-versus-redenomination-risk

[27] http://www.sueddeutsche.de/wirtschaft/private-glaeubiger-hohe-beteiligung-beim-schuldenschnitt-in-griechenland-1.1304391

[28] »Sixpack« bezeichnete jene sechs europäischen Rechtstexte (5 Verordnungen, 1 Richtlinie), die den SWP reformierten und am 13. Dezember 2011 in Kraft getreten sind.

[29] Unter »Twopack« werden zwei Verordnungen verstanden, die abermals den SWP reformierten. Sie traten am 30. Mai 2013 in Kraft.

[30] Das Defizit könnte auch noch durch den Abbau der Währungsreserven ausgeglichen werden.

[31] Weniger charmant: »PIGS«.

[32] https://www.moodys.com/research/Moodys-changes-the-outlook-to-negative-on-Germany-Netherlands-Luxembourg--PR_251214

[33] Von diesem Brief berichtet Hans-Werner Sinn in seinem hörenswerten Vortrag »Was bedeuten die Target-Salden?« In dem vor Kurzem erschienenen Debattenbeitrag »Target-Risiken ohne Euro-Austritte« (ifo Schnelldienst 71, Nr. 24, S. 15–25, Dezember 2018) argumentieren Hans-Werner Sinn und Clemens Fuest verschärfend, dass ein Ausfallsrisiko nicht nur im Falle des Austritts eines Staates besteht.

[34] https://www.ecb.europa.eu/press/pr/date/2003/html/pr030508_2.de.html

[35] https://www.welt.de/wirtschaft/article186601170/Frueherer-Chefoekonom-Stark-EZB-ist-zu-einem-Risiko-geworden.html

[36] https://www.n-tv.de/wirtschaft/Banken-fordern-Ende-der-EZB-Negativzinsen-article20669233.html

[37] https://www.ecb.europa.eu/press/pressconf/2018/html/ecb.is181025.de.html

[38] Joseph Schumpeter, *Theorie der wirtschaftlichen Entwicklung: eine Untersuchung über Unternehmergewinn, Kapital, Kredit, Zins und den Konjunkturzyklus*, 7. Aufl., unveränd. Nachdr. der 1934 ersch. 4. Aufl., Berlin: Duncker & Humblot, 1993, S. 1.

[39] Joseph Bernstein, »Inside China's Memefacturing Factories, Where The Hottest New Gadgets Are Made«, *BuzzFeed News*, 27. November 2015, https://www.buzzfeednews.com/article/josephbernstein/how-to-make-millions-of-hoverboards-almost-overnight.

[40] Benjamin E. Gaddy u. a., »Venture Capital and Cleantech: The wrong model for energy innovation«, Energy Policy 102 (1. März 2017), S. 385–395, https://doi.org/10.1016/j.enpol.2016.12.035.

[41] Rahim Taghizadegan, *Helden, Schurken, Visionäre: Entrepreneure waren gestern – jetzt kommen die Contrepreneure*, München: FinanzBuch Verlag, 2016.

[42] Joseph Schumpeter, Theorie der wirtschaftlichen Entwicklung: eine Untersuchung über Unternehmergewinn, Kapital, Kredit, Zins und den Konjunkturzyklus, 7. Aufl., unveränd. Nachdr. der 1934 ersch. 4. Aufl, Berlin: Duncker & Humblot, 1993, S. 217.

[43] David Graeber, Bullshit jobs, New York: Simon & Schuster, 2018, S. 27f.

[44] Joseph Alois Schumpeter und Klaus Dockhorn, *Konjunkturzyklen: eine theoretische, historische und statistische Analyse des kapitalistischen Prozesses*, Göttingen: Vandenhoeck & Ruprecht, 1961, S. 80.

[45] Jörg Guido Hülsmann, *Krise der Inflationskultur, Visionäre: Geld, Finanzen und Staat in Zeiten der kollektiven Korruption*, München: FinanzBuch Verlag, 2013, S. 177.

[46] Gerd Gigerenzer, *Bauchentscheidungen: die Intelligenz des Unbewussten und die Macht der Intuition*, 9. Aufl, München: Bertelsmann, 2007.

[47] Jörg Guido Hülsmann, *Krise der Inflationskultur, Visionäre: Geld, Finanzen und Staat in Zeiten der kollektiven Korruption*, München: FinanzBuch Verlag, 2013, S. 176.

[48] Eugen von Böhm-Bawerk, *Positive Theorie des Kapitales*, Innsbruck: Verlag der Wagnerschen Universitätsbuchhandlung, 1889, S. 434.

[49] Anne Hollander, *Sex and suits*, New York: Kodansha International, 1995, S. 171f.

[50] W. Mischel, Y. Shoda und M. I. Rodriguez, »Delay of Gratification in Children«, Science 244, Nr. 4907 (26. Mai 1989), S. 933–938, https://doi.org/10.1126/science.2658056.

[51] Jean M. Twenge und W. Keith Campbell, *The Narcissism Epidemic: Living in the Age of Entitlement*, New York: Atria Books, 2014, S. 4.

[52] Jean M. Twenge und W. Keith Campbell, *The Narcissism Epidemic: Living in the Age of Entitlement*, New York: Atria Books, 2014, S. 89f.

[53] Nassim Nicholas Taleb, *Antifragilität Anleitung für eine Welt, die wir nicht verstehen*, München: Random House, 2013, S. 303.

[54] Bryan Douglas Caplan, *The Case against Education: Why the Education System Is a Waste of Time and Money*, Princeton, NJ: Princeton University Press, 2018. S. 65.

[55] Nicolás Gómez Dávila, Escolios a un texto implícito, vol. II, Bogotá: Villegas Editores, 1977.

[56] Steven Pinker, *Gewalt Eine neue Geschichte der Menschheit*, Frankfurt/M.: Fischer E-Books, 2011.

[57] Jörg Guido Hülsmann, *Krise der Inflationskultur, Visionäre: Geld, Finanzen und Staat in Zeiten der kollektiven Korruption*, München: FinanzBuch Verlag, 2013, S. 178.

[58] Rahim Taghizadegan und Marc-Felix Otto, »The Praxeology of Coercion: A New Theory of Violence Cycles«, *Quarterly Journal of Austrian Economics* 19, Nr. 4 (2016), S. 330.

[59] Ausnahmen sind Chile und Großbritannien sowie die Schweiz und die Slowakei in der zweiten Säule der Pensionsversicherung.

[60] Joseph Schumpeter, *Theorie der wirtschaftlichen Entwicklung: eine Untersuchung über Unternehmergewinn, Kapital, Kredit, Zins und den Konjunkturzyklus*, 7. Aufl., unveränd. Nachdr. der 1934 ersch. 4. Aufl, Berlin: Duncker & Humblot, 1993, S. 154.

[61] Johann Wolfgang von Goethe, *Maximen & Reflexionen*, Goethe's sämtliche Werke in sechs Bänden, Stuttgart: Cotta, 1863, Bd. 4, S. 365.

[62] Andrea Wulf, *The invention of nature: Alexander von Humboldt's new world*, New York: Vintage Books, 2015.

[63] Benjamin Franklin erinnert uns: »Nur zwei Dinge auf Erden sind uns ganz sicher: der Tod und die Steuer.«

[64] https://www.gold.org/goldhub/data/gold-supply-and-demand-statistics

[65] Natürlich trifft das nur bis zu einem gewissen Grad zu: In der Regel legen Fonds mindestens 5 Prozent ihres Vermögens in kurzfristig verfügbare Anlageformen wie Bankkonten, Staatsanleihen oder Geldmarktfonds an, um liquide Reserven für aussteigende Anleger zu haben. Sollten aber – etwa infolge einer Panik – viele Anleger gleichzeitig ihr Geld zurückfordern, stößt das Ganze an seine Grenzen und gegebenenfalls müssen langfristige Anlagen unter Inkaufnahme größerer Verluste liquidiert werden.

[66] https://www.gold.org/data/gold-etf-holdings

[67] https://de.statista.com/statistik/daten/studie/37167/umfrage/verwaltetes-vermoegen-in-hedgefonds-weltweit-seit-2000

[68] Der »Dow Jones Credit Suisse Hedge Fund Index«, ehemals »Credit Suisse/Tremont Hedge Fund Index«, ist einer der anerkanntesten Benchmarks der Hedgefonds-Branche.

[69] Disinflation: sinkende, aber positive Inflationsrate.

[70] https://www.oenb.at/dam/jcr:2d85c5b2-7d1f-46fd-93e4-cedaa486057e/07_Hubmann_Statistiken_3_18.pdf

[71] https://www.dbresearch.de/MAIL/RPS_DE-PROD/PROD0000000000486126.pdf

[72] Die Kategorien für die Fazite in diesem Kapitel entlehnen wir einer Veröffentlichung von Daniel Stelter im *Manager Magazin* (»Kein Wohlstand ohne Schuldenabbau: So wird die Welt die Schulden los«, 2017).

[73] https://www.cesifo-group.de/ifoHome/policy/Spezialthemen/Policy-Issues-Archive/Finanzmarkt/main/09/text_files/file/document/Sinn-201401-Saekulare-Stagnation.pdf, S. 4.

[74] www.welt.de/finanzen/article153599094/Debatte-ueber-Helikoptergeld-ist-Geistesverwirrung.html

[75] www.repubblica.it/economia/2016/03/17/news/peter_praet_interview_deposit_rate_cuts_still_possible_ecb_s_chief_economist_says-135733082

[76] www.ecb.europa.eu/press/pressconf/2016/html/is160310.en.html

[77] Die erste Formulierung dieses Phänomens stammt von David Hume.

[78] www.derwesten.de/wirtschaft/bundesbank-chef-geldpolitik-ersetzt-keine-reformen-id11665957.html

[79] Thomas Mayer, *Die neue Ordnung des Geldes: Warum wir eine Geldreform brauchen*, München: FinanzBuch Verlag, 2014.

[80] Ludwig von Mises, *Theorie des Geldes und der Umlaufsmittel*, 2. Aufl., München u. Leipzig: Duncker & Humblot, 1924, S. 45.

Über die Autoren

RAHIM TAGHIZADEGAN ist Wirtschaftsphilosoph, Unternehmer und Rektor des scholarium in Wien. Nach zahlreichen Lehraufträgen, unter anderem an der Universität Liechtenstein, der Wirtschaftsuniversität Wien und der Universität Halle, ist er derzeit Dozent an der University of Applied Sciences in Krems und der Internationalen Akademie für Philosophie in Liechtenstein.  Er ist mehrfacher Bestsellerautor und gefragter Redner, insbesondere zum Thema Unternehmertum und der Österreichischen Schule der Ökonomie. Mit seinem Titel Österreichische Schule für Anleger war er für den Deutschen Finanzbuchpreis 2015 nominiert. Außerdem sind im FinanzBuch Verlag seine Bücher Wirtschaft wirklich verstehen und Helden, Schurken, Visionäre erschienen.

RONALD STÖFERLE ist Partner der Incrementum AG, die unter anderem Anlagelösungen auf Basis der Österreichischen Schule der Nationalökonomie anbietet. Zuvor war er sieben Jahre lang im Research-Team der Erste Group in Wien und begann schon 2007 seine jährlich erscheinenden »In GOLD we TRUST«-Studien zu veröffentlichen,  die unter anderem vom Wall Street Journal als »Goldstandard aller Goldpublikationen« bezeichnet wurden.

GREGOR HOCHREITER ist selbstständiger Ökonom mit Sitz in Wien. Er ist Redakteur des *In Gold we Trust*-Report von Ronald-Peter Stöferle und Mark J. Valek und publiziert zu ökonomischen Themen, vor allem im Bereich der Geld- und Konjunkturtheorie.  Zudem fungiert er als ökonomischer Berater für die Rechercheplattform addendum.

Danksagung

Für die tatkräftige Unterstützung danken wir:

Mark Valek,
Stefan Kremeth,
Dr. Christian Schärer,
Richard Knirschnig,
Pascal Hügli,
Tobias und Sebastian Müller,
David Holzinger
und insbesondere Marc Waldhausen.

Österreichische Schule für Anleger

Rahim Taghizadegan, Ronald Stöferle, Mark Valek

Das Finanzsystem steht vor einer großen Zerreißprobe. Könnte alles falsch sein, was Sie über Vermögensanlage zu wissen glaubten? Die Ansätze der Österreichischen Schule bieten eine nötige Atempause für Anleger, die in inflationären Hamsterrädern gefangen sind. Konventionelle Anlageexperten übersehen oft wirtschaftliche Entwicklungen, die zur Gefahr für den Mainstreaminvestor werden können. Die Österreichische Schule der Ökonomie hingegen hat sich als unabhängiger Ansatz jenseits der Interessen von Politik und Banken bewährt.

Dieses Buch weist Kleinsparern, professionellen Investoren und Vermögensberatern gleichermaßen neue Wege durch das finanzielle Erdbebengebiet zwischen den tektonischen Platten Inflation und Deflation. Lernen Sie als Anleger, wie Sie die scheinbar komplexen und kaum durchschaubaren Zusammenhänge erkennen und davon profitieren können.

352 Seiten | Hardcover | 24,99 € (D) | ISBN 978-3-95972-856-3

Wirtschaft wirklich verstehen

Rahim Taghizadegan

Der Finanz-Klassiker *Wirtschaft wirklich verstehen* von Manager-Magazin-Bestsellerautor Rahim Taghizadegan erscheint erstmals in komplett überarbeiteter und aktualisierter Neuauflage. Seine Einführung in die Österreichische Schule der Nationalökonomie ist kein trockenes Lehrbuch, mit Formeln, Tabellen und Merksätzen, sondern eine spannende Reise durch die Welt der Volkswirtschaft, unter dem Blickwinkel der vernunftbetonten Austrian Economics. Rahim Taghizadegan plädiert für ein Umdenken und eine Rückbesinnung auf die Österreichische Schule – und damit auf den gesunden Menschverstand. Er führt den Leser in diese bewährte Betrachtungsweise der Wirtschaft ein und hat damit nichts anderes als ein Standardwerk für die junge Generation von Ökonomen geschrieben, die bewährte Ansätze nutzt, um die Gegenwart wirklich zu verstehen und Warnsignale früh zu erkennen.

288 Seiten | Hardcover | 24,99 € (D) | ISBN 978-3-95972-155-4

Helden, Schurken, Visionäre

Rahim Taghizadegan

Schurken, Helden oder normale Durchschnittsmenschen? Die Geschichte des Unternehmertums ist so spannend wie paradox. Mal erscheinen sie als große Helden, mal als gerissene Profitmacher. Doch wer sind diese Menschen, die gleichsam so wichtig sind und doch von der gängigen Ökonomie weitgehend ignoriert werden? Aufbauend auf einer historischen und ökonomischen Analyse zeigt Rahim Taghizadegan eine neue Interpretation des Unternehmertums mit zahlreichen überraschenden Einsichten auf.
Doch wie ist es heute? Muss man wahnsinnig sein, um in Europa noch Unternehmer zu werden? Wie wird man zum erfolgreichen Unternehmer und wie bleibt man es trotz widriger Umstände? Dieses Buch wird Unternehmern und jenen, die es noch werden wollen, die Augen öffnen. Die Zeit für Entrepreneure ist abgelaufen, denn die Zukunft gehört dem Contrepreneur – dem Unternehmer, der gegen den Strom schwimmt.

224 Seiten | Hardcover | 24,99 € (D) | ISBN 978-3-95972-931-7

Alles, was Sie über die Österreichische Schule der Nationalökonomie wissen müssen

Rahim Taghizadegan

Die Österreichische Schule der Nationalökonomie – endlich verständlich.

Je absurder die Geldpolitik und je panischer die Wirtschaftspolitik, desto drängender wird die Suche nach ökonomischen Alternativen. Die Österreichische Schule der Nationalökonomie oder Austrian Economics – eine konträre Denkrichtung zur Mainstream-Ökonomie – ist eine solche Alternative. Im Wien des späten 19. Jahrhunderts entstanden, brachten es Ökonomen dieser Denkrichtung mit Friedrich August von Hayek sogar bis zum Wirtschaftsnobelpreis.

Rahim Taghizadegan fasst die wesentlichen Einsichten der Österreichischen Schule der Nationalökonomie erstmals bündig zusammen. Er stellt die wichtigsten Vertreter und Grundsätze vor, ordnet ihr Schaffen ein und zeigt, warum eine Neubesinnung auf eine realistische Ökonomie notwendiger denn je ist. Denn die Politik der Wirtschafts-»Experten« hat erst unlängst zu einer der größten Finanzkrisen der letzten hundert Jahre geführt.

192 Seiten | Softcover | 9,99 € (D) | ISBN 978-3-95972-008-3

Ludwig von Mises – Ein Lexikon

Michael Ladwig

Ludwig von Mises gilt zweifellos als einer der größten Intellektuellen des 20. Jahrhunderts. Es gibt kaum ein wirtschaftliches Thema, auf das der Philosoph des Liberalismus und Vordenker der Österreichischen Schule der Nationalökonomie in seinen Publikationen nicht eingegangen ist. Das Faszinierende daran: Seine Gedankengänge sind noch immer brandaktuell, seine Denkanstöße wie zum Thema Mindestlohn erschreckend visionär.

Michael Ladwig hat in liebevoller Detailarbeit das umfangreiche Werk Ludwig von Mises' analysiert und ein Lexikon zusammengestellt, das eine Orientierungshilfe in der Philosophie Ludwig von Mises' bietet. Leicht verständliche Artikel beleuchten Mises' Gedanken von A wie Anarchismus bis Z wie Zwang, mal in ein paar Sätzen auf den Punkt gebracht, mal über mehrere spannende Seiten.

304 Seiten | Hardcover | 24,99 € (D) | ISBN 978-3-95972-979-9

Vom intelligenten Investieren

Thorsten Polleit

Gibt es zeitlose Prinzipien für erfolgreiches Investieren? Thorsten Polleit – international erfahrener Ökonom und Universitätslehrer – sagt: Ja, es gibt sie! Wer sie verinnerlicht und konsequent anwendet, vermeidet unnötige Fehler und hat eine gute Ausgangsposition, um erfolgreich investieren zu können. Thorsten Polleit empfiehlt, von den besten Investoren zu lernen – von den Investoren, die über lange Zeit hohe Renditen auf das eingesetzte Kapital erzielt haben und dabei umsichtig mit den Risiken des Investierens umgegangen sind. Zu ihnen zählen Namen wie zum Beispiel Benjamin Graham, Warren E. Buffett, Charles T. Munger und Philip A. Fisher. In *Vom intelligenten Investieren* findet der Leser die wichtigsten Prinzipien für intelligentes Investieren – zusammengestellt in einer komprimierten, verständlichen und gut lesbaren Form. Zudem zeigt der Autor, warum das, was die Finanzindustrie ihm üblicherweise empfiehlt, nicht den erhofften Investmenterfolg bringen kann.

256 Seiten | Hardcover | 14,99 € (D) | ISBN 978-3-95972-134-9